새로운

교육학개론

Introduction to Education for New Generation

이신동 · 강창동 · 구자억 · 김동일 · 김복영 · 김희규 · 모경환 · 박성옥 · 박춘성 · 이정기 · 정대용 · 정윤경 · 최철용 공저

학지사

머리말

앨빈 토플러(Alvin Toffler), 대니얼 핑크(Daniel Pink)와 함께 세계 3대 미래학자로 꼽히는 리처드 왓슨(Richard Watson)은 그의 저서 『인공지능 시대가 두려운 사람들에게』라는 책에서 다음과 같은 재미있는 에피소드를 소개하고 있다.

국제선 공항 일등석 최고급 라운지를 이용하는 사람들은 비즈니스 라운지에 있는 사람들과 다른 점이 있다. 비즈니스 라운지에 있는 사람들은 스마트폰으로 열심히 전화를 걸거나, 노트북 컴퓨터를 켜놓고 쉼 없이 문서작업을 하곤 한다. 하지만 최고급 라운지에 있는 사람들은 조용히 독서를 하거나 창밖을 보면서 사색을 즐기곤 한다. 비즈니스 라운지에 있는 사람들은 기계처럼 쉬지 않고 일을 하는 사람이고, 최고급 라운지에 있는 사람들은 조용히 사색을 하면서 자기 성찰을 하거나 프로젝트를 구상하는 사람이다. 미래의 교육은 어떤 사람을 기르는 데 초점을 맞추어야 할까?

우리는 요즘 4차 산업혁명이라는 말을 빼놓고는 교육을 말하기 힘든 시대에 살고 있다. 교육환경의 변화가 너무 빠르다. 지난 2008년 실리콘밸리의 유력 인사들은 구글과 나사의 지원으로 인공지능 시대에 걸맞은 리더를 양성하기 위한 싱귤래리티 대학교(Singularity University)를 설립하였다. 첫 입학생으로 40명을 선발하겠다고 발표했는데 13개국에서 무려 12,000명의 지원자가 모여들었다. 인공지능 시대에 맞는 새로운 교육혁신을 위해 전 세계의 선진국들은 대단한 노력을 기울이고 있다.

스탠퍼드 대학교 인공지능연구소 소장 서배스천 스런(Sebastian Thrun)은 자신의 강의를 인터넷에 공개했다. 그 당시에는 아주 획기적인 일이었다. 이전까지 이 강의는 스탠퍼드 대학교 학생들에게만 공개되었다. 이 일을 계기로 유다시티(udacity), edX, 코세라(Coursera) 같은 무크 강좌들이 하버드, MIT, 스탠퍼드, 예일, 프린스턴 등 미국 명문대학을 중심으로 쏟아져 나왔다. 요즘은 한국에서도 K-MOOC라는 이름으로 대학 강의들이 공개되고 있다.

호주 세인트 피터스(St. Peters) 지역의 여학교 유치원에서는 인공지능 교사 아이다(Ada)가 아이들에게 알파벳, 숫자 같은 교육은 물론 노래, 그림, 체조 교육까지 담당하고 있다. 미국 보스턴 공립학교에서는 MIT 미디어랩이 개발한 인공지능 지보(Jibo)가 읽기 학습부진아들을 가르치고 있다. 놀라운 일이다. 이제 인공지능이 교사를 대체할 날이 점점 다가오고 있다.

시대가 변하고, 사회가 변하고, 대학의 교과와 상황도 이전과 달리 빠르게 변하고 있다는 것은 누구나 인정하는 사실이다. 그런데 교사양성을 위한 교직 과목들의 내용은 10년 전이나 지금이나 별로 달라진 게 없다.

우리가 이 책을 집필하게 된 동기는 좀 더 변화된 교육학개론을 만들어 보자는 것이었다. 특히 기존의 '교육학개론' 책들은 주당 2시간 15주 한 학기로는 도저히 감당하기 어려운 많은 분량이고, 시대에 뒤떨어지고 불필요한 내용들로 가득 차 있다고 여겨졌다. 따라서 지금의 '교육학개론'은 좀 더 간결하며 우리 시대에 맞는 내용으로 개편될 필요가 있다. 이것이 이 책을 집필하게 된 첫 번째 동기였고, 밀레니얼 세대를 가르치는 교사양성에 적절한 교육학개론이 시급히 필요하다는 것이 두 번째 동기였다.

이 책은 13개의 장으로 구성되었다. 이는 대학의 한 학기로 15주간 강의를 진행하는데 중간·기말고사를 제외하면 13주의 강의가 이루어지기 때문이다. 이 책의 차례를 살펴보면 알 수 있듯이, 특수교육과 영재교육, 다문화교육, 교사교육 등 타 교육학개론서에서는 다루고 있지 않지만 최근 사회적·학문적 변화에서 부각되는 내용들을 포함시켰다. 그리고 장별 개관 페이지에는 해당 장의 내용을 포괄하는 상징적 의미의 그림을 배치시켰다.

이 책의 내용 구성을 보면, 제1장은 교육과 교육학의 이해, 제2장은 교육의 역사 · 철학적 접근, 제3장은 교육심리학의 이해, 제4장은 교육과 사회의 이해, 제5장은 교육행정의 이해, 제6장은 교육과정의 이해, 제7장은 교육방법 및 교육공학의 이해, 제8장은 교육평가의 이해, 제9장은 평생교육의 이해, 제10장은 생활지도와 상담의 이해, 제11장은 다문화교육의 이해, 제12장은 특수교육과 영재교육의 이해, 제13장은 교사론과 미래 사회의 변화 등 기존 교육학개론서의 주요 영역을 포함하는 것은 물론 새로운 내용을 적극적으로 반영하고자 하였다. 다시 말해, 이 책의 제목과 같이 새로운 교육학개론, 즉 새로운 세대를 위한 교육학개론서의 내용들을 간결하게 담아내려 노력하였다.

끝으로 이 책을 집필하기 위해 바쁜 시간을 할애해 주신 열두 분의 저명한 교수님들께 깊은 감사를 드리며, 출판을 맡아 주신 학지사 김진환 사장님과 영업부 정승철 상무님, 편집부 최주영 과장님과 조교로 수고해 준 박사과정 유민희 선생께 심심한 감사를 드린다.

2020년 3월

대표저자 이신동

차례

제4장

제5장

제6장

제7장

제8장

제9장

제10장

제11장

특수교육과 영재교육의 이해 337

교사론과 미래 사회의 변화 367

제 1 장

교육과 교육학의 이해

학습목표

1. 교육의 어원과 교육 비유를 이해한다.
2. 교육개념의 정의 방식을 분석해 본다.
3. 교육의 목적을 분석해 본다.
4. 교육학의 성격을 분석해 본다.

일상에서 우리는 '교육'이라는 단어를 흔히 사용한다. 따라서 대다수가 교육이 어떤 것인지 알고 있다고 생각하지만, 교육을 한마디로 정의해 보라고 하면 쉽게 답하지 못한다. 또한 교육을 위한 구체적 내용과 이를 어떻게 적용할 것인가라는 문제에 대해서는 학자와 사회가 처한 시대적 상황에 따라 견해가 다르다.

4차 산업혁명시대라 불리는 현재는 인공지능이 인간의 역할을 상당 부분 대체하고 있으며 특정 분야는 인간의 능력을 넘어서고 있다. 이러한 급진적 정보 기술 사회에서는 수많은 정보를 파악하여 창의적이고 융합적으로 이를 응용하여 새로운 가치를 창조할 수 있는 인재가 필요하다. 즉, 이 시대가 필요로 하는 인재는 자신과 사회 기술을 통제하여 조화로운 발전을 하고 이를 토대로 자신과 사회의 지속 발전을 이끌 수 있어야 한다. 이러한 인재를 양성하는 것이 현재 사회가 실현해야 할 교육의 과제일 것이다. 사회는 복잡해지고 보다 나은 삶을 위해서 교육은 점점 더 중요해지고 있다. 그러므로 학자마다 교육을 정의하는 방식의 차이가 있다 하더라도 교육의 성공적인 실현을 위해서는 교육이 무엇인지 총체적으로 파악하려는 노력이 반드시 필요하다.

1. 교육

1) 교육의 개념

(1) 교육의 어원[1]

교육을 상세히 분석하기 전에 교육의 어원을 먼저 살펴보는 것은 교육이 가진 특징을 부각시켜 교육을 직관적으로 파악하는 데 도움을 준다. 교육 어원의 분석은 교육개념의 발생 및 선조들이 가지고 있던 교육개념을 알 수 있는 기반이 된다. 교육의 어원이 현재 통용되는 교육의 개념을 선명하게 보여준다고 할 수는 없지만 이를 살펴보는 것은 교육개념 이해의 첫걸음이 될 것이다.

먼저 **'교육(敎育)'의 동양적 어원**을 살펴보자. 동양에서 교육이라는 단어는 중국 고전『맹자』[2] 진심장(盡心章)의 상편(上篇)에 실려 있는 군자의 세 가지 즐거움(君子三樂) 가운데 세 번째 즐거움으로 최초 등장하였다. 교육의 한자어를 살펴보면 '교육(敎育)'은 '가르칠 교(敎)'와 '기를 육(育)'을 사용한다. '가르칠 교(敎)'는 '본받을 효(爻)'와 '아들 자(子)', '칠 복(攴)'으로 구성되어 있는데, 이는 아랫사람이 윗사람을 본받는 과정에서 윗사람이 아랫사람을 살짝 쳐서 가르친다는 의미이다. '가르칠 교'는 내용에 초점을 두면 '윗사람이 가르치는 것과 아랫사람이 본받는 것'을 의미한다. '기를 육(育)'은 '자(子)'와 '육(肉)'이 결합한 것이다. 교육은 어머니가 태아를 보호하여 기르는 것처럼 아동의 내

1 교육의 어원은 한용진 외(2007). 교육학개론. pp. 21-24; 유길준(2017). 공무원 교육학(개론) 상. pp. 8-10을 참고함.

2 맹자가 살았던 시기는 춘추전국시대에서 전국시대에 해당하는 BC 372년경으로 추정된다. 맹자가 교육을 중시했던 것은 그가 주장했던 성선설의 영향이 크다.

적 소질과 성향을 발전시켜 성숙한 인간이 되도록 길러 내는 활동이라는 의미이다. 이 두 가지의 의미를 합해 보면 교육은 윗사람이 적절한 깨우침을 통해 아랫사람이 윗사람을 본받게 하고 부모처럼 양육한다는 뜻이다. 윗사람인 부모 또는 교사는 아랫사람인 자녀 또는 학생이 성장하여 올바른 삶을 살도록 의미 있고 필요한 것을 가르치고, 자녀와 학생들은 이러한 내용을 학습하는 것으로 이해할 수 있다. 교육의 한자 어원에 따르면 가르치는 윗사람과 가르침을 받는 아랫사람의 관계는 수직적이다. 윗사람인 부모와 교사는 자녀와 학생을 가르쳐야 하는 존재로 교육의 주도적 역할을 하며 자녀와 학생은 윗사람의 가르침을 받아 양육되어야 할 수동적인 존재로 파악할 수 있다.

우리나라 한글에는 'ᄀᆞᄅᆞ치다'와 '기른다'가 있다. 'ᄀᆞᄅᆞ치다'는 손가락으로 방향을 지시하는 '가리키다'와 어원이 같다. 이는 '갈다'와 '치다'의 합성어로 어떠한 것을 알도록 하는 것이고 '기른다'는 육체나 정신에 도움이 될 것을 주어 자라게 하다 또는 쇠약해지지 않도록 한다는 의미이다. 종합해 보면 '가르치다'와 '기른다'는 방향 지시, 판단력, 분별력, 성장의 의미를 내포하고 있다.

교육의 서양적 어원은 독일어와 영어에서 찾아볼 수 있으며 모두 라틴어와 고대 그리스어에서 유래되었다. 교육을 뜻하는 독일어에는 두 개의 단어가 있다. 하나는 페다고긱(Pädagogik)인데 고대 그리스어 '페이다고기아(paidagõgía)'에서 온 것으로 '아동(páis)'과 '이끌다(ágein)'라는 단어의 합성어이다. 또 하나는 에어지훙(Erziehung)으로 양육하다의 의미를 가진 라틴어 '에듀케레(educare)'에서 유래한다. 교육과 훈육의 의미를 가진 에어지훙은 에어(er, 밖으로)와 지헨(ziehen, 이끌다)의 합성어이다. 이는 아동과 청소년이 훌륭하고 성숙한 인격체로 커 나갈 수 있도록 자신의 잠재력을 발휘하도록 한다는 뜻이다(Böhm, 2004). 영어 단어인 'pedagogy'와 'education'도 독일어와 유사한 어원을 가지고 있다.

동서양의 어원을 기반으로 교육의 개념을 정리해 보면 교육이란 성숙한 사람이 미성숙한 사람을 가르치고 이끌어서 그 잠재력을 발휘하도록 하는 일이다. 동양의 교육은 회초리와 따뜻한 보살핌을 도구로 하고, 가르치는 사람과 배우는 사람의 인간적이고 수직적인 관계를 중시하고 있다. 또한 외부로의 주입을 강조한다. 그러나 서양의 경우는 학습자를 강조하고 그들 스스로 잠재능력을 발현할 수 있도록 돕는다는 측면을 부각하고 있다.

(2) 교육의 비유[3]

교육의 비유는 은유를 통해서 교육을 이해하려는 하나의 방식이다. 교육을 일상의 익숙한 현상이나 용어를 통해 설명하므로 추상적인 교육의 개념을 구체화하는 데 도움이 된다. 여기에서는 교육을 구체적으로 이해하기 위한 첫걸음으로 교육의 대표적 비유에 대해 살펴보고자 한다.

① 주형(鑄型)[4]의 비유

주형의 비유는 교육에 대한 비유 가운데 가장 일반적인 비유에 해당한다. 이는 교사 중심의 전통적인 교육관으로, 무엇을 가르칠 것인가와 같은 교육의 내용을 중시한다. 주형의 비유에서 교육은 장인이 쇳물을 일정한 모양의 틀에 부어 모양을 만들어 내는 일과 유사하다고 보았다. 여기에서 장인은 교사이며 학생은 쇳물과 같은 재료에 해당한다. 주형의 비유는 교사가 학생에게 무엇인가를 가르쳐 변화하게 한다는 일반적인 교육관을 잘 보여 주고 있다. 외부로부터의 주입식 교육을 중요시하며 과정보다는 결과를, 흥미보다는 노력을 중요하게 여기는 교육원리를 강조한다.

주형의 비유의 대표적인 예로는 로크(J. Locke)[5]의 형식도야설이 있다. 로

3 교육의 비유는 성태제 외(2012). 최신교육학개론. pp. 20-23; 오현준 편저(2018). 핵심교육학. pp. 9-11을 참고함.

4 쇠붙이를 녹여 부어서 물건을 만들 때 그 틀로 쓰이는 모형을 뜻한다.

크는 아동의 마음은 백지와 같아서 아동이 어떤 경험을 하고 교사가 어떤 형태의 자료를 제공해 주느냐에 따라 달라질 수 있다고 보았다. 그는 또한 운동을 통해 근육을 단련하듯 교과를 통해 몇 가지 마음의 능력(心筋)인 지각, 기억, 상상, 추리, 감정, 의지를 단련해야 한다고 하였다. 이러한 교육론은 왓슨[6]에 이르러 좀 더 명확해진다. 왓슨은 건강한 신체를 가진 아이와 적절한 장소를 주기만 하면 자신이 원하는 어떤 전문가든지 만들어 낼 수 있다는 교육 만능설을 주장하였다.

주형의 비유는 목표가 뚜렷하고 진행이 쉬워 경제적이라는 장점이 있다. 그러나 교사는 일방적으로 가르치는 존재이고 학생은 일방적으로 받아들이는 수동적인 존재로 인식될 수 있다. 따라서 개성과 합리성을 중요하게 여기는 민주적 사회에서는 적절하지 않은 교육활동의 원리이다. 또한 실제 교육 상황에서 교사가 잘못된 권위주의에 빠지거나 학생을 인격적으로 부당하게 대우하는 도덕적인 문제가 야기될 수도 있다.

② 성장(成長)의 비유

성장의 비유는 주형의 비유와 함께 교육에 관한 대표적인 비유이나 주형의 비유와는 상반된다. 성장의 비유에서는 씨앗에서 식물이 발아하고 성장하여 꽃을 피우듯이 교육 또한 타고난 잠재가능성이 특정 목적을 향해 순서대로 전개되어 가는 과정으로 본다. 교육을 아동 내부로부터의 전개과정으로 보며, 외부적으로 성인이 어떠한 교육 표준을 부과하는 것을 자연적 내부의 전개과정을 침해하는 것으로 생각한다. 아동의 잠재력 실현이 환경과의 상호작용의 결과물이라 여기고 아동발달의 목표와 방향이 개방되어 있다는 교육

5 존 로크(John Locke, 1632~1704)는 잉글랜드 왕국의 철학자이자 정치 사상가이다. 인식론의 창시자로 계몽철학을 개척하였다.

6 존 브로더스 왓슨(John Broadus Watson, 1878~1958)은 미국의 심리학자로, 행동주의 심리학을 창시하였다.

관점이다.

성장의 비유의 대표적인 예는 루소(Rousseau)[7]의 교육관과 듀이(J. Dewey)[8]를 비롯한 진보주의 학자들의 교육관에서 찾아볼 수 있다. 루소의 교육관은 '자연에 따라서(according to nature)'라는 말로 압축할 수 있다. 그는 교육을 사회의 악영향으로부터 아동을 보호하고 아동의 자연적 성장을 지원하는 것으로 여겼다. 진보주의 학자들은 아동중심의 교육을 표방하며 아동의 내면적 성장과 자율성을 존중하였다.

성장의 비유는 아동의 잠재력과 심리적 발달단계에 관심을 가지고 교육의 중점을 무엇을 가르칠 것인가에서 누구를 가르칠 것인가로 전환했다는 데 의미가 있다. 그러나 아동의 자발성에 전적으로 의지한다면 수동적이고 소극적인 교육을 초래할 수 있다. 또 외부로부터 정해진 확실한 목적과 방향이 없기 때문에 교육 안정성이 결여될 수도 있다. 성장의 비유는 교육이 아동의 자발성에만 의존하는 것이 아니라 적절한 권위를 가진 교사에 의해 지도되어야 한다는 사실을 간과하며 교사의 역할을 과소평가하는 경향이 있다.

③ 성년식의 비유

성년식의 비유는 주형의 비유와 성장의 비유의 대안적인 비유이다. 성년식의 비유는 주형의 비유가 교육내용을 지나치게 강조하고 교육방법을 간과한

7 장 자크 루소(Jean-Jacques Rousseau, 1712~1778)는 스위스 제네바 출생으로, 프랑스의 사회계약론자이며 계몽주의 철학자, 직접민주주의자, 공화주의자이다. 루소의 교육관은 아동의 자연적 발달단계 및 호기심과 같은 학습동기에 적합하게 교육의 과정을 구성해야 한다는 것이다. 루소는 계약론과 발달론을 구조화하여 교육론을 확립하였고, 교육의 중점이론을 계약성과 자연성에 두었다. 루소에 따르면 사회계약은 자연계약의 사회적 표현이며 이 계약성은 이상적인 사회를 실현하는 근본 원리이다. 그의 교육관은 계약성 확립을 지향한 인간형성론인 『에밀』에 의해 확실히 드러난다.

8 존 듀이(John Dewey, 1859~1952)는 미국의 철학자, 심리학자, 교육학자이다. 미국 학교제도에 지대한 영향을 미친 진보주의 학자로 자유주의를 지지하였다.

것과 성장의 비유가 교육방법을 강조한 나머지 교육내용을 소홀히 한 것을 비판하고 이를 보충한다. 성년식의 비유는 미성년자가 성년식을 거쳐 어른이 되는 것처럼 교육을 특정 사회의 생활형식 또는 행동양식 속으로 들어가게 하는 입문의 과정으로 본다.

성년식의 비유는 피터스(Peters)[9]가 제시한 관점이다. 그는 교육을 미성년자인 학생을 문명화된 삶의 형식(인류 문화유산)에 입문시키는 일로 여겼다. 학생을 문명화된 생활양식으로 입문시키기 위해서는 이를 위해 전달하는 교육내용과 이를 비판하고 발전시키는 교육방법을 분리해서 생각할 수 없다. 성년식의 비유는 교육내용과 교육방법이 상호 밀접한 관련이 있음을 나타낸다. 성년식의 비유는 교육을 사회의 공적 전통으로 보고 학생이 자발적인 방법으로 '가치와 지식세계'를 성취할 욕구를 갖게 하여 전달하는 과정으로 여긴다.

입문으로서의 교육은 문화적, 도덕적 측면의 합의 도출이 용이하고 확고한 사회적 가치를 가진 사회에 적합한 교육방법이다.

④ 만남의 비유

만남의 비유는 주형의 비유, 성장의 비유, 성년식의 비유 전체에 대한 대안적인 비유이다. 앞에서 언급한 비유들은 교육이 지속적인 과정을 통해 이루어지는 것을 강조하여 단속적이고 비약적인 측면을 소홀히 하고 있다. 반면, 만남의 비유는 종교적 만남이나 실존적 만남을 통해 알 수 있듯이 학생이 교사를 만남으로써 비약적으로 성장할 수 있다는 사실을 보여 준다. 만남의 비유는 교육의 외연을 확장했다는 점에서 의의가 있다. 그러나 만남의 비유를

9 리처드 스탠리 피터스(Richard Stanley Peters, 1919~2011)는 정치 이론, 심리철학, 교육철학을 연구한 영국의 철학가이다. 그는 교육에서 도덕성을 강조하였으며 교육의 개념을 규범적, 인지적, 과정적 세 가지 기준으로 분류하였다.

표 1-1 교육 비유의 특징 비교

교육개념	관련 학자 및 학설	특징
주형(鑄型)	• 로크(Locke)의 형식도야: 수동적 백지설 • 왓슨(Watson)의 교육만능설 • 주입(注入)/ 도야(陶冶)	• 전통적이고 상식적인 교육관 • 교사 중심 • 교사와 아동 관계가 수직적 • 아동은 수동적 존재 • 교육내용 중시 • 권위주의 교육풍토 조성 위험
성장(成長)	• 루소(Rousseau): '자연에 따라서' • 진보주의: '우리는 교과를 가르치는 것이 아니라 아동을 가르친다.'	• 아동 중심 • 교사와 아동 관계가 수평적 • 아동은 능동적 존재 • 교육방법 중시 • 교과와 교사의 역할을 과소평가
성년식	• 피터스(Peters): 교육은 미성년자인 학생을 '문명화된 삶의 형식(인류 문화유산)에 입문시키는 일'	• 주형과 성장의 대안적 비유 • 교육내용과 교육방법 모두 중시
만남	• 실존주의 교육 • 볼노브(Bollnow)[10]: '만남은 교육에 선행한다.'	• '주형, 성장, 예술, 성년식' 비유의 대안적 비유 • 비연속적 · 비의도적 교육

교육의 보편적 양상으로 보기는 어려우며 비약적이고 갑작스러운 성장을 기대하다 보면 요행주의로 흐를 수 있다는 비판을 받고 있다.

(3) 교육개념의 정의 방법

교육의 개념을 좀 더 정확하게 파악하기 위해서는 교육을 정의하는 대표적 방법에 대한 이해가 선행되어야 한다. 학자마다 교육 정의에 대한 문제의식

10 오토 프리드리히 볼노브(Otto Friedrich Bollnow, 1903~1991)는 독일 출신의 철학자이자 교사이다. 그는 교육의 목적을 인간 자체의 탐구로 보며 창조적 개인의 성장과 자아실현을 강조하였다.

및 방법에 대한 의견이 다양하다. 때문에 교육을 정의하는 방법 분석을 파악하는 것이 모두가 동의하는 교육개념의 수립을 의미하지는 않는다. 그러나 교육 정의 분석 방법을 통해 구체적으로 특정 교육개념의 정의 방식, 정의 내용과 관심사, 수립된 배경 및 교육개념을 수립한 학자의 문제의식을 알 수 있으므로 다양한 교육개념의 의의와 문제점을 파악하면 좀 더 발전적인 교육개념 수립에 대한 방향성을 제시할 수 있다.

여기에서는 교육 정의에서 흔히 사용하고 있는 셰플러(Scheffler, 1960)[11]의 정의 방식을 토대로 대표적인 교육의 정의 방식에 대해 살펴보고자 한다.[12]

① 규범적 정의

규범적 정의는 교육을 통해 추구해야 할 가치를 제시하는 정의로서 가치 지향적 입장을 나타내는 정의 방식이다. 규범 또는 강령이 포함되어 있는 정의를 의미한다. 규범적 정의는 특정 교육의 개념이 어떻게 사용되어야 할 것인가에 초점을 둔다. 특정 집단이나 사회가 운영하는 교육의 목적까지 암시하므로 구체적인 교육활동을 위한 중요 목적의식을 제시할 수 있다. 규범적 정의는 가치 주장이나 판단을 위한 내용을 포함한다.

규범적 정의는 교육활동 속에 내재되어 있는 가치 또는 이를 위한 기준을 나타낸다. 교육이 가치지향적인 활동이므로 규범적 정의는 교육개념을 정의할 때 빈번하게 사용된다. 교육에서 규범적 정의는 교육개념에 내재된 의미를 밝힐 필요가 있거나 교육개념 속에 확립된 내재적 가치를 강조하거나 실현할 필요가 있을 때 사용한다. 규범적 정의는 민주적 인격의 계발과정과 진리나 가치에 기초한 정의이며, 교육을 현실적 존재인 인간을 이상적 존재로

11 이스라엘 셰플러(Israel Scheffler, 1923~2014)는 미국의 교육자이자 철학자이다. 존 듀이의 교육철학을 계승하였으며 현대 교육철학의 대표자로 분석 교육철학을 대표한다.

12 교육의 정의 방식은 Scheffler, I. (1960). The Language of Education. pp. 11-35; 고려대학교 교육문제연구소(2017). K교육학. pp. 20-21을 주로 참고함.

형성하는 과정으로 보고 있다.

② 조작적 정의

조작적 정의(operational definition)는 인간 행동의 계획적 변화를 추구하는 데 있다. 조작적 정의는 과학적으로 개념을 정의하는 방식이다. 과학적 지식은 관찰 가능한 반복적 조작에 의해 객관화되며 구체적 사항을 조작하여 그 의미를 나타낸다. 어떠한 것을 조작적으로 정의한다는 것은 가시적으로 확인 불가능한 것을 관찰 가능한 형태로 조작하여 정의하는 것이다.

조작적 정의는 교육의 실제 현상 및 과정을 조작적 관점에서 정의한 것이다. 이 정의는 실질적으로 의미 있는 개념을 통해 교육을 규정하고 교육 속에 포함된 기본 요소를 갖추고 있으며 교육적인 것과 그렇지 않은 것의 구별도 명확하다. 이러한 조작적 정의의 대표적인 예로 들 수 있는 것이 정범모의 "교육은 인간 행동의 계획적 변화이다."(정범모, 1968: 8)라고 하는 것이다. 이는 이중의 뜻을 내재한 조작적 정의라 할 수 있다. 첫째는 인간 행동이 조작적으로 정의되어야 한다는 것이다. 조작적으로 행동이 정의되어야만 행동의 변화를 설명하고 현실적으로 필요한 프로그램을 실행할 수 있기 때문이다. 둘째는 다양한 계획 및 실제 프로그램이 인간의 행동 변화 관찰을 위한 조작이라는 것이다. 따라서 조작적 정의에 의하면 교육은 계획과 프로그램을 통해 의도한 인간 행동의 변화가 실제 발생하였을 경우에 이루어진다.

교육의 조작적 정의는 교육의 개념에 나타나는 추상성을 제거하고 교육활동의 필요와 운영방안 등을 확실히 규정하고자 할 경우 흔히 사용된다. 조작적 정의는 계획적인 변화라는 표현을 통해 교육이 불완전한 상태에서 완전한 상태를 향해서 나아가려고 하는 인간의 활동임을 확실히 드러낸다.

③ 기술적 정의

기술적 정의는 서술적 정의라고도 하며 특정 개념을 이미 알고 있는 다른 말로 설명하여 해당 개념이 무엇인지 알려 주는 정의이다. 기술적 정의는 누가 어떠한 맥락에서 사용했는가와 관계없이 보편적으로 알려진 의미를 규정한다. 기술적 정의는 가치중립적이며 객관적으로 개념을 규정한다.

기술적 정의는 현재의 사용법을 정확히 기술하고자 하는 정의로 '분석적 정의', '사전적(lexical) 정의'라고도 한다. 일상에서 특정 단어가 가진 의미를 서술하기 위해 흔히 사용하는 정의이다. 사전에 있는 단어의 설명은 기술적 정의를 보여 주는 좋은 예이다. 이 정의는 개념의 폭을 확장하거나 어떠한 활동을 위한 실제 지침으로 활용하기에는 부족하다. 기술적 정의는 부정확할 수는 있으나 정의의 진위를 구별할 수 있다. 따라서 교육에서 기술적 정의는 교육의 개념이 생소한 사람에게 교육의 개념을 설명하거나 교육현상을 객관적으로 설명할 때 의미 있게 사용할 수 있다. 특히 교육과학자들의 경우 발생한 현상을 상세히 관찰하여 그 현상 그대로 객관적으로 정확하게 파악하는 데 관심을 둔다. 그러므로 기술적 정의는 교육과학자들이 조작적 정의와 함께 선호하는 정의 방식이다.

④ 약정적 정의

약정적 정의는 어떠한 현상을 무엇이라 하자고 약속하는 정의이다. 약정적 정의는 문제와 상황의 특수성을 고려한 의사소통을 통해 이루어지며, 주어진 맥락 속에서 사용자의 의도를 나타내는 데 활용된다.

약정적 정의는 복잡하게 설명해야 할 것을 무엇이라고 부르자고 약속함으로써 언어를 축약하고 단순화한다. 약정적 정의는 애매함을 방지하는 데 유용하다. 교육현상을 단순하게 정의하는 것이 복잡하거나 교육 정의에 대한 합의가 어려울 때 언어의 경제성과 논의의 편의를 위해 흔히 활용한다. 한편, 우리가 사고한 내용을 기존의 단어로서 표현하지 못할 때 새로운 말을 만들 수밖에 없는 경우가 있다. 이때 약정적 정의를 통해 만든 것의 진위 판명이 어려우면 자의적이기 때문에 혼란을 가져올 수 있다. 그러므로 이미 수립된 의미에 새로운 의미를 부가하는 일은 주의할 필요가 있다.

⑤ 기능적 정의

기능적 정의는 교육의 수단적 기능을 강조한 것으로, 교육을 통해 사회 문화를 계승하고 발전시키는 데 중점을 두는 경우이다. 사회 발전과 문화 변인에 기반한 정의 방식으로 교육의 외재적이고 도구적인 가치를 강조하는 정의이다.

표 1-2 교육개념 정의 방법의 비교

정의 방법	관련 예	특징
규범적 정의	• 교육은 미숙한 사람을 도덕적/인격적으로 사람다운 사람으로 형성하는 일이다(Kant). • 인간성 안에 내재하고 있는 여러 소질을 조화롭게 발전시키는 일이다(Pestallozzi). • 교육은 성년식이다(Peters).	• 하나의 정의 속에 규정이나 강령이 내포된 정의. 교육의 가치지향성 중시 • 교육의 의미를 가치의 맥락에서 밝히고자 할 때 사용. 내재적 가치 강조
조작적 정의	• 교육은 인간 행동의 계획적 변화이다(정범모).	• 개념을 과학적으로 정의 • 관찰 불가능한 것을 관찰 가능한 것으로 반복적으로 조작하여 객관적으로 정의 • 교육개념의 추상성을 제거하고 교육활동을 명백히 규정
기술적 정의	• 교육은 가르치고 배우는 일이다. • 교육은 학교에서 하는 일이다.	• 어떤 개념을 알고 있는 다른 언어로 설명하여 그 개념에 대해 알려 주는 정의 • 일반적으로 통용되는 의미를 규정. 가치중립적이므로 외재적 가치가 개입될 가능성이 있음 • 교육개념이 생소한 사람에게 교육개념을 설명하거나 교육현상을 정확하고 객관적으로 묘사할 때 사용 • 교육과학자들이 선호하는 방식

약정적 정의	• 교육을 훈련이라고 하자.	• 원활한 의사소통을 위해 복잡한 현상을 무엇이라 명칭하자고 약속할 때 사용 • 교육에 관한 다양한 관점을 조정하거나 교육 개념을 새로운 방식으로 일시적으로 정의할 때 사용 • 언어의 경제성과 편리성 도모
기능적 정의	• 교육은 국가발전을 위한 수단이다.	• 교육을 목적을 이루기 위한 수단으로 정의 • 사회 발전과 문화 변인에 토대를 둔 정의 • 도구적이고 외재적인 가치 강조

2) 교육목적의 유형과 위계[13]

교육목적은 전반적인 교육과정을 통해 실현해야 할 가치로 교육의 이념이라고도 표현한다. 이는 교육을 하는 이유와 동기의 근거를 설명하는 것이다. 교육은 어떠한 가치를 추구하고 실현하고 유지하기도 하고 기피하거나 배격하기도 한다. 또한 교육은 제도적인 체계를 구축하여 이를 통해 이루어지는 활동을 계획하고 이에 따른 결과를 평가하기도 한다. 이런 일들은 특정 가치체제에 판단의 기준을 두고 이루어진다. 교육을 통해 실현하고자 하는 가치를 우리는 흔히 교육의 '이념' '목적' '목표' 등으로 표현한다.

(1) 교육이념

교육이념은 우리가 상황과 형태와 관계없이 교육이라고 말하는 모든 것을 하는 당위적인 가치체계를 뜻한다. 이는 교육이 지향하는 이상적인 인간상 실현을 위한 모든 사회활동에 관계되는 목적의식을 의미한다. 교육이념이

13 교육목적의 유형과 위계는 주로 황정규, 이돈희, 김신일(2011). 교육학개론, pp. 102-128을 참고함.

정립되어 있어도 가치체계가 지닌 개방성으로 인해 교육이념은 다양한 가치를 포용하는 추상적 언어로 표현된다. 따라서 실제 과정과 일상 상황에서는 구속력이 충분하지 못할 수 있다.

(2) 교육목적

교육목적(purpose of education)은 교육이념보다 보편적인 것으로, '이념'은 국가 수준의 교육 제도에 적용되는 것이나 '목적'은 모든 수준의 교육에 사용할 수 있다. 어느 수준이든지 간에 교육목적은 교육의 과정에서 필요한 내용과 이를 실현할 방법을 선택하는 것보다 논리적으로 선행하는 조건이며 모든 교육적 판단의 기준을 제시한다. 교육목적은 교육이념에 기반하여 교육의 기본 방향을 서술한 것이다. 교육목적은 교육이념과의 조화로운 조정을 통해 성립되며 이는 다양한 교육활동을 통해 이상적인 인간의 육성을 의미한다. 교육목적의 기능은 다음과 같이 정리할 수 있다.

- 교육의 목적은 교육활동이 전개되어 나아갈 방향을 제시한다.
- 교육과정에 포함해야 할 교육내용의 선정 기준을 제공한다.
- 교육평가의 기준을 제공한다.
- 교육목적을 달성하는 데 필요하지 않은 교육활동을 통제한다.
- 교육활동의 동기를 유발한다. 명료한 목표를 제시하여 효과적으로 교육활동이 이루어질 수 있도록 하고 학습자의 행동을 활성화한다.

(3) 교육목표

교육목표(educational objectives)는 일련의 교육행위 과정을 통해 의도하는 목적의 실현 정도라고 할 수 있다. 교육목표는 구체적이고 협의의 목적의식을 나타내며 목적의 달성을 위한 현실적이고 기술적인 수단을 강조하는 것이다. 교육목표는 학습경험을 통해 학생들의 구체적인 행동변화를 의미한다.

교육목표의 구체적 예로는 과학적인 사고력 배양, 통계의 이해, 창의력 함양 등을 들 수 있다.

교육목표의 도달은 교육목적의 실현을 전제로 한다. 교육목적이 질적인 개념이면 교육목표는 양적인 개념으로 이해할 수 있다. 교육목적은 교육의 내용과 방법 등의 구체적 여건이 마련되기 전에 성립되는 개념이나 교육의 목표는 교육을 위한 구체적 여건이 결정된 이후에 수립된다. 교육은 지속해서 목적의 통제를 받는 것이므로 교육의 목적은 교육의 전체 과정에서 실현되어야 한다. 구체적인 실현의 정도를 설정한 교육목표는 현재 진행하는 교육활동이 종료되는 미래에 달성되는 것으로 이해할 수 있다. 따라서 교육목표는 어떤 교육활동의 단위를 전제로 한다. 교육활동의 단위를 결정하는 정도에 따라 궁극적 목표에 도달하기 위한 연속선상에는 다양한 수준의 교육목표가 있을 수 있다.

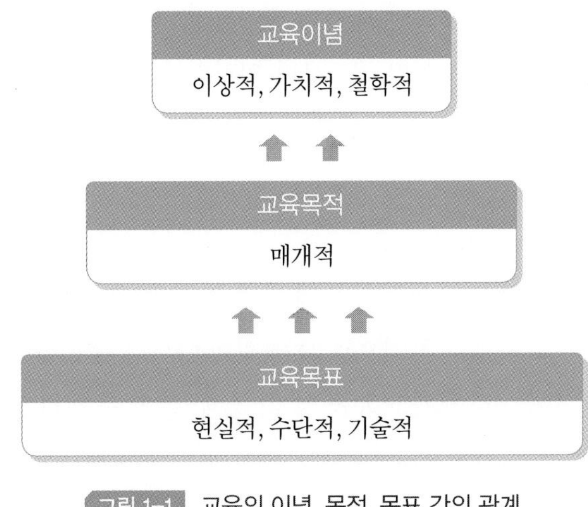

그림 1-1 교육의 이념, 목적, 목표 간의 관계

(4) 교육목적의 구분

① 내재적 목적

교육의 내재적 목적이란 교육이 다른 어떠한 것을 위한 수단으로서의 가치가 아니라 그 자체로 가치 있다고 보는 것이다. 즉, 교육의 규범적 개념에 내포되어 있는 것이 내재적 목적이다.

교육 그 자체가 수단이 아니라 목적이라는 말은 사회제도로서의 교육을 논할 때 필요하다. 교육이 정치, 경제, 종교 등의 다른 제도적 부분을 위한 수단으로 존재하는 것이 아니라 교육 스스로 목적을 가진 제도라는 것이다. 교육을 다른 제도적 부분을 위한 수단으로 이해하면 교육 본연의 일관성을 유지하기 어렵다. 또 교육이 인간과 사회에 이바지할 수 있는 원래의 기능을 상실한다고 보는 견해도 있다. 교육의 내재적 목적을 주장하는 학자들은 교육의 본질적 기능을 인간의 의미 있는 삶의 조건과 사회의 이상 실현과 관련하여 궁극적이고 근본적인 문제를 지속해서 제기하고 그것을 추구하는 것으로 여긴다. 따라서 교육이 다른 어떤 제도보다 인간의 목적과 사회의 이념을 실현하는 데 핵심적인 역할을 한다고 보았다.

② 외재적 목적

교육 외부로부터 교육의 목적을 통제 받게 될 경우 그 목적을 외재적 목적이라고 한다. 교육 그 자체를 목적으로 보는 것이 아니라 목표를 완성하기 위한 수단으로 보는 견해이다. 즉, 교육을 정치, 경제, 종교 등의 다른 제도적 부문을 위한 도구로 보는 관점으로, 정치적 목적 실현을 위한 교육, 경제 발전에 기여하는 교육 등을 강조한다.

표 1-3 내재적 목적과 외재적 목적의 특징 비교

내재적 목적	외재적 목적
교육개념과 교육과정 속에 존재하는 본질적 목적	교육활동 외부에 존재하는 수단적 목적
교육 그 자체가 목적	교육은 목적을 달성하기 위한 수단
교육과 목적이 개념적 · 논리적 관계	교육과 목적이 경험적 · 사실적 관계
인격 완성, 자아실현, 자율성 제고, 지식의 형식 추구	국가발전, 경제성장, 사회통합, 직업준비, 생계수단
현실 중시	미래 대비
교육의 가치지향성 강조	교육의 가치중립성 강조
위기지학(爲己之學, 자기성찰과 수신, 인격 완성을 위한 공부)	위인지학(爲人之學, 출세 · 입신양명을 위한 공부)
• 소크라테스(Socrates): "너 자신을 알라" • 듀이(Dewey): 교육활동의 과정이나 경험 그 자체를 가치 있다고 여김 • 피터스(Peters): 교육에 내재하고 있는 구체적 가치의 내용으로 '지식의 형식'을 제시	• 스펜서(Spencer): 완전한 생활을 위한 교육관을 제시하고 교육의 실용성 강조 • 랭포드(Langford): 교육은 주어진 목표에 도달하기 위한 수단 • 그린(Green): 교육은 특정 목적으로 이용될 수 있다고 보고 교육의 도구적 성질 강조

2. 교육학

1) 교육학의 학문적 성격

교육학은 교육을 연구하는 학문이다. 교육에 관한 실제 행위의 방법과 이론적 근거를 탐구하여 교육을 과학적으로 체계화한 것이다. 교육학과 교육은 과학과 이 원리를 토대로 응용하여 실천하는 기술처럼 과학과 기술 관계에 대비할 수 있다. 즉, 교육학은 원칙이 되는 이론을 찾아서 이를 확립하는 것이고 교육은 이 원칙을 기반으로 교육현장에서 실천하는 행위라 할 수 있다. 19세기 초 서구사회에서는 시민혁명 이후 국민들에 대한 교육을 강화하고 이를 위해 학교라는 정식교육기관을 설립하였다. 학교교육이 확대되면서 교육의 목적과 방법의 정립 및 체계적인 교사 양성의 필요가 증가하였고 이를 위한 학문의 필요성이 대두되었는데 이는 교육학 태동의 계기가 되었다(Raithel, Dollinger, & Hormann, 2009).

대학에서 교육학을 최초로 강의한 학자는 칸트(E. Kant)이다. 그에 따르면 교육이란 양육, 훈련, 문화의 습득을 포괄해서 가르치는 것으로 이해되어야 한다고 주장하였다. '교육학'이라는 학문의 정립은 독일의 철학자 헤르바르트[14]가 일반교육학(allgemein padagogik)을 출판함으로써 시작되었다. 그에 따르면 교육학은 윤리학과 심리학이라는 두 개의 학문으로 구성되어 있다. 헤르바르트는 교육목적은 윤리학에서, 교육방법은 심리학을 토대로 교육학의 이론 체계를 구축하였다. 헤르바르트 이후 교육학을 학문적으로 정립하려는 노력은 지속되었다(Herbart, 2016). 교육학의 학문적 성격에 대한 견해는 매우 다양하다. 큰 맥락에서 교육학 성격에 관한 논의는 교육학이 규범적 특성을 가진다는 견해와 경험적 특성을 가진다는 견해의 대립으로 볼 수 있다(성태제 외, 2012: 46).

(1) 규범적 교육학

규범적 교육학은 인문학적 전통에 기반을 두고 정신과 규범적 연구에 초점을 둔다. 규범적 교육학은 철학적(윤리학적) 방법론을 따른다. 교육의 본질,

14 요한 프리드리히 헤르바르트(Johann Friedrich Herbart, 1776~1841)는 독일의 철학자이자 심리학자, 교육학자이다. 칸트의 후임으로 1809년부터 1833년까지 쾨니히스베르크 대학교에서 재직하였다. 헤르바르트는 '일반교육학' 발표를 통해 최초로 교육학을 근대적 의미의 학문으로 정립하였다. 일반교육학이란 전체 교육활동에 '일반적' 이론의 토대가 될 수 있는 교육론을 제시하고자 붙여진 명칭이다. 그의 의도에 따라 일반교육학에서는 우선 교육의 목적을 논의하고 이를 토대로 한 교육과정들을 설명하고 있다. 이 책은 '교육적 수업'이론을 제시하고 있으며 수업을 위한 교사의 역할과 자질에 대해서도 논의하고 있다.

목적, 방법, 제도 등의 행정 원리를 규범적으로 미리 규정한 교육학을 의미한다. 규범적 교육학이란 교육학이 추구해야 할 당위론적 방향에 연구의 초점이 있다. 이러한 접근은 교육이 가치를 추구하는 학문인만큼 인간의 지각, 정서, 직관에 의해 이해될 수 있다는 철학적 접근에 기초하고 있다. 따라서 연구의 대상도 주로 교육목적에 치중한 이상적 인간상에 대한 것이다. 교육학의 규범적 성격을 강조한 대표적인 교육학자로는 피터스(Peters)와 허스트(Hirst)가 있다. 피터스는 교육을 "모종의 가치 있는 것이 도덕적으로 온당한 방식으로 의도적으로 전달되고 있거나 전달된 상태"라고 정의하고 있다(성태제 외, 2012: 36).

(2) 경험적 교육학

경험적 교육학은 교육을 사회적 · 역사적 사실로 보고 경험적 · 과학적 연구에 초점을 두어 그 성질과 기능을 연구하는 교육학이다. 따라서 경험적 교육학은 사실적 자료를 수집하여 이들 간의 인과관계를 분석하는 데 초점을 두고 있다. 경험 과학적 접근은 인간의 행동으로 교육이 이루어지기 때문에 이를 관찰하고 여기에 대한 규칙을 발견하여 예측과 통계가 가능하다고 보았다. 그러므로 경험적 교육학은 경험적 연구를 반복하여 교육현상의 규칙을 발견하고 이를 토대로 효율적인 교육 실천방안을 수립하는 데 중점을 두고 있다. 경험적 교육학을 주장하는 대표적 학자로는 오코너(O'Connor)와 뒤르켐(Durkheim)[15]이 있다. 뒤르켐은 교육현상이 시대와 민족에 따라 다르다고 가정하였다. 그는 교육사실의 가치중립적 기술과 분류를 통한 교육법칙의 발견을 중요시하였으며 이를 토대로 객관적, 실증적 방법에 기초하여 교육학

---

15 다비드 에밀 뒤르켐(David Emile Durkheim, 1858~1917)은 프랑스의 사회학자이다. 뒤르켐은 교육학에서도 주목할 만한 업적을 남겼다. 그는 심리학에 치우쳐 있던 교육학 연구에 최초로 사회학적 접근을 시도하였다. 그는 교육현상을 사회적 사실로 규정하고 교육학을 실증과학이라 주장하였다.

표 1-4 규범적 교육학과 경험적 교육학의 특징 비교

구분	규범적 교육학	경험적 교육학
이론기반	인문학적 전통	과학적 연구
방향	가치지향적	가치중립적
방법론	철학적(윤리학적) 방법론	객관적, 실증적 방법
연구대상	이상적 인간상	교육 실천방안(교육의 법칙)
대표학자	• 피터스(Peters): 교육은 교육을 하는 그 자체로 가치롭다. • 허스트(Hirst): 가치판단의 기준을 과학적 인식의 대상으로 삼는 데 한계가 있어도 가치판단의 문제를 교육이론에서 제외해서는 안 된다.	• 뒤르켐(Durkheim): 교육은 시대와 민족에 따라 다르다. 객관적, 실증적 방법에 기초하여 교육학을 정립하였다. • 오코너(O'Connor): 교육학이 가치판단 문제를 객관적으로 밝힐 수 없다면 교육을 과학이론에 포함하는 것은 잘못된 일이다.

을 정립하였다. 정범모 또한 경험 과학적 연구에 중점을 두고 교육학이 과학적 성격을 드러내야 할 것이라 주장하며 교육학을 교육과학으로 정립하였다(한용진, 권두승, 남현우, 오영재, 류지헌, 2007: 30-31).

(3) 교육학 성격에 관한 논의

교육학의 학문적 성격에 대한 본격적인 논쟁은 오코너와 허스트의 논쟁이 대표적이다. 오코너는 교육이론이 어떤 현상을 관찰하여 기술, 설명하고 이를 일반화하여 예측하는 가설 연역체계를 갖춘 교육과학을 토대로 하고 있다고 주장하였다. 그러나 교육학이 엄격하게는 이러한 이론적 체계를 갖추지 못하고 있기 때문에 교육이론이 학문적인 예우상의 칭호(a courtesy titel)에 불과하다고 비판하였다(성태제 외, 2012: 43). 따라서 그는 교육학이 가치판단의 기준을 객관적으로 밝힐 수 없다면 교육을 과학적 이론에 포함시키는 것은 잘못이라고 주장하였다. 반면, 허스트는 교육이론이 과학적 지식과 방법뿐만 아니라 형이상학적 신념과 도덕, 종교 등의 가치판단 문제를 포함하고 있으므로 이러한 가치판단을 과학적 인식 대상으로만 삼는 데는 한계가 있다고 여겼다. 허스트는 교육이론이 교육활동 전반과 관련 있는 실제적 문제에 대해 판단하고 교육의 실제를 합리적으로 정당화하는 학문이라는 점에서 '실제적 이론'이며, 이는 교육학이 가진 독특한 이론으로 과학이론에 종속되는 열등한 이론이 아니라고 주장하였다(황정규 외, 2011: 30-40).

교육학을 학문적으로 최초로 정립한 독일의 경우 교육학을 교육 현장과 교육 행위를 탐구하는 해석학적이고 역사적인 학문 성격의 인문학적 사조로 이해하고 있다. 비판적 측면에서 교육학의 요소는 이상의 과잉과 지속적인 개혁적 사고로 볼 수 있다. 따라서 교육학은 교육 현장의 현실과 이상을 조화롭게 연결하려는 객관적이고 비판적인 학문으로, 경험적 근거를 중시하고 이론과 이론을 토대로 하는 현장(현상)과의 관계를 중요한 주제로 다루고 있다. 현대 사회는 이론을 토대로 한 현장 또는 현장을 토대로 하는 이론이 항상 확실한 것이 아니므로 이론과 현장의 관계를 다양한 교육 이론을 고려하여 포괄적인 관점으로 숙고할 필요가 있다(Raithel, Dollinger, & Hormann, 2009).

우리나라의 경우 교육학을 사회과학으로 분류하고 있다. 그러나 인문학으로 분류하는 나라도 다수 있으며 학문의 특성상 규범과학-기술과학-정신과학-경험과학에 속한다고도 볼 수 있다. 교육학이 복합학문의 성격을 띠고 있어 학문적 특성을 명쾌하게 단정하기에는 어려움이 있다.

3. 맺으며

교육은 개인만이 아니라 사회가 관련된 문제이다. 한 개인이 사회와 관련 있는 다양한 삶의 문제를 자기 책임하에 해결할 수 있는 능력을 함양하는 것이 교육이라고 볼 수 있다. 빌헬름 훔볼트[16]는 지식(Wissen)과 이를 활용하는 능력(Konnen)을 동시에 배양하는 전체적 교육의 중요성을 강조하였다. 그에 따르면 교육이란, 첫째, 개인이 지속적으로 자신의 세계관을 확대해 나가는 것에 목표를 두고 이를 향해 나가는 과정이며, 둘째, 개인이 자립적으로 사회, 문화, 자연 환경, 사람과 지속해서 접하고 부딪혀 가며 깨우치는 자기주도적이고 능동적인 발달과정이라 할 수 있다.[17] 그 때문에 전체적 교육은 전체사회, 공동체와 관련된 개인의 발달과정이며 인지/지적, 신체적, 정서/감정적 측면(kognitiv-intellektuelle, korperliche, affektiv-emotionale Aspekte)을 모두 포괄하고 있다.[18] 이러한 전체적 교육은 우리나라의 전통 교육인 지덕체를 모두 갖춘 전인 교육과 대비된다고 할 수 있을 것이다. 한스 튀어쉬(Hans Thiersch, 1935~)는[19] 교육을, 첫째, 복잡한 환경에서 스스로 인지적, 육체적, 심리적으로 대처할 능력을 함양하도록 하는 것이며, 둘째, 자신을 에워싼 다양한 환경을 극복해 나가며 자신이 원하는 능력을 계발하고 자신을 변화시키며 소통하는 과정으로 이해한다. 결과적으로, 교육은 개인이 생활 역량, 자제력, 숙달 능력 등을 가지고 자신의 삶에 대처하고 극복하는 능력을 함양하는 것이다. 이러한 자기 주도적이고 포괄적인 교육과 자기규제 역량은 현 시대에 필요한 선도적인 교육개념으로 이해할 수 있다.

교육은 과학적이지만 과학으로만 설명하거나 해결할 수 없는 가치지향적 문제를 분명히 포괄하고 있다. 또한 현재 사회의 변화 속도는 과거 어느 때보

16 빌헬름 훔볼트(Wilhelm von Humboldt, 1767~1835)는 독일의 철학자, 교육학자, 정치가이다. 독일 베를린 훔볼트 대학교의 공동설립자이기도 하다.

17 Bock, K. (2004). Einwürfe zum Bildungsbegriff. Fragen für die Kinder und Jugendhilfe forschung. In: Otto, H.-U./Rauschenbach, Th. (Hrsg.). Die andere Seite der Bildung. Zum Verhältnis von formellen und informellen Bildungsprozessen. Wiesbaden, S. 91-105.

18 Bundesministerium für Familie, Senioren, Frauen und Jugend (BFSFJ)(Hrsg.) (2006). Zwölfter Kinder-und Jugendbericht. Bericht über die Lebenssituation junger Menschen und die Leistungen der Kinder-und Jugendhilfe in Deutschland. Berlin.

19 Thiersch, H. (2002): Bildung-alte und neue Aufgaben der Sozialen Arbeit. In: Münchmeier, R./Otto, H.-U./Rabe-Kleberg, U. (Hrsg.): Bildung und Lebenskompetenz. Opladen, S. 57-84.

다 빠르며 변화의 주기도 짧다. 이러한 때에 교육을 특정적인 한 가지의 방식으로 정의한다는 것은 유용하지 못하다. 특히 급진적인 정보 기술화 시대에서 인간은 디지털 기술과 미디어를 확실히 통제하고 새롭고 올바른 가치를 창조해야 한다. 이를 위해 현재 사회의 구성원에게는 전문성과 동시에 더욱 인간다움과 올바른 인성이 요구된다. 따라서 교육을 다양한 목적을 둔 포괄적인 개념으로 이해할 필요가 있을 것이다.

토론 과제

1. 교육의 어원이 현대 교육에서 어떻게 발현되고 있는지 논의해 보자.
2. 우리나라 교육에 필요한 교육개념을 탐색해 보자.
3. 교육의 목적에 대해 분석해 보고 현대 사회가 지향해야 할 교육의 목적과 목표에 대해 논의해 보자.
4. 교육학의 학문적 성격에 대해 분석해 보고 교육학과 연관된 다양한 학문의 적용방안 및 교육학의 방향성에 대해 논의해 보자.

용어 설명

형식도야설 교육은 정신을 도야하고 훈련하는 과정이라는 주장이다. 학습을 통해 도야된 능력은 그 내용에 관계없이 필요한 상황에 효율적으로 활용될 수 있다는 학습 전이 이론을 강조하고 있다.

교육만능설 인간의 모든 면이 교육을 통해서 변화될 수 있다고 보는 교육이론이다. 인간이 환경을 지배하는 것이 아니라 환경의 지배를 받는다고 보고 있으므로 사전에 적합한 환경만 조성된다면 어떠한 인간도 만들 수 있다고 보는 견해이다.

참고문헌

고려대학교 교육문제연구소(2017). K교육학. 서울: 박영story.

김대현, 김석우, 김영환, 김정섭, 김회용, 박수홍, 박창언, 안경식, 유순화, 이동형, 이병준, 이상수, 주철안, 한대동, 홍창남(2015). 교육과 교육학. 서울: 학지사.

김선양(2011). 교육학개론. 경기: 학국학술정보.

성태제, 강대중, 강이철, 곽덕주, 김계현, 김천기, 김혜숙, 송해덕, 유재봉, 이윤미, 이윤식, 임웅, 홍후조(2012). 최신교육학개론(2판). 서울: 학지사.

오현준(2018). 핵심교육학. 서울: 박문각.

유길준(2017). 공무원 교육학(개론) 상. 서울: 도서출판 열린교육.

정범모(1968). 교육과 교육학. 서울: 배영사.

한용진, 권두승, 남현우, 오영재, 류지헌(2007). 교육학개론. 서울: 학지사.

황정규, 이돈희, 김신일 (2011). 교육학개론. 경기: 교육과학사.

Bock, K. (2004). Einwürfe zum Bildungsbegriff. Fragen für die Kinder und Jugendhilfeforschung. In: Otto, H.-U./Rauschenbach, Th. (Hrsg.). *Die andere Seite der Bildung. Zum Verhältnis von formellen und informellen Bildungsprozessen*. Wiesbaden, S. 91-105.

Böhm, W. (2004). *Geschichte der Pädagogik. Von Platon bis zur Gegenwart. 2. Auflage*. C. H. Beck, München. S. 13.

Bundesministerium für Familie, Senioren, Frauen und Jugend (BFSFJ)(Hrsg.) (2006). *Zwölfter Kinder-und Jugendbericht. Bericht über die Lebenssituation junger Menschen und die Leistungen der Kinder-und Jugendhilfe in Deutschland*. Berlin.

Dewey, J. (1916). *Democracy and Education*.

Herbart, J. F. (2016). 일반교육학(*Allgemeine Pädagogik aus dem Zweck der Erziehung abgeleitet*). (김영래 역). 서울: 지식을 만드는 지식. (원전은 1806년에 출판).

Otto, H.-U., & Rauschenbach, Th. (Hrsg.) (2004). *Die andere Seite der Bildung.*

Zum Verhältnis von formellen und informellen Bildungsprozessen. Wiesbaden.

Raithel, J., Dollinger, B., & Hormann, G. (2009). *Einfuhrung Padagogik. Begriffe · Stromungen Klassiker · Fachrichtungen. 3*. Auflage, Wiesbaden.

Scheffler, I. (1960). *The Language of Education*. Springfield.

Thiersch, H. (2002). Bildung-alte und neue Aufgaben der Sozialen Arbeit. In: Münchmeier, R./Otto, H.-U./Rabe-Kleberg, U. (Hrsg.): *Bildung und Lebenskompetenz*. Opladen, S. 57-84.

제 2 장

교육의 역사 · 철학적 접근

학습목표

1. 교육의 역사적 접근의 필요성과 의미를 안다.
2. 교육철학의 다양한 의미와 역할에 대해 이해한다.
3. 교육사 · 교육철학 공부가 교육실천에 갖는 의미를 파악하고 교육을 실천할 수 있다.

이것은 라파엘로가 그린 〈아테네학당〉이라는 그림이다. 중앙의 플라톤과 아리스토텔레스 그리고 이들의 왼쪽 옆으로 플라톤의 스승인 소크라테스가 있다.

플라톤과 아리스토텔레스의 손가락 끝의 차이는 두 사람의 철학적 차이를 잘 보여 준다. 하늘을 가리키는 플라톤은 이데아가 진짜 실재라는 이상주의를, 아리스토텔레스는 이데아의 세계가 하늘에만 있는 것이 아니라 현실 세계의 사물과 함께 존재한다고 하는 실재주의 철학을 나타낸다. 인상적인 것은 제자 아리스토텔레스의 자세다. 스승의 이야기를 필기하는 데 급급한 것이 아니라, 자신의 생각을 말하고 있다.

이와 같이 교육이란 교사와 학생 사이의 공동의 탐구일 것이다.

1. 교육사의 이해

교육의 역사는 인류의 역사와 함께해 왔다고 해도 과언이 아니다. 교육사는 시간의 변화에 따른 교육적 경험의 변화를 추적하는 일이다. 물론 과거에 대한 단순한 궁금증이나 호기심에서만 살피는 것은 아니다. 역사는 과거와 현재의 부단한 대화라고 카(E. H. Carr)가 말했듯이, 지나온 과거를 통해 현재를 조명하고, 궁극적으로 앞으로 나아갈 길에 대해 전망하기 위함일 것이다.

『조선교육사』의 저자 이만규(1991: 9)는 "교육사는 인문의 진보를 거슬러 찾고, 사상의 변천을 연구하며, 교육사업과 교육학설의 진보 · 발전한 상태와 이유를 찾는 데 필요한 것이며, 전시대가 후시대에 또는 한 나라가 다른 나라에 주는 효과와 영향을 아는 데 필요하다."고 그 필요성을 강조한다. 보이드(W. Boyd, 1994)는 교육사의 목적과 필요성을 우리 자신을 이해할 수 있게 해 주며, 교육이론의 시대적 표현을 보여 준다는 점에서 찾는다.

이만규의 조선교육사

요컨대, 교육사는 우리 자신을 이해하고 현재 교육의 모습을 이해하기 위한 것이며 더 나아가 앞으로 교육의 나아갈 방향을 모색하는 데 참조할 지혜를 구하기 위해 공부한다고 할 수 있다. 이런 점에서 한기언(1987)은 교육학을 교육기초학, 교육방법학, 교과교육학으로 구분하는데, 교육기초학에 '인간형성의 역사'로서 교육사학을 포함시키고, '**교육사**'를 '시간적 계열'에서 갈피를 잡게 해 주는 학문이라고 그 역할을 밝힌다.

그렇다면 교육사가 교사교육에서 갖는 가치는 무엇인가? 오늘날 교육현장에서는 교육사의 가치를 낮게 평가하는 경향이 있다. 이와 같이 교육사의 가치가 제대로 평가되지 못하는 것은 미국식 교육학의 과학적 성격의 경향, 실증주의적 측면이 강조되는 사회분위기(정영수, 1998) 때문이라고 볼 수 있다. 오늘날 학교 현장에서 중시하는 교사역량은 수업기술, 학급관리 방법 등인데 이런 역량들이 교육사 공부를 통해서는 도달한다고 보기 어렵기 때문이다.

교육사의 가치는 현대 사회가 요구하는 방법적이고 기술적인 내용이라기보다는 시간의 흐름 속에서 찾을 수 있는 교육적 예지에 가깝다. 교사가 갖추어야 할 역량이나 전문성이 즉시 활용할 수 있는 수업기술이나 학급관리 방법에 국한되는 것은 아니다. 당장의 쓸모 그 이상이 교사에게 요구된다. 따라서 한용진(2011)은 교육사의 가치를 교원 전문성 기준에 비추어 논하면서, 교육사는 현재 교원양성 기준에서 요구되는 기준을 충족시키는 것을 넘어, 교사교육이 어디로 가야 하는지 밝혀 주는 일종의 학문적 내비게이션 역할을 할 필요가 있음을 강조한다.

일반적으로 교육사 교재는 한국교육사와 서양교육사 영역으로 나누고, 내용별로는 교육사상사와 교육제도사로 나누어 서술하고 있다. 교육사 내용이 교육사상사와 교육제도사로 대별되지만, 보다 세부적으로는 ① 교육 대가들의 교육적 이상이나 교육사상의 시대적 변천을 다루는 **교육사상사**, ② 학교기관, 교육 실제 등과 관련된 **교육제도사**, ③ 문화사 일반 중 교육에 관한 내용을 다루는 **교육문화사**, ④ 인문의 진보 속에서 다양한 **주제 중심의 교육사**[1], ⑤ 교육학의 이론과 학설 발전과정을 살펴보는 교육학사 등으로 구분할 수도 있다.

---

1 예를 들어, '교육목적론' '정치와 교육' '국가주의와 교육' 등 특정 주제별로 다루는 부르바커(J.S. Brubacher)의 『교육문제사(A History of the problems of Education)』가 있다.

1) 서양교육의 역사적 전개

서양의 일반적 시대 구분인 고대-중세-근대의 구분에서 볼 때, 고대 교육은 그리스의 도시국가 아테네와 스파르타의 교육 그리고 로마시대의 교육에 해당된다. 중세는 서로마가 멸망하는 5세기(476년)에서 동로마가 멸망하는 15세기(1453년)까지 대략 1000년의 시기로, 중세교육사에서는 대학의 발달이 특징적이다. 근대는 신 중심의 중세시대와 달리, 인간의 이성 능력에 초점을 둔 시대로 15, 16세기 과도기를 거쳐 17세기부터 본격적인 근대화의 과정을 거쳐 오늘에 이르고 있다. 오늘날 학교교육제도의 특징인 '**공교육**'의 의미는 19세기 중반 확립되었다.

(1) 고대: 자유교육의 전통 확립

현대교육철학자 허스트(P. Hirst, 1974)는 그의 논문「자유교육과 지식의 본질」에서 **자유교육**의 목적을 마음의 발달에 두었다. 이러한 전통을 '자유교육(liberal education)'의 전통이라고 한다. 자유교육의 전통에 따르면 교육이란 좋은 삶을 위한 것이고, 좋은 삶이란 합리적 마음을 계발하는 것이며, 이를 위해 특정 지식의 형식에 입문하게 하는 것이다. 자유교육의 전통은 고대 아테네에서 교육이 모습을 갖출 때 확립되어 오늘에 이르고 있다.

자유교육이란 ① 인간의 조화로운 발달을 추구하며, ② 교육이 다른 무엇을 위한 수단이 아니라 그 자체가 목적이며, ③ 인간의 지적 해방과 자유를 추구한다. ④ 그리스시대 자유민들을 중심으로 이루어진 데서 기원한 것이다. 플라톤은『국가』에서 동굴에 갇힌 그림자의 세계로부터 빠져나와 동굴 바깥이라는 실물의 세계로 갈 수 있는 영혼의 전환을 교육으로 가정한다. 이를 위한 교과로 언어를 중심으로 한 세 과목 3학(문법, 수사학, 논리학)과 수학을 중심으로 한 네 과목 4과(대수, 기하학, 천문학, 음악: 음의 이론체계를 다루는 화성학)를 제시한다. **3학4과**를 합쳐 **7자유학과**(seven liberal arts)라고 부른다.

이러한 교육내용의 가치는 추상적 사고 능력을 길러 주는 데 있다. 이처럼 교육의 역사에서 주된 교육내용은 추상적 사고력(이성적 능력)을 길러 주는 데 적합한 내용이 주를 이루어 왔다. 오늘날 학교교육에서 중시하는 교과들 역시 이러한 자유교육의 전통 위에 기초한 것을 알 수 있다. 피터스(R. S. Peters)나 허스트 같은 현대 교육철학자들 역시 이러한 자유교육의 가치를 정당화하며 중시하였다.

이와 같이 고대 그리스시대에 확립된 **자유교육**의 전통은 오늘날까지 2000여 년을 지속해 오고 있다.

그러나 자유교육의 전통은 교육의 실제에서 조화로운 인간 형성으로 나타나지 않고, 머리만 큰 인간, 즉 아는데 실천하지 못하는 인간, 이성 능력의 발달에 치우쳐 감정 영역을 배제하는 등 주지주의 교육의 문제점이 제기되면서 자유교육에 대한 비판도 이루어졌다. 이에 허스트는 합리주의 전통에 기반을 둔 자유교육의 입장으로부터 후기에 변화된 입장을 발표한다.[2] 허스트의 후기 입장은 **지식의 형식**에 입문하는 것을 중시했던 전기 입장에 비해, '**사회적 실천(social practices)에 대한 입문**'으로서 교육을 주장한다.

(2) 중세: 대학의 발달

서구 중세에는 고대 교육에서 강조했던 이성 능력의 발달보다 신 중심의 기독교 문명 속에서 신앙심의 고취를 강조했다. 따라서 교육 역시 교회 관련 교육기관에서 교리내용을 중심으로 이루어졌다.

---

2 허스트는 1992년 「교육과 지식과 실천」이라는 논문에서 자신의 합리주의 토대 위에 세운 자유교육이론에 잘못이 있었음을 고백한다. 그 핵심부만 옮겨 보면 다음과 같다. "나는 이 글에서 다소 영성하기는 하지만 이론적 지식에 관심을 두어 온 교육이 근본적으로 사회적 실천(social practices)에 관심을 두는 교육으로 바뀌어야 한다고 주장하고 싶다."(조무남, 2013: 343-344). 이러한 허스트의 고백은 이미 시작된 이성과 합리성에 대한 반성이라는 시대 변화에 따른 허스트 자신의 반성과 대안 모색이었을 것이라고 생각된다. 허스트의 후기 입장에 대한 자세한 내용은 유재봉(2001, 2002) 참조.

중세 초기에는 교부들이 기독교 교리를 체계화하고, 그것을 기독교 교육기관들을 중심으로 가르쳤다. 그런데 중세 중반인 12세기 즈음부터 변화가 생기고 도시를 중심으로 대학이 발달하기 시작한다. 십자군 원정 이후 이슬람 문화와의 접촉, 도시의 발달, 상공업의 발달 등으로 기독교 세계에 조금씩 균열이 생겨나면서, 사람들은 교리를 무조건 믿는 단계에서 합리적인 설명을 요구하기 시작한다. 이런 변화로 스콜라 철학이 발달한다. 스콜라 철학의 발달로 지적 욕구가 증대되기 시작하고, 지적 논쟁을 위해 비교적 큰 본산학교를 중심으로 모여 든 사람들이 조합을 형성하면서 자생적으로 생겨난다.

공부하기 위해 멀리서부터 모여든 사람이 만든 조합이 오늘날 대학의 기원이 된다. 예컨대, 12세기 말 볼로냐 지방에는 외부로부터 온 학생들이 당시 상인들의 조합인 길드를 본 떠 학생조합을 만든다. 이 학생조합 universitas가 '대학(university)'의 어원이 된 것이다(우메네 사토르, 1990: 121).

초기 대학생의 모습은 [그림 2-1]의 왼쪽 그림과 같다. 커다란 광주리를 짊어지고 도시에서 도시로 옮겨 다녔다(이원호, 2002: 65). 지적 논쟁이 유명하다고 하는 곳을 향해 자신이 살던 곳에서 멀리 길을 떠났을 것이다. 차츰 제도화되면서 대학 구성원들은 도시(town) 사람들과 구분 짓기 위해 가운(gown)을 입게 된다. [그림 2-1]의 오른쪽 그림(이원호, 2002: 63)에서는 대학 강의 중 가운을 입은 학생들의 모습을 볼 수 있다. 오늘날 대학 졸업식에 가운을 입는 것도 중세 대학의 전통에서 비롯된 것이다. 자생적으로 발달하기

그림 2-1 초기 대학생의 모습(좌)과 중세 대학의 강의 모습(우)

시작한 대학은 차츰 교육과정이 정비되고 학위제도가 발달해 오늘에 이르고 있다. 또한 대학은 면세 및 군역 면제 특권을 비롯하여 대학 자체의 재판권, 원칙적으로는 기독교 세계 어디에서나 강의할 수 있는 교수 권한(Doctor)의 부여, 교수와 학생의 신분 보장, 학장 · 총장의 자율적 선출권 등 많은 특권을 누렸다.

(3) 근대: 공교육제도의 확립

14, 15세기 이탈리아를 중심으로 한 르네상스를 근대의 태동으로 보는 것이 일반적이다. **르네상스**(renaissance)는 '다시(re)+태어나다(naissance)'의 뜻을 지닌 말로, 중세의 권위적 · 억압적 · 신 중심의 사조에서 벗어나 고대 그리스 · 로마의 인간중심적 문화로의 복귀 운동이라고 할 수 있다.

르네상스의 이념은 인간성 존중, 인간성 해방의 인본주의(인문주의, Humanism)이며, 르네상스 시대 교육은 ① 고대 그리스인들의 교육 이상이자 지덕체의 조화로운 발달을 추구했던 **자유교육**의 부활, ② 그리스 · 로마시대의 고전문학 작품과 고전어(라틴어, 그리스어)를 강조하였다. 그런데 르네상스 말기가 되면서 인문주의 교육의 정신은 사라지고, 당시 "키케로(Cicero)의 문장에서 벗어나지 말라."는 말에서 알 수 있듯이, 고전 작품의 형식에만 치중하게 된다. 이것을 키케로주의 또는 언어주의라고 한다.

근대 교육사에서 주목할 만한 일은 19세기 공교육체제의 확립이다. 여러 영향에 의한 공교육체제의 발달과정은 다음과 같다.

16세기 일어난 **종교개혁**은 타락한 가톨릭교회를 비판하고 사회 전반을 개혁하기 위한 운동이다. 종교개혁으로 기독교는 구교(가톨릭)와 신교(개신교)로 분리되는데, 이것은 교육에도 많은 영향을 남긴다. 종교개혁은 당시 교육을 주로 담당해 오던 교회를 비판했기 때문에 자연스럽게 교회를 중심으로 이루어진 교육에 대한 개혁과도 관련된다. 루터(M. Luther)는 참된 신앙을 회복하기 위해서는 모든 사람, 즉 귀족 계급만이 아닌 모든 민중들이 성경을 읽을 수 있음으로써 가능하다고 생각하였다. 따라서 그는 종교에 국한하지 않고 교육 개혁을 제창한다.

루터는 1520년, 당시 부패한 수도원과 사원을 비판하고 개혁적인 도시가 사원과 수도원의 재산을 몰수할 것을 주장한다. 1524년에는 참된 신앙 회복을 위해 모든 사람이 학교교육을 받아야 하고 따라서 시 당국은 학교를 세워 경비를 부담해야 함을 역설한다. 또한 1530년에는 자녀를 의무적으로 취학시킬 것을 주장한다(우메네 사토르, 1990: 198~199). 이와 같이 루터는 당시 부패한 기독교를 비판하고, 참된 신앙을 회복하기 위해 모든 민중을 대상으로 무상교육과 의무교육을 제기한다. 루터의 **무상교육**과 **의무교육**의 아이디어가 루터 당시에는 실현되지 못했지만, 훗날 **공교육**의 기틀을 마련하는 계기가 되었다.

17세기 코메니우스(J. A. Comenius)의 "모든 이에게 교육을"이라는 **보통교육 사상**은 공교육제도 확립에 기여한다. 코메니우스는 "모든 사람에게 모든 것을 가르쳐야 한다."는 범지학(汎知學)에 기초하여 모든 사람이 평등하게 공통의 내용을 배워야 한다고 주장한다. 신교 계통의 목사였던 코메니우스는 『**대교수학**』에서 기독교적인 평등관에 입각해 신분에 상관없이 모든 이들에게 가르칠 수 있는 교육을 제안한다.

J. A. Comenius
(1592~1670)

18세기가 되면 이전까지 교육의 주도적 역할을 했던 교회 대신 국가가 교육에 대한 포괄적인 책임을 갖게 된다. '국가가 교육에 대한 포괄적인 책임을 진다'는 **국가교육체제**는 독일에서부터 시작되어, 유럽 다른 나라에도 퍼지게 된다. 즉, 중세까지 교육을 주로 담당하던 곳이 '교회'에서 '국가'로 차츰 이동하게 된다. 따라서 종교개혁을 기점으로 서구교육의 역사는 교육을 관장하는 곳이 교회로부터 차차 국가로 이양되는 역사라고 볼 수 있다.

예컨대, 프랑스의 라 샬롯테(la Chalotais)는 『국가교육론』에서 "교육은 본질상 국가의 일이며, 모든 국가는 각각 그 구성원을 가르칠 신성불가침의 권리를 갖고 있다"고 역설한다. 『국가교육론』은 루소의 『에밀』과 비슷한 시기에 출판되어 서로 다른 주장을 하지만, 『에밀』만큼 관심을 불러일으켰다. 이 책은 특히 교회의 세력에 대항하여 시민의 세력을 높이려는 정치가나 실용적인 교육체제를 환영하는 정치가에게 매력적이었다. 한편, 영국에서는 자유주의 경제학자로 알려진 애덤 스미스(A. Smith)가 교육이 공공의 관심사가 돼야 함을 『국부론』(1776)에서 강조한다. 기계노동의 도입에 따라 매뉴팩처로 인한 분업이 단순노동의 반복을 가져왔고, 이로 인한 대중의 무지를 간파하고 애덤 스미스는 국가에서 노동자들의 교육을 고려해야 할 필요성을 제기한다 (Boyd, 1994: 456-457).

공교육제도의 발달은 **산업혁명기**에 있었던 심각한 아동노동의 문제를 극복하기 위한 사회적 요구와도 관련이 있다. 산업혁명기에는 기계노동이 일반화되면서 광범위한 아동노동이 이루어지고 당시 **아동노동** 조건의 열악함은 곧 사회문제가 되었다.

당시 아동노동의 조건은 하루 12시간 이상, 9세 미만의 어린 아동들까지 노동에 참여하는 열악한 상황이었다. 이것은 그들의 무지와 퇴폐로 이어져 사회문제가 된다. 이에 대해 영국 정부는 '공장법'을 시행해, 아동노동의 조건을 개선하고 교육을 받게 하였다. 1802년 공장법에 따르면, 16세 미만 아동의 노동시간을 12시간 이하로 축소시키고 아동의 최저고용연령을 9세로 정했으며, 매일 공장에서 교육해야 한다고 규정하고 있다. 1834년 공장법은 교육조항을 강화하였다(柳久雄, 1985: 147). 그러나 이윤추구를 중시하는 공장 주인은 이런 법을 잘 지키지 않았다. 결국 국가 차원에서 공립, 무상, 의무교육의 필요성이 제기되고 1876년 전면적 **의무교육제도**를 실시하게 된다.

19세기 널리 퍼진 **민족주의**(nationalism)도 근대 **공교육체제** 확립에 기여한다. 근대 국가는 구성원의 단결이 필요했고, 이를 위해 **국민의식**을 고취하여 바람직한 국민으로 성장하도록 하였다. 따라서 자국의 국민으로 교육하기 위해 모국어, 자국의 역사와 지리 교과목이 중시되기 시작한 것이다.

이상에서 살펴본 바와 같이 여러 가지 요인에 의해 19세기 중반 오늘날과 같은 모습의 공교육제도가 확립된 것이다. '모든 이들에게 교육의 기회를'이라는 교육기회의 보편화, 무상교육, 의무교육, 교육내용의 세속화, 국민형성으로서 교육 강조 등의 특징을 가진 공교육제도는 다양한 요구의 영향을 받아 19세기 중반에 확립되어 오늘날에 이르고 있다. 그런데 모든 이들을 위한 학교교육은 교육기회의 확대 면에서 긍정적인 교육의 발전을 이루었지만, 공장에서 힌트를 얻은 학교에서 대중을 대상으로 이루어진 학교교육은 교육의 획일화, 교육보다는 관리감독의 기능이 강조되는 폐단을 낳으면서 비판을 받았다. 19세기 말부터 시작된 학교교육에 대한 비판은 20세기 초 새로운 학교교육 모색과 실천이라는 교육개혁운동으로 나타났다. 미국의 진보주의 교육운동, 독일의 개혁교육운동 등 여러 나라에서 일어났다. 영국의 서머힐(Summerhill) 학교, 독일의 발도르프(Waldorf) 학교 같은 실험적인 학교는 이런 맥락에서 설립된 것이다.

2) 한국교육의 전통: 유학의 교육이념과 교육기관

한국교육은 유학, 불교와 도교의 영향을 받았다. 이 중 공식적인 학교제도의 교육이념이 되고, 조선시대까지 이어져 온 것은 유학이다. 유학은 중국 춘추시대 말기 공자(B.C. 551~479)에서 시작되어 한나라 무제 때(B.C. 136) 국교가 되고, 청나라가 망할 때까지 중국 사회문화 전반을 지배한 사상이다. 유학은 삼국시대에 중국을 통해 받아들였고, 일제강점기 전까지 전통적 학교교육기관의 주된 이념으로 자리 잡아 왔다.

춘추전국시대 유가(儒家)를 구성한 유인들은 오늘날의 교사에 해당한다. 고대 중국에서 선비 계층에 속한 유인은 제전(祭典)과 각종 의례 및 교육을 관장하는 사람들이었다. 유(儒)는 사람을 가리키는 '人'과 필요를 가리키는 '需'가 합쳐진 글자로서, '사람에게 필요한 것', 즉 '사람이 되기 위해 필수로 요구되는 것'이라는 의미를 지닌다(한국교육철학회 편, 2017: 17).

진나라가 중국을 통일하기 이전 시대의 유학을 **선진유학**(先秦儒學)이라 하고, 송나라 때 주자에 의해 체계화된 것을 주자학, 성(性)과 리(理) 개념을 중심으로 이루어진 점에서 **성리학**, 선진유학에 비교해 **신유학**이라고 한다. 선진유학이든 신유학이든 유학의 문제의식은 '이 세계에서 우리 인간은 어떻게 삶을 살아가야 하는가?'로 요약된다. 이런 점에서 유학의 문제의식은 인간다운 인간형성을 목적으로 하는 교육학의 문제의식과 상통한다.

형식적 교육기관은 삼국시대부터 시작된다. 고구려는 중국의 영향을 받아 중앙에 **태학**(太學), 지방에 **경당**(扃堂)을 설립하였다. 백제는 학교에 대한 기록은 없으나 **박사제도**가 있었고 일본에 영향을 주었다. 신라는 통일 전에는 형식적 교육기관은 없고, 화랑도가 청소년의 사회교육기능을 담당하였다. 신라의 **화랑도**는 유학, 불교, 도교가 혼재된 사상에 기초한 청소년 조직으로, 당시 신라의 이상적 인간상 양성에 기여하였다.

화랑도는 우리 민족 고유의 풍류와 멋을 담고 있다고 평가된다. 『삼국사기』에서 최치원은 "우리나라에 현묘한 도가 있으니, 풍류라 이른다. 이는 실로 삼교를 포함하여 중생을 교화한다. 집에 들어오면 효도하고 나가면 나라에 충성하는 ……"이라고 평한다. 신채호, 최남선 등은 화랑도가 상고시대부터 우리 민족 고유한 신앙에 민족의 교양을 지도한 데서 기원한 것으로 평가한다(이만규, 1991: 46). 통일 이후 신라는 신문왕 때 관학기관인 **국학**(國學)을 정비한다. 국학의 교육과정은 논어, 효경을 중심으로 한 유학의 경전이었다.

고려시대에는 관학과 사학 체제뿐만 아니라, 과거제가 처음 도입돼 정비되었다. **과거제도**는 호족세력과의 투쟁과정에서 도입한 방법이다. 특정 호족의 자제에게만 벼슬자리를 주는 것은 불만의 소지가 있기 때문에 과거선발제도를 통해 인재를 선발하기 위한 방법으로 도입한 것이다(박재문, 2001: 132). 이것은 고려시대에 유학이 지배체제의 현실적 정치이념이자 교육이념으로 제도화된 것을 의미한다.

관학에는 중앙의 국자감과 학당 그리고 지방의 향교가 있다. 향교는 지방의 학교라는 의미로 고려 인종(1126년) 때부터 설립되었고, 조선시대에도 그대로 이어진다. 관학은 국가에 의해 설립된 교육기관으로, 문묘(文廟)를 설치하여 대성전과 동서 양무에 공자 및 유학자들의 위패를 모시고 제사를 지냈다. 조선시대는 고려시대 교육제도를 계승하여 서울에 성균관과 지방에 향교를 두었다. 조선 후기로 가면서 관학이 쇠퇴하고 사학기관인 서원과 서당이 발달한다. 전통적 교육기관은 학교 설립 주체에 따라 관학과 사학으로 구분되는데, 각종 제도를 정비하는 시기인 전반기에는 주로 관학이 발달하고, 시대가 중후반으로 넘어가면서 사학기관이 성행하는 특징이 나타난다. 고려시대와 조선시대 모두 후반부로 접어들면서 사학기관이 등장하였고 관학의 부진을 메우는 역할을 담당하였다. 예컨대, 고려시대의 경우 고려 말기 최충헌의 문헌공도를 비롯한 사학의 성행과 조선시대 후기 서원의 발달을 들 수 있다. 또한 사학교육기관에 속한 서당은 한국교육에서 가장 오랜 역사를 갖는 기관이다.

서당은 교사와 학생으로 이루어진 가장 간단한 교육기구로 1인 교사가 소수의 학생들을 가르치는 형태가 일반적이다. 이런 서당은 고구려의 경당에서 찾아볼 수 있고, 고려시대에도 서당과 유사한 교육기관이 존재했던 것으로 보인다. 조선시대 서당은 매우 번성하여 사숙(私塾)이나 글방, 서재 등의 명칭으로 불렸다. 특히 서당은 18세기부터 점차 사대부의 자제 외에도 농민을 비롯한 양인 계층의 자녀들까지 교육하는 초등교육 기구로서 확산되기 시작하였다(김대식, 2017).

사설 교육기관으로서 서당은 민중의 자발적 발의에 의한 협동이 계기가 되어 자연스럽게 지연, 혈연을 중심으로 운영됨으로써 민중 속에 넓게 뿌리내릴 수 있었다. 16세기 말에 발달한 서원에 진학하기 위한 초등지식을 가르쳤다. 일제강점기 일본의 식민지정책으로 교육기관에 대한 규제가 심해지면서, 상대적으로 규제가 심하지 않은 **서당**은 일제에 대항하는 중요한 교육기관의 역할을 하였다. 전통적 **유학사상**을 가르치는 재래서당과 신문화 도입에 적응하면서 새로운 교육내용과 방법을 도입한 개량서당으로 구분되지만, 이들은 모두 일제에 대항하는 공통점을 보였다.

이상에서 살펴본 교육기관의 공통된 특징은 유학 이념에 기초하여 인재양성을 한 점이다. 고려시대 불교가 성행한 시기에도 교육의 주된 이념은 유학이었다. 유학의 이념은 과거제도의 남발, 사화와 당쟁, 지나친 이론에 치중한 성리학적 풍토, 지배층을 위한 이데올로기 역할 등 부정적 평가를 받기도 한다.

한국교육사는 일제강점기로 인해 전통적인 교육과 광복 이후 한국교육 간에 단절되어 있다. 그런데 이런 단절을 극복하기 위한 노력이 충분히 이루어졌는가? 유학 이념에 기초한 전통교육의 균형 잡힌 평가를 제대로 하지 못했고, 전통교육의 장점조차 창조적으로 계승하는 노력이 부족했다. 그 결과, 오늘날 전통교육에 관한 내용을 잘 모를 뿐만 아니라, '전통교육' 하면 시대에 뒤떨어진 '고리타분한' 의미만으로 오해하는 경우도 있다. 향후 과제는 유학에 기초한 전통교육의 장단점에 대한 평가를 통해 긍정적인 점을 시대 변화에 맞게 창조적으로 계승해 나가는 일일 것이다. 일례를 살펴보면 다음과 같다. 유학에서는 공부의 궁극적 목적을 자기수양에 둔다. 유학에서 자기수양의 핵심을 보여 주는 것이 위기지학(爲己之學)이다. 이것은 '**위인지학**(爲人之學)'에 대비되는 말이다.

'위기지학'은 말 그대로 자신을 위한 공부라는 뜻이며, '위인지학'은 다른 사람을 위한 공부라는 뜻이다. 이 말은 공자가 "옛날 배우는 사람들은 자신을 위한 공부를 했는데, 지금의 배우는 사람들은 남을 위한 공부를 한다."라고 한 말에서 비롯되었다. 정이천은 이 말을 해석하기를 "**위기**(爲己)는 자기 몸에 얻으려는 것이요, **위인**(爲人)은 남에게 인정을 얻고자 하는 것"이라고 하였

다. 퇴계를 비롯한 영남지역 성리학자들은 관료가 되기 위해 과거시험을 준비하는 것에 부정적이었다(정재걸, 2010: 170). 자신의 수양을 위한 공부가 일차적인 공부의 목적이라고 보았기 때문이다.

정순우(2007: 128-129)는 자기수양을 강조하는 위기지학으로의 공부가 현대교육에 주는 시사점을 다음과 같이 설명한다. 유학의 한 축에는 교육을 통해 입신출세하려는 욕구가 있다. 따라서 과거를 통해 관리에 등용되는 것을 목적으로 한다. 이것을 유학의 '나아감'의 철학이라고 볼 수 있다. 그러나 유학에서는 참된 교육이 자기 자신의 수양에 있음을 강조하면서, 교육을 통해 입신하려는 세속적 열망이 있지만, 한편으로 교육을 통해 존재의 내성적 성찰을 중시하고 세속적 욕망의 절제를 가르치는 물러남의 철학을 함께 가지고 있었다. 이것을 유학의 '나아감'의 철학적 측면이라고 볼 수 있다. 즉, 유학은 나아감의 철학과 물러남의 철학을 동시에 갖고 있어서 조선시대 교육이 천박한 출세주의나 맹목적인 교육열에 들뜨지 않을 수 있었다는 것이다. 이런 점은 오늘날 현대교육에 시사하는 바가 크다. 오늘날 교육은 지나치게 사회적 성공과 출세를 위한 도구적 관점에서만 간주되기 때문이다.

위기지학으로서의 공부를 강조하는 유학의 교육관은 교육기관의 공간 배치에도 드러난다. 대표적 관학기관인 성균관과 향교, 더 거슬러 올라가서 삼국시대의 국학에도 문묘가 있었다. 문묘는 유학의 성인들을 제사하는 공간을 말한다. 문묘의 제사에는 국학의 교관과 학생들이 참여했다. 이와 같이 유학자들이 제사를 지낸 것은 공자와 맹자 등 훌륭한 유학자들을 제사 지냄으로써 그들을 인격적으로 계승하고 그들을 모델로 자기수양을 다짐하기 위함이었을 것이다.

성균관과 향교의 핵심 공간은 명륜당(明倫堂)과 대성전(大成殿)이다. 명륜당은 오늘날의 강의실에 해당되는 것으로, '명륜', 즉 '인간사회의 윤리를 밝힌다'는 뜻의 현판을 달고 있다. 대성전은 선현에게 제사 지내는 배향공간이다. 공자의 사당을 의미했으나, 시대가 지나면서 공자의 위패 외에 4성(안자, 증

그림 2-2 대성전(좌)과 명륜당(우)

자, 자사, 맹자)과 공자의 제자도 모시고 있다. 향교의 핵심 공간인 대성전과 명륜당은 향교에 따라서, 앞에 대성전이 있고 뒤에 명륜당이 있는 경우(전묘후학), 명륜당이 먼저 있고 뒤에 대성전을 배치하는 경우(전학후묘)도 있다. 이와 같이 교육기관에 경전 공부를 하는 강학공간과 제사공간을 함께 두는 것도 교육이 인간으로서 지속적으로 자기를 수양하는 것, 즉 위기지학에 있었음을 보여 준다.

2. 교육철학의 이해

1) 교육철학의 의미

'교육'과 '철학'의 결합어인 교육철학은 교육에 대한 철학적 탐구를 하는 것으로 의미는 다양하다. 일반적으로 교육철학은 교육이라는 실제적인 활동에 대한 철학적 사유를 하는 것이다. 이러한 철학적 사유를 통해 교육의 본질을 탐구하는 것이고, 그 과정에서 교육에 대한 일관된 신념 및 가치를 형성해가는 것이 교육철학의 과제라고 할 수 있다. 교육철학의 의미를 몇 가지 살펴보면 다음과 같다.

(1) 교육관으로서 교육철학

가장 소박하고 상식적인 수준의 의미는 일관된 '교육관'으로서의 의미이다. 예를 들어, '교육철학이 부재한 교육'이라고 할 때, '교육철학'의 의미는 '교육에 대한 일관된 관점이나 신념'에 해당되는 '교육관'으로서의 의미이다.

(2) 교육의 본질 탐구로서 교육철학

교육철학의 의미는 '교육의 본질에 대한 탐구'로서의 의미이다. 철학의 어원은 '지혜에 대한 사랑'(philos, 사랑+sophia, 지혜)으로 궁극적 본질에 대한 탐구와 궁극적 진리에 대한 추구를 기본으로 한다. 이러한 철학의 의미와 교육이 결합한 교육철학은 바로 **교육의 본질**을 탐구하는 영역으로 볼 수 있다. 오사다(長田新)는 이런 관점에서 교육철학의 의미를 강조한다.

> 철학은 본질학이라고도 일컬어지고, 근본학이라고도 불리며, 또 전체학이라고도 불리듯이, 사물의 본질, 근본 내지 전체를 파악하는 학문이다. 그렇다면, 교육이란 작용의 본질, 근본 내지 전체를 파악하는 교육철학은 **교육본질학**이며, 교육근본학이며 또 교육전체학이다(강선보, 김정환, 1998: 25에서 재인용).

J. F. Herbart
(1776~1841)

교육의 본질을 탐구하는 교육철학은 교육의 목적에 대한 탐구를 중요하게 다룬다. 따라서 교육철학은 교육의 목적에 관한 탐구라고도 볼 수 있다. '우리는 왜 교육을 하는가?' '교육의 목적이 무엇인가?' 하는 것은 교육현상에 대한 궁극적인 질문을 하는 것이기 때문이다. 교육학을 하나의 독립된 학문으로 출발하게 한 헤르바르트(J. F. Herbart)가 교육의 목적에 대한 탐구는 주로 실천철학으로부터, 교육의 방법은 심리학으로부터 비롯해 교육학을 체계화한 데서 알 수 있다.

(3) 철학 지식을 교육에 적용한 것으로서 교육철학

철학 지식을 교육의 이론과 실제에 적용하는 것을 교육철학의 의미로 볼 수 있다. 철학 지식이란 철학의 주요 영역인 존재론(형이상학), 인식론, 가치론(윤리학) 영역의 지식을 말한다. 형이상학(metaphysics)은 궁극적 본질에 대한 탐구 영역이다. 예를 들어, '인간과 세계의 본질은 무엇인가?' '신은 존재하는가?' '신의 속성은 무엇인가?' 등이 형이상학적 질문이다. 형이상학적인 질문들이 교육과 무슨 관계가 있을까? 이런 형이상학적인 질문이 교육과 직접 관련되지 않지만, 한 겹만 더 깊게 들어가 보면, 교육에 관련된 많은 질문은 이런 성격의 질문임을 알 수 있다.

표 2-1 대표적 철학사조와 교육

	이상주의(Idealism)	실재주의(Realism)	프래그머티즘(Pragmatism)
대표 학자	플라톤(Plato)	아리스토텔레스(Aristotle)	듀이(Dewey)
형이상학적 입장(궁극적 실재란 무엇인가?)	정신적 본질(이데아)	궁극적 실재 인정(이성, 신)	끊임없는 변화
인식론적 입장(지식이란 무엇인가?)	진리정합설: 절대불변의 지식(진리)	진리대응설: 합리적 지식	진리유용성(문제를 해결할 수 있는 것이 지식)
가치론적 입장	절대불변의 가치	절대불변의 가치	가치의 상대성, 가변성 인정
교육목적	영혼의 전환	좋은 삶을 위한 합리적 마음의 계발	끊임없는 성장(단 하나의 고정된 교육목적은 있을 수 없다.)
교육과정	3학4과적 지식(이성도야를 할 수 있는 추상적 지식 중시)	7자유학과에 기초한 지식	학습자의 성장에 기여할 수 있는 경험과 활동
교사의 역할	이데아를 볼 수 있게 하는 자(모범자)	궁극적 실재를 보게 하는 자(모범자)	조력자

John Dewey
(1859~1952)

인식론은 지식, 진리 문제를 다루는 영역이다. 예를 들어, '실재(reality)는 우리에게 어떻게 알려지는가?' '지식은 상대적인가 절대적인가?' '지식은 인간의 경험과 독립되어 존재하는가?' 등의 질문이 인식론에서 다루는 문제다. 교육은 흔히 지식을 가르치고 배우는 활동이라고 하는데, 지식이 무엇인가에 대해 다루는 인식론의 문제와 떼어 생각하기는 힘들다. 특히 무엇을 가르칠 것인가 하는 교육과정의 문제는 인식론과 관련된다.

가치론은 가치를 다루는 영역이다. 가치론과 교육의 관련성은 쉽게 예측할 수 있다. 교육은 인간의 변화와 관련된 활동으로 그 자체가 가치함축적 활동이기 때문이다. 따라서 교육은 가치론의 문제와 떼어서 생각하기 힘들다. 대표적인 철학사조인 이상주의, 실재주의, 프래그머티즘의 교육적 입장을 보면 〈표 2-1〉과 같다.

(4) 분석적 경향의 교육철학

분석적 경향의 교육철학은 영국 런던대학을 중심으로 발달한다. 이것은 우리가 사용하는 일상언어 분석에 초점을 두는 분석철학의 경향에 기초한 것으로 피터스에 의해 체계화되어 오늘날 교육철학의 한 흐름을 형성하고 있다. 그런데 분석적 교육철학은 이론적 엄밀성, 개념과 의미 명료화에 치중하고 가치중립성을 보이는 점에서 비판받기도 한다.

오늘날 교육철학을 크게 '**규범적(전통적) 교육철학**'과 '**분석적 교육철학**'으로 대별하기도 한다. 규범적 접근은 '마땅히 따르고 지켜야 할 본보기'라는 의미의 '규범'에서 알 수 있듯이, 공자, 맹자, 플라톤과 루소 같은 사상가의 교육사상이나 교육적 주장들을 통해 교육의 목적이나 방향을 찾으려는 접근이다. 이것은 근대 학문으로서 교육철학이 성립되기 이전부터 전통적으로 이루어져 왔다. 물론 오늘날도 위대한 사상가의 주장과 교육 고전에서 기준을 찾고자 하는 규범적 접근은 중요하게 다루어지고 있다. 그러나 철학적 엄밀성을 갖추지 못한다는 한계를 갖는다.

분석적 교육철학은 분석철학적 방법으로 교육문제를 접근한다. 예컨대, 기존 교육사상의 신념 및 판단, 논의의 가정들을 형성하고 있는 개념적 장치를 명료화하고 개념의 일관성과 타당성 검토를 통해 언어사용의 혼란으로 빚어진 교육문제를 제거하는 일에 관심을 둔다(임현식, 1998). 따라서 분석적 교육철학 입장에서는 엄밀한 의미에서 '교육사상'과 '교육철학'을 구분하기도 한다. '교육사상'이 교육의 이상적인 방향을 제시하고 변화시키려는 지침을 찾고자 하는 데 일차적 관심이 있다면, '교육철학'은 교육사상에 사용된 개념과 가정을 명료화하는 데 있다고 본다. 즉, 분석적 교육철학만을 교육철학으로 보는 셈이다. 이러한 분석적 교육철학은 교육철학의 이론적 엄밀성을 높였지만, 가치중립적 관점에서 가치문제에 소홀한 한계를 갖는다.

이와 같이 대별되는 규범적 교육철학과 분석적 교육철학 간의 관계를 솔티스(Soltis; 임현식; 1998: 32에서 재인용)는 망원경과 현미경에 비유하여 설명한다. 교육현상을 연구함에 있어서 분석적 접근은 현미경의 사용에 견줄 수 있다. 한편, 규범적 접근은 천문학자들이 사용하는 우주탐색용 망원경과 같은 역할을 한다. 솔티스는 현미경과 망원경이 서로 다른 목적을 위해 만들어진 것처럼, 두 접근은 제각각 모두 필요하다는 입장이다. 즉, 교육적 이상이나 목적에 대해 탐구하고, 바람직한 교육의 방향을 모색하는 규범적 교육철학과 교육에 관련된 개념을 분석하고 교육적 가정에 대한 분석을 시도하는 분석적 교육철학의 상호보완이 이루어져야 할 것이다.

(5) 실제적 접근의 교육철학

1980년대를 지나면서 영미 교육철학계에서는 분석철학적 방법이 퇴조하고 새로운 양상이 나타난다. 새롭게 등장한 실제적 교육철학은 교육의 현실 문제를 철학적으로 검토하고 논의하는 데 일차적 관심을 둔다(신차균 외,

2006: 328-331).

실제적 접근의 교육철학은 비판이론, 포스트모더니즘, 페미니즘, 포스트구조주의 등 다양한 사회철학을 배경으로 교육의 이론과 실제에 대한 비판적 탐구를 시도한다.

2) 교육철학과 교육의 실제

교육철학과 교육의 실제와의 관계는 무엇일까? [그림 2-3](Knight, 1995: 49)은 철학적 신념과 교육 실제와의 관련성을 잘 보여 준다.

형이상학적 신념과 인식론적 관점이 특정의 가치를 결정할 것이다. 그러한 가치결정은 교육의 과정에서 교육목적을 결정하는 데 영향을 준다. 그러나 교육목적은 철학적 신념에만 영향 받는 것이 아니라 정치, 경제, 사회적 영향력에 많은 영향을 받는다. 또한 교육적 변수 역시 영향을 준다. 이런 점을 고

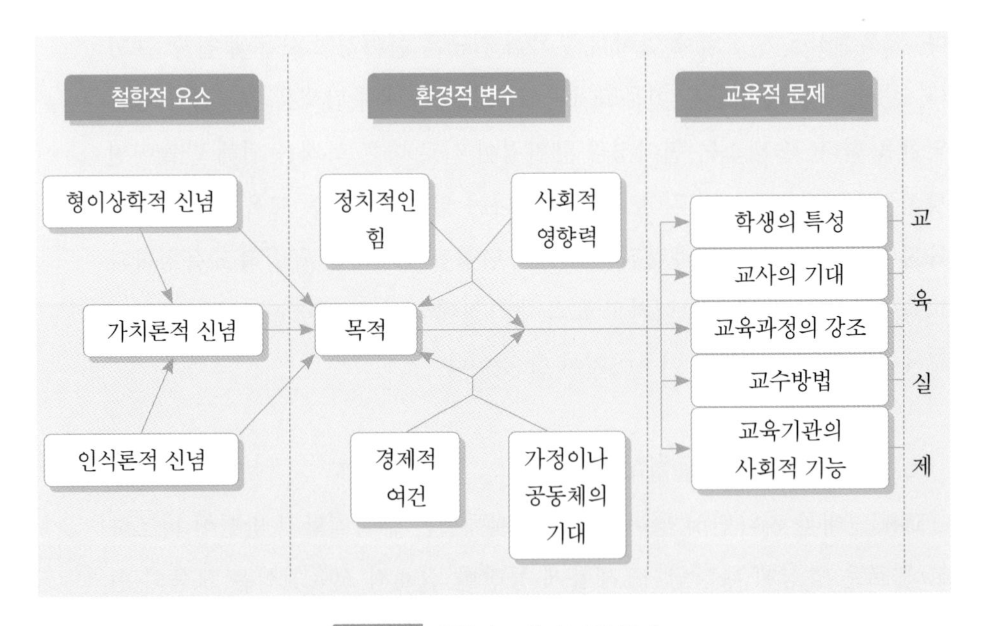

그림 2-3 철학과 교육 실제의 관계

려하면 철학이 교육 실제를 결정하는 유일한 요소가 아님을 알 수 있다. 또한 교육 실제와 철학적 신념 간에는 직접적 관련성은 적어 보인다. 그러나 나이트(Knight)가 [그림 2-3]을 통해 말하고자 하는 것은 교육자들이 자신의 신념에 어울리는 실천을 선택하고 선별하고 발전시키는 것이 중요하다는 점이다.

교육 실제에 참여하는 교사와 교육철학의 관계는 무엇일까? 교육철학 없는 교사는 상상하기 힘들다. 왜냐하면 가치를 포함한 활동인 교육을 하면서 교육에 대한 일관된 관점인 교육철학이 없다는 것이 논리적으로 불가능하기 때문이다. 그런데 현실적으로 교육철학의 확립이 쉬운 일은 아니다. 교사교육에서 '교육철학' 과목의 역할은 바로 (예비)교사의 일관된 교육철학이 형성, 발전해 갈 수 있도록 돕기 위한 것이다.

교육철학은 교육에 대한 본질적 탐구를 함으로써 교사들이 자기 자신의 교육 상황에서 스스로 사고할 수 있게 학습시킨다. 이렇게 함으로써 교육철학을 배우는 학생들은 단순한 훈련이 야기하는 무능력으로부터 벗어날 수 있다. 예를 들어, 교육의 본질, 학교의 본질과 역할, 학습의 가치 등에 대해 근본적인 질문을 하면서 (예비)교사들은 교육현상을 비판적으로 바라보는 개념적 틀을 가질 수 있다. 또한 오늘날 계속해서 교사평가와 책무성을 강조하면서 교사를 교육개혁의 대상으로 간주하는 상황의 사회정치적 지배에 순순히 길들여지지 않을 수 있을 것이다(정윤경, 2013).

3. 교육의 세 차원

교육을 바라보는 관점을 **'기르기로서 교육' '만들기로서 교육' '만남과 일깨움으로서 교육'**[3]으로 대별해 살펴보면 다음과 같다.[4]

김정환(2007)은 서로 다른 교육의 차원이 별개로 존재한다기보다는 서로 맞물릴 수 있고, 또 맞물려야 한다는 점을 강조한다.

첫째, 루소(Rousseau)로 대표되는 소극교육(Negative education)론이다. 식물성장에 교육을 비유할 수 있듯이, 갖고 태어난 본성이 잘 발현되도록 길러 주는 것이라고 할 수 있다. 둘째, 목공제작적 혹은 동물훈련적 적극교육론이다. 목공제작적 교육이란 목수가 재료를 이용하여 자기가 설계한 대로 만드는 적극적 작용이다. 동물훈련적 교육 역시 거듭되는 자극으로 원래 지니고 있지 않았던 새로운 것을 갖추도록 하는 적극적 교육관이다. 셋째, 제 몫을 찾아 자기를 실현하게 각성시켜 주는 자극교육론이다. 대표적으로 인격을 각성할 수 있게 하는 교육관이다. 이것을 각각 기르다(grow)/만들다, 길들이다(make, train)/일깨우다(awake)로 구분해 볼 수 있다(김정환, 2007: 15-16).

여기에서 각각의 다른 차원이 서로 맞물리고 또 맞물려야 한다는 것은 교육 작용은 서로 모순되어 보이는 다른 차원이 함께 작용한다는 의미이다. 다시 말해, 소극적인 기르기로서의 교육에도 교육자의 적극적인 개입이 필요할 때가 있고, 만들기로서의 교육을 하더라도 우연적인 요소와의 만남에 의한 일깨움의 가능성을 배제할 수 없다. 일깨움의 가능성을 갖는 우연적 요소의 대표적인 것이 '**교육적 만남**'이라고 할 수 있다. 여기서 '만남'은 계획적이고 주기적으로 이루어지는 만남을 의미하는 것이 아니라, 예기치 않은 상황에서 우연히 일시적으로 이루어지는, 그러면서도 깊은 울림과 전환을 가져오는 만남을 말한다. **실존철학**에서는 이러한 만남의 중요성에 주목하여 '만남은 교육에 앞선다.'고 하면서 교육에서 만남의 중요성을 강조한다.

교육은 이와 같이 서로 다른 차원이 서로 맞물려 있다. 따라서 교육을 실천

---

3 이와 같이 교육을 대별한 것은 김정환(2007)의 논의를 바탕으로 하였다.

4 교육관을 주물모형, 도토리모형, 만두모형으로 나누기도 한다(정재걸, 2010). 주물모형은 만들기로서 교육, 도토리모형은 기르기로서 교육, 그리고 동양의 자기수양에 초점을 둔 만두모형 교육관은 순간의 돌발적 깨달음을 중시하는 점에서 만남과 일깨움으로서 교육과 비슷하다고 할 수 있다.

하는 교사는 이와 같이 서로 다른 차원이 뒤섞여 있다는 사실을 알고, 학생의 바람직한 변화를 위해 교육해야 할 것이다. 이때 교사에게 필요한 것은 보고 따라야 할 매뉴얼화된 지식이나 지침이 아니다. 교사의 성찰에 바탕을 준 실천적 지식이다. 교사의 실천적 지식은 자신의 활동에 대해 끊임없이 사유하고 성찰할 수 있는 힘에서 나오는 것이다.

토론 과제

1. 전통적 교육기관에 문묘와 같은 제사공간의 의미에 대해 조사해 보고, 이것이 현대교육에 갖는 시사점을 토론해 보자.
2. 서구 교육의 역사에서 공교육의 발달 과정을 여러 가지 요인을 들어 설명해 보자.
3. 규범적 교육철학의 특징과 분석적 교육철학의 특징을 말해 보고, 이것이 각각 교육의 실제에 어떤 시사점을 갖는지 설명해 보자.
4. 조별로 각자 자신의 교육관을 발표해 보자. 그리고 현재 한국 사회의 지배적인 교육관과 각자의 교육관이 갖는 장단점을 비교해 토론해 보자.

용어 설명

스콜라 철학 기독교 교리를 합리적으로 체계화하려고 한 중세 11~15세기의 철학이다. 교회나 수도원에 부속된 학교 교사인 스콜라스티쿠스(Scholasticus)가 중심이 되어 연구하고 가르쳐서 스콜라 철학이라고 부른다.

본산학교 성직자를 양성하기 위한 학교로 교구의 본산 소재지에 세운 학교이다.

키케로주의 르네상스 시대 인문주의 교육이 16세기에 이르러 초기의 정신이 쇠퇴하고, 편협하고 형식화된 경향을 일컫는다.

범지학 코메니우스의 교육관을 대표하는 말이다. '일체지'라고도 번역하는데, '모든 것에 관한 지식의 총체'를 이른다. 코메니우스는 모든 사람에게 세계에 관한 모든 지식(사실의 원리, 원인, 목적)을 가르치고자 하였다.

공장법 산업혁명기에 영국 공장에서 아동노동의 열악한 노동조건을 개선하기 위해 제정된 법이다.

문묘 공자(孔子)의 신위(神位)를 모신 사당이라는 뜻으로, 유학에 기초한 교육의 상징이라고 할 수 있다.

위기지학 자기 자신을 위한 공부라는 뜻으로 자신의 수양에 초점을 둔 공부를 의미한다.

형이상학 'meta'와 'physics'의 결합어인 형이상학은 눈에 보이는 물질세계를 다루는 물리학(physics) 너머(meta) 본질적인 것에 대한 탐구를 하는 영역이다.

경험 '경험'은 듀이의 교육관을 대표하는 용어다. 듀이에 따르면, 경험이란 우리가 일상적으로 하는 경험에 국한된 의미가 아니다. 듀이는 교과와 아동의 성장을 대립적인 것으로 보는 전통적 관점의 교육관을 비판하고, 학습자에게 교과가 경험이 될 수 있도록 가르쳐야 함을 강조한다.

규범적 교육철학 교육이 마땅히 따라야 할 기준과 가치 탐구에 중점을 두는 교육철학적 접근을 말한다.

분석적 교육철학 분석철학이 그러하듯이, 기존 교육사상의 이론적 가정, 주요 개념에 대한 분석에 일차적 관심을 두는 접근이다.

소극교육 학생에게 적극적으로 기성 사회의 규범을 주입하려는 교육의 한계를 비판한 루소의 교육관이다. 아직 때가 되지 않았는데 강제로 이끄는 행위가 아니라, 학생 스스로 깨달을 수 있는 교육적 환경을 마련해 주는 것이 중요하다.

참고문헌

강선보, 김정환(1998). **교육철학**. 서울: 교육과학사.

김대식(2017). **한국교육의 역사적 전개**. 서울: 학지사.

김정환(2007). **한국교육이야기 백 가지**. 서울: 박영사.

박의수, 강승규, 정영수, 강선보(2009). **교육의 역사와 철학**. 서울: 동문사.

박재문(2001). **한국교육사**. 서울: 학지사.

신차균(2006). **교육철학 및 교육사의 이해**. 서울: 학지사.

유재봉(2001). 허스트의 사회적 실제에 기반을 둔 교육: 교육내용관을 중심으로. **교육철학, 25**, 73-89.

유재봉(2002). **현대교육철학탐구: 자유교육에 대한 비판 및 대안 탐색**. 서울: 교육과학사.

이만규(1991). **조선교육사 1, 2**. 서울: 거름.

이원호(2002). **그림과 사진으로 보는 교육의 역사**. 서울: 문음사.

임현식(1998). 분석적 교육철학의 가치중립성 검토. **교육철학, 20권**, 19-36.

정순우(2007). **공부의 발견**. 서울: 현암사.

정영수(1998). 외국의 교육사 연구동향 및 교육현황. **한국교육사학, 20**, 59-73.

정윤경(2013). 교사교육을 위한 교육철학의 역할. **교육사상연구, 27**(2), 139-157.

정재걸(2010). **오래된 미래교육**. 서울: 살림터.

조무남(2013). **교육으로 가는 철학의 길**. 경기: 이담북스.

한국교육철학회 편(2017). **교육과 성리학**. 서울: 학지사.

한기언(1987). 교육사학의 이론과 전망-교육사학의 학문적 구조. 한국교육학회 교육사연구회 창립 20주년 기념 연차 학술대회 기조강연.

한용진(2011). 교원양성과정에 있어서 교육사의 가치와 위상. **한국교육사학, 33**(2), 151-169.

우메네 사토르(1990). **세계교육사**(김정환, 심성보 공역). 서울: 풀빛.

柳久雄(1985). **교육사상사: 생활, 노동, 교육**(임상희 역). 서울: 백산서당.

Boyd, W. (2008). **서양교육사**(*The history of western education*). (이홍우, 박재문, 유한구 공역). 경기: 교육과학사. (원전은 1994년에 출판).

Brubacher, J. S. (1984). **교육사: 교육문제변천사**(*A history of the problem of education*) (이원호 역). 서울: 문음사. (원전은 1947년에 출판).

Giroux, H. A. (2001). **교사는 지성인이다**(*Teachers as Intellectuals*) (이경숙 역). 서울: 아침이슬. (원전은 1988년에 출판).

Knight, G. R. (1995). **교육철학**(*Issues and alternatives in educational philosophy*). (김병길 역). 서울: 교육과학사. (원전은 1989년에 출판).

제 3 장

교육심리학의 이해

학습목표

1. 교육심리학의 성격과 역사를 이해한다.
2. 학습자의 인지발달을 이해한다.
3. 학습자의 특성을 이해한다.
4. 학습이론을 이해하고 적용한다.

인간의 능력이란 무엇이고 그 한계는 어디까지인가? 또 이 능력은 유전에 의해 결정되는지, 아니면 환경에 의해 더 많은 영향을 받는지 아직까지 확실하지는 않은 것 같다. 그러나 인간은 태어나면서 부모로부터 받은 유전적 특성을 환경과의 무한한 상호작용을 통해 발달시키고 변화시켜 나간다. 따라서 현재 보이는 인간의 특정 능력은 유전이나 환경 어느 한쪽의 단독적인 영향이라기보다는 상호보완적인 영향의 결과라 할 수 있다.

이 장에서는 교육심리학의 학문적 특성을 고려하여 가급적 간결하고 단순하게 교육심리학의 개관, 학습자의 인지발달, 학습자의 특성, 학습이론 등 네 가지 영역으로 나눠 살펴보고자 한다.

1. 교육심리학 개관

여기서는 교육심리학을 교육심리학의 성격, 교육심리학의 역사, 교육심리학의 적용 등으로 나누어 설명하고자 한다.

1) 교육심리학의 성격

(1) 교육심리학의 개념

① 교육학과 심리학

교육학(pedagogy)이란 교육과 관련된 다양한 현상을 과학적 연구방법을 통해 설명하고 연구하는 학문이다. 여기서 'pedagogy'는 그리스어의 'paidagogos'='paidis'(어린이)+'agogos'(이끌다)에서 유래하였는데 '어린이를 이끈다'라는 의미이다. **심리학**(psychology)이란 인간의 행동을 기술 · 예언 · 설명 · 통제하려는 학문으로 인간 행동의 근본적인 원인과 표출양식에 관한 학문이다(이신동, 최병연, 고영남, 2011). 'psychology'는 그리스어의 'psyche'(영혼)+'logos'(어떤 주제를 연구한다)가 합쳐진 것으로, 인간의 마음과 행동을 과학적으로 규명하려는 것이다.

② 교육심리학

교육심리학은 교육학과 심리학의 이론들을 접목시켜 형성된 학문영역이다. 교육의 목표를 효과적으로 달성하기 위하여 교육의 과정과 현상에 내재된 심리적 요인들을 체계적으로 연구하여 인간 행동의 바람직한 변화를 만들어 내는 방법을 연구하는 학문이다(신명희 외, 2014). 에겐과 카우삭은 교육심리학이란 학교상황과 관련된 지식과 경험을 체계화시키는 연구와 이론으로 구성된다고 하였다(Woolfolk, 2007). 따라서 교육심리학이란 '교육의 현상 및 과정을 심리학적인 측면에서 연구하여 실제로 교육활동에 필요한 지식과 기술을 제공함으로써 효과적인 학습 · 생활 지도를 하도록 하는 학문이다.'라고 할 수 있다.

2) 교육심리학의 역사

19세기 말부터 20세기 초반 교육심리학이 서서히 하나의 학문으로 태동하기 시작하였다. 이 시기에는 세 명의 심리학자인 윌리엄 제임스(William James), 스탠리 홀(Stanley Hall), 손다이크(Thorndike)가 교육심리학의 발전에 기여하였다.

먼저, 미국의 심리학자 윌리엄 제임스는 하버드 대학교 실험심리학 과정을 개설하는 등 심리학을 과학의 한 분야로 발전시키는 데 공헌하였다.

Thorndike
(1874~1949)

손다이크는 1903년에『교육심리학(Educational Psychology)』이라는 최초의 교육심리학 교재를 출간하였다. 특히 자극과 반응의 연결에 있어 환경이 어떠한 영향을 미치는가를 밝혀 중요한 학습이론을 전개하였다. 손다이크는 교육심리학의 실제적 창시자였다.

Skinner
(1904~1990)

스키너(Skinner)는 교육심리학을 모든 교육적인 상태에서 반응하는 인간의 경험과 행동을 연구하는 학문이라고 정의하고, 전인으로서의 발

Ausubel
(1918~2008)

달을 강조하고 있다. 조작적 조건화(operant conditioning)와 행동의 실험적 분석에 기반을 둔 그의 이론체계는 행동과 환경자극 간의 관계를 수립하였다.

오수벨(Ausubel)은 교육심리학을 응용과학으로서의 성격으로 강조하고 있다. 그는 1968년에 출간한 저서『교육심리학: 인지적 관점(Educational Psychology: A Cognitive View)』에서 유의미학습의 주요 개념과 조건 및 과정을 제안하였다. 그는 지식의 습득은 발견이 아니라 교실에서 이루어지는 '학습'에 관심을 둔 것이라 할 수 있다고 하였다.

3) 교육심리학의 적용

교사의 역할에 대하여 보다 구체적으로 살펴봄으로써 학교 현장에 있어서 교육심리학의 적용에 대한 시사점을 살펴보기로 하자(임규혁, 임웅, 2007).

첫째, 교사는 교수전문가이다. 교사는 수업교재와 교수방법에 대해 의사결정을 해야 하는데 이러한 결정에는 교과의 내용, 학생의 능력 및 요구, 학습목표 등을 고려하여야 한다.

둘째, 교사는 학습동기의 촉진자이다. 오늘날 학생들은 다양한 대중매체에 익숙해져 있기 때문에 학교생활이 비교적 단조로워 학습내용에 집중하기 어려울 수 있다. 따라서 교사들은 매 순간 학생들을 능동적으로 학습에 참여시킬 수 있도록 동기 부여를 해 주어야 한다.

셋째, 교사는 관리자이다. 학생행동의 감독, 시험 준비, 성적 평가, 동료 교사들과의 회의, 학부모와의 면담, 일지 작성 등 교사가 관리해야 하는 업무는 다양하다.

넷째, 교사는 상담가이다. 교사는 학생들의 정서적 행동에 민감하게 반응해야 하며, 학업성적이나 진로 등에 대해 학생과 학부모와도 상담해야 한다.

다섯째, 교사는 학생의 모방자(모델)이다. 학생들은 때로 교과지식이 풍부한 교사의 설명보다는 교과에 열정을 갖고 최선을 다하는 교사에 의해 동기화된다. 따라서 교사는 하나의 문제를 해결하는 데 있어서도 다양한 접근을 보여 줌으로써 학생들이 어떠한 상황을 접했을 때 현명하게 문제를 해결할 수 있는 힘을 길러 주어야 한다.

2. 학습자의 인지발달

학습자의 인지발달에서는 피아제의 인지발달이론과 비고츠키의 사회적 발달이론으로 구분하여 설명하고자 한다. 이 두 이론의 논리적 대비는 현대 발달이론의 정수라 할 수 있다.

1) 피아제의 인지발달이론

인지발달 연구와 관련하여 현재까지 가장 영향력 있는 이론가인 피아제(Piaget, 1896~1980)는 자신의 세 자녀를 관찰하면서 연구를 시작하였다. 그는 아이들이 새로운 장난감을 어떻게 탐색하고, 단순한 문제를 어떻게 해결하며, 자신 주변의 세계를 어떻게 이해하게 되는지에 대한 연구를 실시하였다. 이후 자신의 자녀뿐만 아니라 더 많은 아동을 대상으로 실험하여 아동의 지적성장에 대한 인지발달이론을 체계화하였다(Shaffer, 2002).

Piaget
(1896~1980)

(1) 기본 개념

피아제는 도식, 동화, 조절, 평형화의 개념을 사용하여 인간의 인지발달을 설명하였다. 도식(인지구조, Schema)이란 주변에서 일어나는 다양한 정보를 받아들이고 적절한 반응을 하기 위해 사용되는 지식의 틀을 의미한다. 우리는 도식을 끊임없이 재구성하면서 주어진 환경에 효과적으로 적응해 간다. 새로운 경험을 할 때 기존에 가지고 있던 도식이 적절하지 못하면 효과적인 기능을 위해 변화가 필요하다. 이러한 도식의 변화과정에서 기존 경험과 새로운 경험을 서로 조정하는 것을 **적응**(adaptation)이라 한다. **동화**(assimilation)란 새로운 경험을 기존에 가지고 있던 도식에 따라 이해하는 것이며, **조절**(accommodation)은 새로운 경험에 대한 반응으로, 기존 도식이 새로운 대상을 받아들이는 데 적합하지 않을 때 새로운 대상에 맞도록 이미 가지고 있는 도식을 바꾸는 인지과정이다(이용남, 신현숙, 2017). 또한 동화와 조절을 통해 인지과정은 균형을 이룬 **평형화**(equilibrium) 상태를 이루게 되며, 이러한 과정을 통해 이전보다 더 높은 수준에 오르게 되는 인지발달이 이루어진다. 피아제가 말하는 인간이 환경에 적응하는 인지적 과정을 보면 다음과 같다(이용남, 신현숙, 2017).

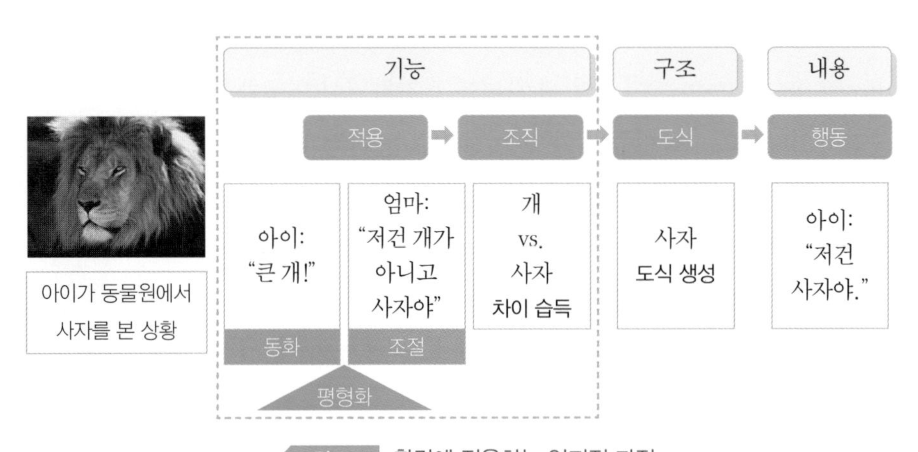

그림 3-1 환경에 적응하는 인지적 과정

(2) 피아제의 인지발달 단계

피아제는 인지발달이 이루어지는 과정을 네 단계로 구분하였다.

① **감각운동기**(sensori-motor stage, 출생~2세): 태어나서부터 2세까지의 영아기가 이 단계에 해당한다. 이 시기의 영아들은 세상을 알기 위해 감각과 운동능력을 사용하는데, 손에 잡히는 물건들을 입에 가져가거나 두드리는 행동을 한다. 즉, 촉감과 운동을 통해 대상을 인식하고, 환경에 적응해 나간다.

② **전조작기**(pre-operational stage, 2~7세): 2세부터 7세까지의 유아기가 이 단계에 해당한다. 유아들은 이 시기를 거치면서 급속한 언어발달을 이루고, 상징적 사고의 발달 및 개념 습득능력에서 빠른 성장을 보이며 자기중심성이 나타난다. 또한 사고와 언어의 활발한 사용이 이루어지며 막대기를 들고 하는 칼싸움이나 소꿉놀이와 같은 가상놀이가 가능해지며, 자동차나 의자 등과 같이 물질로 존재하거나 현재 상황과 관련된 개념들을 쉽게 습득한다.

③ **구체적 조작기**(concrete operational stage, 7~11세): 7세부터 11세까지의 아동기가 이 단계에 해당한다. 이 단계에서 주변 세계를 인식하는 아동의 능력이 상당 부분 진전된다. 전조작기의 한계에서 벗어나 훨씬 성숙된 인지능력을 보여 주며, 어느 정도 논리적인 사고가 가능해진다. 즉, 자기중심적인 사고는 타인에 대한 관심으로 바뀌며 이를 통해 타인의 관점을 이해하게 되는 조망수용능력이 형성된다. 또한 아동의 논리는

표 3-1 피아제의 인지발달 4단계

감각운동기 (0~2세)	전조작기 (2~7세)	구체적 조작기 (7~11세)	형식적 조작기 (11세 이후)
감각과 신체의 협응	정신적 표상에 의한 사고	구체적 사건에 대한 논리적 사고	추상적 차원의 논리적 사고

전조작기 사고의 경우처럼 직접적인 경험이나 단순한 지각에 의해서가 아닌 인지활동에 의해 이루어지며, 특히 수와 물체의 특성에 대한 배열 및 분류 능력이 발달한다.

④ **형식적 조작기**(formal operational stage, 11세 이후): 11세 이후의 청소년기가 이 단계에 해당한다. 이 시기의 청소년은 실제로 존재하는 것은 물론 가설적인 것에 관한 논리적인 사고가 가능하다. 성인과 유사하게 논리적이고 융통성 있는 사고가 가능하므로 자신이 경험한 지식을 꼭 해당 영역이 아니어도 다른 영역에 적용할 수 있다. 또한 문제에 대한 가설을 세워 검토하는 가설 연역적 사고가 가능해지고, 나아가 여러 가설을 체계적으로 비교 · 검토하는 조합적 사고도 가능해진다.

2) 비고츠키의 사회적 발달이론

Vygotsky
(1896~1934)

러시아 교육심리학자인 비고츠키(Vygotsky, 1896~1934)는 모든 개인이 부모와 친구, 교사와의 상호작용을 통해 많은 것을 배운다는 사실에 주목하고 이러한 사회관계 속에서 인지발달이 이루어진다고 보았다. 비고츠키는 개인의 발달을 이해하기 위해서는 반드시 그 개인이 속해 있는 사회문화적 환경을 이해해야 한다고 주장하였다(Berk & Winsler, 1995).

(1) 기본 개념

비고츠키는 근접발달영역, 비계, 내면화의 개념을 이용하여 사회적 발달이론을 설명한다. 근접발달영역(Zone of Proximal Development: ZPD)이란 아동이 다른 사람의 도움을 받지 않고 독립적으로 과제를 수행할 수 있는 실제적 발달 수준과 자신보다 뛰어난 사람의 도움을 받아서 과제를 해낼 수 있는

실제적 발달 수준 | 잠재적 발달 수준 | 발달되지 않은 능력

근접발달영역(ZPD)

다른 사람의 도움 없이 할 수 있는 것 | 다른 사람의 도움을 받아 할 수 있는 것 | 아직 할 수 없는 것

근접발달영역에서 적절한 수업을 받으면 그 영역의 경계선은 이동한다.

ZPD

그림 3-2 비고츠키의 근접발달영역의 개념화(Driscoll, 2000)

잠재적 발달 수준 사이의 영역을 말한다. 이것은 실제로 학습이 이루어질 수 있는 영역이며, 근접발달영역 내에 있는 과제를 시도함으로써 아동의 학습 능력은 발달된다. 또한 우드, 브루너, 로스(Wood, Bruner, & Ross, 1976)는 아동의 근접발달영역 내에서 제공되는 부모나 선생님의 도움인 **비계**(scaffolding)가 이루어져야 한다고 주장했다.

또한 비고츠키는 타인과의 대화가 아동의 인지발달 촉진에 필수조건이며, 아동은 점차 부모, 교사와 같은 타인들이 세상에 대해 이야기하고 해석하는 것을 통해 얻은 지식을 내면에 통합하는 과정을 거친다고 하였는데 이것이 **내면화**(internalization)이다. 내면화는 외부 세계와 내부 세계를 연결하는 역할을 하여 학습자의 인지발달이 일어나는 기제로서 중요한 역할을 한다.

(2) 사고와 언어의 발달

아동은 스스로 세계를 구조화하고 이해할 수 있는 존재라고 주장했던 피아제와 달리 비고츠키는 아동이 다른 사람과의 관계에서 영향을 받으며 성장하는 사회적 존재라고 보았다.특히 인지발달에 있어 언어의 중요성을 강조하였다.

언어와 사고의 결합을 통해 아동은 언어적 사고를 하게 되고, 언어를 사용하여 사물의 이름을 묻는 질문을 하거나, 이름을 붙이기도 한다. 언어의 상

징적 기능을 찾아낸 아동들은 **외적 언어**(external speech), **자기중심적 언어**(egocentric speech), **내적 언어**(inner speech)의 순으로 언어를 발달시켜 나간다. 3~7세경에는 외적 언어에서 내적 언어로 전환되는 시기이며, 이 과정에서 혼잣말(private speech)이 나타난다. 7세경 아동의 혼잣말은 속삭임이나 소리 내지 않는 입술 움직임으로 점차 변화되고 내면화되어 내적 언어로 전환된다(Santrock, 2003). 7세 이후에는 문제를 해결해야 하는 상황에서 머릿속으로 생각을 하며, 소리 내어 말하지 않게 된다.

3) 피아제와 비고츠키 이론의 비교

피아제의 인지발달이론과 비고츠키 사회적 발달이론을 비교해 보면 〈표 3-2〉와 같다.

표 3-2 피아제와 비고츠키 이론의 차이

	피아제	비고츠키
구성주의	인지적 구성주의	사회적 구성주의
지식 형성 과정	개인 내적 지식이 사회적 지식으로 확장	사회적 지식이 개인 내적 지식으로 내면화
환경	물리적 환경 중시	사회·문화·역사적 환경 중시
인지발달과 언어	인지발달이 언어를 결정	인지발달과 언어는 분리되어 있으며, 언어는 학습과 발달을 매개하는 역할을 함
혼잣말	미성숙하고 자기중심적인 성향을 대변하는 표상	문제해결을 위한 사고의 도구

3. 학습자의 특성

학습자의 특성으로는 인지적 특성과 정의적 특성으로 나눌 수 있는데 전자에서는 지능과 창의성을, 후자에서는 학습동기와 자아개념을 다루고자 한다.

1) 인지적 특성

(1) 지능의 개념

교육에 있어 학습자의 특성 중 가장 중요한 부분 중 하나는 지적 능력, 즉 지능일 것이다. 지능이란 개인이 자신의 환경 속의 여러 문제를 지각하고 그러한 문제를 해결하는 일반적 능력을 말한다. 지능이란 개념은 대단히 추상적이어서 학자들마다 각기 다른 정의를 내리고 있다. 그러나 지능은 교육 현장에서 매우 중요한 개념이지만 오해가 많으므로 지능에 대한 적절한 이해가 필요하다.

(2) 지능에 대한 심리측정학적 접근

① **스피어만의 일반요인설**: 영국의 심리학자인 스피어만(Spearman)은 인간의 지능이 일반 요인과 특수 요인으로 구성되어 있다고 제안하였다. 스피어만은 어떤 종류의 검사에도 적용이 가능한 하나의 단일 요인이 있고, 각각의 검사에서 요구하는 특수한 능력에 적용되는 특수 요인이 있다고 본 것이다.

L. L. Thurstone
(1887~1955)

② **서스톤의 기본정신능력**: 서스톤(Thurstone)은 모든 지적 활동에 영향을 끼치는 하나의 단일 요인이 있는 것이 아니라, 다양한 요인이 있을 것이라 생각하였다. 그

는 요인분석을 통해 지능의 7가지 기본정신능력을 제안하였다. 여기에는 언어이해력, 언어유창성, 수리력, 공간시각능력, 기억력, 지각속도, 추리력이 포함된다.

③ **길포드의 지능구조모형**: 길포드(Guilford)는 서스톤의 기본정신능력을 확장하여 지능구조이론을 제안하였다. 길포드는 인간의 지능이란 내용, 조작, 산출의 상호작용 결과로 나타나는 180개의 복합요인으로 구성된다고 하였다.

J. P. Guilford
(1897~1987)

내용 차원은 주어진 정보의 내용 및 심리활동을 발생시키는 각종 자극을 말하는데 시각적, 청각적, 단어의미, 상징, 행동의 5개 하위 요인으로 나누어진다. 조작 차원은 문제해결을 위한 각종 자극이 일으키는 심리활동의 방식으로 인지, 수렴적 사고, 확산적 사고, 기억부호화, 기억파지, 평가의 6개 하위 요인으로 나누어지며, 산출 차원은 내용에 대한 조작을 통해 생성된 결과로 단위, 유목, 관계, 체계, 변환, 함축이라는 6개의 하위 요인으로 나누어진다.

④ **카텔의 유동적 지능과 결정적 지능**: 미국의 심리학자인 카텔(Cattell)은 스피어만 2요인설과 서스톤의 기본정신능력이론을 바탕으로 지능의 다양한 측면을 유동적 지능과 결정적 지능이라는 두 유형으로 제안하였다. 유동적 지능은 선천적이며 처음 접하는 상황에 적응하는 능력으로, 생리적 발달이 이루어지는 청소년기까지는 증가하나 생리적 발달이 쇠퇴하는 성인기 이후에는 감소된다. 유동적 지능은 단순암기력, 지각력, 일반적 추론력, 언어유추와 수서열 등의 능력에서 잘 나타난다. 결정적 지능은 환경, 경험, 문화적 영향을 받아 후천적으로 개발되는 능력으로, 성인기 이후까지 계속 발달하나 환경(가정이나 학교, 교육 정도, 직업)의 질에 따라 발달에 차이

R. B. Cattell
(1897~1987)

를 나타낸다. 이러한 결정적 지능은 언어능력, 문제해결력, 논리적 추리력 등을 포함한다.

(3) 지능이론에 대한 대안적 접근

① **가드너의 다중지능이론**: 가드너(Gardner)는 지능이 높게 나온 아동이 모든 영역에서 뛰어나다는 기존 이론에 반대하여, 개인의 지능은 하나의 수치로 나타낼 수 없고 서로 독립적이며 서로 다른 특징을 지닌 여러 유형의 능력으로 구성된다는 다중지능이론을 제시하였다. 가드너가 제시한 다중지능이론은 **언어 지능, 논리 수학 지능, 공간 지능, 음악 지능, 신체운동 지능, 대인관계 지능, 자기이해 지능, 자연 지능**의 8개 지적 요소를 포함하고 이 외에도 더 많은 종류의 지능이 있음을 강조하였다. 이들은 개인과 문화의 선호에 따라 결합하여 활용할 수 있으나 이 모든 지능을 모두 우수하게 가질 수는 없다고 하였다.

H. E. Gardner
(1943~)

② **스턴버그의 삼원지능이론**: 가드너의 다중지능이론이 지능은 서로 독립적인 것이라고 가정하는 반면에 스턴버그(Sternberg)의 삼원지능이론은 지능이 서로 밀접한 관련을 맺고 있다고 주장한다. 삼원지능이론에 따르면 인간의 지능은 **분석적 지능, 창의적 지능, 실제적 지능**의 세 가지 측면으로 구성되어 있는데, 분석적 지능은 문제를 분석, 판단, 평가, 비교, 대조하는 능력으로 흔히 학문적인 영역의 지능을 의미한다. 창의적 지능은 새로운 상황과 문제에 대해 대처하는 능력으로 인간의 경험과 밀접하게 연관되어 있으며 실제적 지능은 실제적인 적응능력이나 사회적 유능성 등과 같은 지능, 즉 어떤 해결방법과 계획이

R. J. Sternberg
(1949~)

실제로 효과가 있는지를 판단하는 능력을 의미한다.

(4) 창의성의 개념

창의성에 대한 개념 정의는 창의성에 대한 접근방법과 연구 분야에 따라 매우 다양하게 정의되어 왔다. 길포드가 인간의 사고를 **수렴적 사고**와 **확산적 사고**로 구분한 후, 상당 기간 동안 확산적 사고가 창의성과 동일한 개념으로 사용되었다. 스턴버그는 창의성이란 "무엇인가 새롭고, 문제 상황에 적절한 것을 만들어 낼 수 있는 능력"으로 보았다. 이 외 다른 학자들의 견해를 종합해 보면, 창의성이란 기발하고 독창적인 생각을 통해 가치 있는 것을 만들어 내는 능력이라고 할 수 있다.

(5) 창의성에 대한 접근

① **길포드의 지능구조모형**: 길포드의 지능구조모형에 따르면 창의성은 수렴적 사고보다 확산적 사고를 의미하고 있는데 길포드는 확산적 사고가 곧 창의성이라 간주하여 **유창성**, **융통성**, **독창성**, **정교성**, **민감성**, **재구성력**의 6개 하위 요인으로 세분화하였다. 유창성은 특정한 문제 상황에서 가능한 한 많은 아이디어를 생성하는 능력이고, 융통성은 고정적 사고에서 벗어나 가능한 다양한 범주의 아이디어를 산출해 나가는 능력이며, 독창성은 고정관념에서 탈피하여 새롭고 독특한 아이디어, 즉 남들이 생각하지 못한 답을 도출하는 능력이다. 정교성은 기존의 아이디어를 보다 세밀하고 치밀하게 발전시키는 능력으로 문제를 세분화하거나 문제의 의미를 정확하게 파악하고 보완할 수 있는 능력이다. 민감성은 주변 상황 변화를 빠르게 인식하고 관련 없는 자극의 영향을 떠나 문제를 있는 그대로 지각할 수 있는 능력이며, 재구성력은 기존의 일반적인 생각이나 산물을 다른 목적이나 관점에서 재구성하는 능력을 말한다.

② **로즈의 4p 이론**: 로즈(Rhodes)는 창의성을 4P를 통해 정의하였다. 첫째, 창의성이 발현되는 과정, 창의적 산출물이 나오기까지의 흐름에 주목하는 **창의적 과정**(Process), 둘째, 산출물이 얼마나 창의적이고 유용한지에 주목하는 **창의적 산출물**(Product), 셋째, 창의적으로 위대한 업적을 남기거나 뛰어난 성취를 이룬 사람에 대해 주목하는 **창의적 사람**(Person), 넷째, 창의성 발현에 도움 혹은 방해가 되는 환경의 조건에 주목하는 **창의적 환경**(Press)이다. 즉, 창의적 산물(Product)이란 창의적 사람(Person)이 창의적 과정(Process)을 통해 얻은 결과이며, 이 모든 것은 창의적 환경(Press)의 영향을 받는다고 설명하였다.

③ **토랜스의 입장**: 토랜스(Torrance)는 창의성이란 새롭고 독특한 아이디어, 색다른 관점, 새로운 시각으로 문제를 바라보는 것이라고 하였다. 즉, 창의적 사고는 "어떤 문제에 부딪히거나 자기가 경험하지 못한 새로운 상황에서 새로운 방식으로 결합하거나 신기하고 유용한 것을 생산해 내는 정신과정"으로 정의하였다. 즉, 창의적 사고란 문제를 찾아서 해결하는 능력이라고 보았다.

2) 정의적 특성

(1) 동기와 학습동기

동기(motivation)란 행동에 활력을 주고 목표에 대한 방향성을 제시할 뿐만 아니라 목표 달성을 위해 올바른 행동을 하도록 한다. 학습동기란 학습과 관련된 행동을 일으키는 힘으로 학습의 방향성 부여, 방향성 선택, 방향성 결정, 지속력 등에 영향을 주는 동기를 말한다. 동기는 내재적 동기와 외재적 동기로 구분할 수 있다

내재적 동기란 자기 자신의 과업을 수행함으로써 얻는 즐거움을 의미한다. 즉, 내재적 동기는 과제 자체에 대한 흥미나 과제수행에 있어 얻게 되는

즐거움이나 만족을 위해 행동하려는 동기를 말한다. 내재적 동기의 예로는 즐거움, 흥미, 성취감, 도전감 등을 꼽을 수 있다.

외재적 동기란 어떤 행동을 하는 동기가 그 행동과 구분되는 다른 목적이 있는 경우, 즉 외적 보상이나 처벌 회피와 같이 외적 결과를 충족시키기 위해 특정한 행동을 하려는 동기를 말한다. 외재적 동기의 예로는 상장, 용돈, 훈장 등을 꼽을 수 있다.

(2) 자아개념

자아개념(self-concept)이란 자기 자신에 대한 지각을 말하는 것으로, '나'라는 것과 관련된 지각을 뜻한다. '나는 누구인가?' '나는 어떤 능력을 가지고 있는가?' '나는 가정, 환경, 사회에서 어떤 존재인가?' 등의 질문에 대한 답을 깨닫는 과정이라 할 수 있다. 이들의 자아개념 구조는 다음과 같은 특성을 갖는다(송인섭, 1998).

- 자아개념은 자기 자신과 관련하여 지각된 내용을 변환하고, 연계시키기 위해 조직되고 구조화된다.
- 자아개념은 학문적 능력, 사회적 위치, 정서적 상태, 신체적 능력 등을 포함한다.
- 자아개념은 위계적이다.
- 상위에 있는 자아개념은 안정적이나 특정 하위 자아개념은 불안정하다.
- 유아에서 성인으로 발달함에 따라 자아개념의 다면성은 증가된다.
- 자아개념은 개인이 그들에 대해 서술하거나 평가하는 차원을 가지고 있다.
- 자아개념은 학업성취의 구조와는 차이가 있다.

4. 학습이론

학습이론은 크게 행동주의 학습이론, 관찰학습이론, 인지주의 학습이론 등으로 구분할 수 있다. 행동주의 학습이론은 스키너의 강화이론이 그 중심에 있으며 인지학습이론과 대비된다. 관찰학습이론은 행동주의 학습이론과 인지주의 학습이론의 교량 역할을 하고 있다고 말할 수 있다.

1) 행동주의와 강화이론

J. B. Watson
(1878~1958)

행동주의 심리학은 1913년 왓슨(Watson)에 의하여 체계적으로 제시되었다. 그는 "나에게 건강한 아이 10명을 주어라. 그들의 재능, 취미, 성향, 능력, 종족에 관계없이 의사, 거지, 도둑으로 만들 수 있다."라는 말을 남기며 환경의 중요성을 강조하였다. 행동주의의 기본전제는 인간 행동을 통제, 조작할 수 있으며, 교육은 인간 행동을 개발하는 것이라고 보는 입장이다. 행동주의는 직접 관찰 가능한 자극(환경에서 학습자에게 주어지는 모든 것)과 반응(자극으로 인해 나타나는 행동)의 연합을 통한 행동을 객관적으로 연구하는 것을 중시한다.

(1) 파블로프의 고전적 조건

러시아의 생리학자 파블로프(Pavlov)는 개가 먹이를 먹을 때마다 분비되는 침의 양을 측정하는 연구를 진행하던 중, 개가 먹이 주는 사람 발소리만 들어도 침을 분비한다는 것을 발견하였다. 이러한 발견을 바탕으로 고전적 조건화 이론이 탄생하게 되었다. 파블로프 실험에서의 조건화란 종소리만 들려

표 3-3 고전적 조건화 단계

조건화 이전 단계	종소리(중립 자극)	→	무반응
조건화 형성 단계	종소리(중립 자극) + 먹이(무조건 자극)	→	침(무조건 반응)
조건화 이후 단계	종소리(조건 자극)	→	침(조건 반응)

주었을 때 개가 침을 흘리게 되는 현상을 말한다.

개에게 주어지는 먹이는 **무조건 자극**(Unconditional Stimulus: US)으로 자동적 반응을 유발하는 자극을 말한다. 이 단계에서의 종소리는 중립 자극(neutral stimulus)인데, 개가 종소리만으로는 침을 흘리지 않기 때문이다. 반면, 먹이를 주었을 때 흘리는 침은 **무조건 반응**(Unconditional Response: UR)으로 학습되지 않은 자동적인 반응을 말한다. 파블로프는 무조건 자극인 먹이를 줄 때마다 중립 자극인 종소리를 들려주었고, 이 실험을 반복한 후에 먹이를 주지 않고 종소리만으로 침을 흘리게 된다는 사실을 발견하게 된다. 이 단계에서 종소리는 조건 자극(Conditional Stimulus: CS)이 되는데, 이는 무조건 자극과 관련하여 새로운 반응을 유발하는 자극이 된다.

(2) 스키너의 조작적 조건화

스키너(B. F. Skinner)의 조작적 조건화는 고전적 조건화 이론이 인간을 자극에 반응하는 수동적인 존재로 간주한다며 인간의 행동을 설명하기에 한계가 있다는 것을 지적하며 생겨난 이론이다.

고전적 조건화가 반응을 일으키는 자극에 관심을 갖는 것이라면 조작적 조건화는 자극보다는 행동의 결과에 관심을 두고 있다. 스키너는 쥐가 지렛대를 누르면 먹이를 먹을 수 있도록 만들어진 스키너 상자를 사용하여 상자 안에서 쥐가 먹이를 먹기 위하여 어떻게 학습하는지에 집중하였다. 쥐는 상자

그림 3-3 스키너의 스키너 상자 실험 모습

안에서 지렛대를 누르는 것과 먹이와의 관계를 반복하게 되면서 지렛대를 누르는 행동의 빈도를 증가시켰는데, 이를 통해 조작적 조건화가 이루어졌다고 설명한다. 여기서 먹이를 먹기 위해 지렛대를 누르는 행동을 조작적 행동, 행동의 빈도를 증가시키는 자극과의 관계를 **강화**(reinforcement)라는 개념을 통해 설명하였다.

강화란 행동의 강도 또는 빈도를 증가시키는 것을 말하는데, 강화에는 행동 증가를 목적으로 강화물(자극)을 제시하는 절차인 **정적강화**(positive reinforcement)와 행동 증가를 목적으로 강화물(자극)을 제거하는 절차인 **부적강화**(negative reinforcement)가 있다. 예를 들어, 학생의 착한 행동에 칭찬을 하고, 열심히 일하는 직원에게 보너스를 주는 것은 정적강화라 할 수 있으며, 숙제를 잘해 오는 학생에게 청소면제권을 주는 것, 자동차에서 안전띠를 매면 안전음이 울리지 않는 것을 부적강화의 예로 들 수 있다.

2) 밴듀라의 관찰학습

밴듀라(A. Bandura)는 인간의 행동은 개인, 환경, 행동 간의 끊임없는 상호작용에 의해서 결정된다고 보고, 다른 사람의 행동을 관찰함으로써 학습이 이루어진다고 하였다. 여기서 밴듀라의 사회학습이론이 등장하게 되며, 이를 **관찰학습**(observational learning)이라고 부른다.

밴듀라의 관찰학습에 대한 연구는 보보인형 실험(Bobo doll experience)을 통해 학습과 실행 간의 구분을 밝혀냈다. 밴듀라는 세 개의 집단으로 아이들을 분류하고 공격성을 측정하였다. 세 개의 집단 아이들에게 모두 커다란 인형을 때리고 차는 등의 공격적인 행동을 하는 성인의 모습이 담긴 비디오를 보여 준 후, A집단에게는 공격적인 행동을 한 후 상을 받는 비디오를 보여 주었으며, B집단에는 공격적인 행동을 한 후 벌을 받는 내용의 비디오를, C집단에는 공격적인 행동을 한 후 상과 벌 둘 다 받지 않는 비디오를 보여 주었다.

실험결과, A집단의 아이들이 가장 공격적으로 행동했으며, B집단의 아동들이 공격적인 행동을 가장 적게 나타냈다. 중립적인 결과에 노출되었던 C집단의 공격성은 중간 정도였다. 이를 통해 밴듀라는 직접적인 강화를 통하지

그림 3-4 밴듀라의 보보인형 실험

않아도 타인의 행동을 관찰함으로써 학습이 이루어짐을 주장했으며, 다른 사람의 경험을 관찰하는 것만으로도 아동의 행동에 영향을 준다는 것을 밝혀냈다.

3) 인지주의 학습이론

20세기 초반의 행동주의 견해를 지지하던 학자들은 인간의 행동을 단순히 자극과 반응의 관계로만 이해하는 것에 한계를 느끼고 유기체들의 사고와 감정을 이해해야 한다는 인지주의에 관심을 가지게 된다.

인지주의 학습이론의 주요 원리는 다음과 같다. 첫째, 학습자는 새로운 정보를 받아들인 후 능동적으로 지식을 구성하는 능동적 존재라는 것이다. 둘째, 학습자의 반응은 학습자의 다양한 경험을 토대로 다양하다는 것이다. 인지주의 관점에서 학습자는 자신의 다양한 경험에 따라 다양한 학습의 성과를 나타내게 된다고 본다. 셋째, 인지주의 학습은 직접 경험한 바를 뛰어넘는 행동 잠재력의 변화로 정의하였다. 이는 변화의 과정이 내면적으로 이루어진다는 것을 말한다.

(1) 형태주의 학습

인지주의 관점의 토대가 된 형태주의 심리학의 기본 관점은 다음과 같다. 인간의 지각(perception)은 실제(reality)와 차이가 있을 수 있다. 형태주의자들은 여러 가지의 지각 원리를 바탕으로 유기체가 경험을 구조화하는 경향이 있다는 것을 보여 주었는데, 이러한 원리에는 근접성의 원리, 유사성의 원리, 좋은 연속의 원리, 폐쇄의 원리가 있다.

우리는 실제 존재하지 않는 것을 전체적인 관계 속에서 지각할 수 있는데, 이러한 현상이 형태주의 심리학자들이 주장하는 주관적 윤곽현상(subjective contours)이다. 전체는 단순히 부분의 합이 아닌 그 이상이며, 우리가 사물을 볼 때 단순히 부분만 지각하게 되면 전체가 왜곡되기 때문에 부분 상호 간의 관계 속에서 전체를 지각하게 된다.

(2) 통찰학습

쾰러(W. Kohler)는 아프리카에서 침팬지 우리 안에 바나나를 높이 매달아 놓은 후, 침팬지가 바나나를 먹기 위한 문제해결능력을 알아보는 실험을 하였다. 처음에는 바나나를 먹으려고 해도 손이 닿지 않아 포기하는 듯 구석에 가만히 앉아 있었지만, 이내 침팬지는 우리 안에 있는 상자들을 쌓고 그 위에 올라가서 바나나를 따서 먹었다. 실험에서 침팬지는 상자와 바나나 간의 관련성을 전체적으로 인식하고 문제해결을 위한 도구로 상자를 사용하였다. 침팬지는 자신의 상황을 전체적으로 이해하고 인지했으며, 자신의 문제를 해결하기 위해 재구성과정을 거친 것이다.

이러한 행동에서 행동주의의 한계점을 찾을 수 있는데, 학습은 시행착오가 아닌 인지현상으로 문제를 해결하기 위해서 여러 가지 방법을 생각하게 된다는 것이다. 통찰학습에서 문제해결은 갑자기 일어나며 이를 A-ha현상이라고 부르기도 한다. 우리가 흔히 알고 있는 아르키메데스의 '유레카'도 통찰학습의 정신작용 원리와 유사하다.

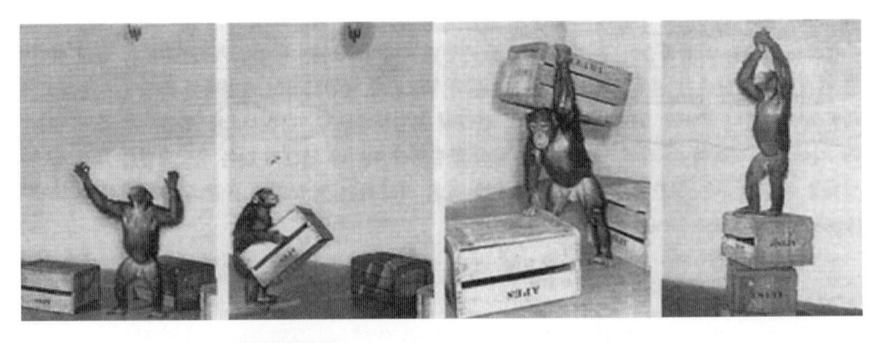

그림 3-5 쾰러의 침팬지 문제해결능력 실험

(3) 정보처리이론

1960년대 초, 컴퓨터의 정보처리과정을 모델로 출현한 정보처리이론은 컴퓨터와 마찬가지로, 인간의 정신은 외부로부터 정보를 받아들여 조작되며, 정보의 형태와 내용을 변화시킨 후 필요에 따라 정보를 저장하고 인출하면서 적절한 반응을 생성한다는 것이다.

정보처리이론의 구조는 정보가 머무는 곳인 정보저장소와 정보가 이동하는 과정을 말하는 인지처리과정 두 가지 요소로 구성되어 있으며, 정보저장소에는 **감각기억**, **작업기억**, **장기기억**이 포함된다.

감각기억(sensory memory)이란 외부에서 들어온 자극들이 정보로 바뀌기 전에 잠시 동안 저장하는 것을 말하며, 정보가 즉시 처리되지 않을 경우에는 곧바로 소실된다. 특정 정보를 처리하고자 할 경우에는 **주의**(attention)를 기울여야 한다. 투입된 정보가 일시적으로 머무르면서 장기기억의 지식과 결합하는 작업을 하는 곳이 작업기억(working memory)이다. 유입된 정보를 작업기억에 유지시키는 기능과 장기기억의 선행지식과 관련시키기 위하여 **되뇌임**(rehearsal)을 수행하고, 저장을 용이하게 하기 위하여 **약호화**(encoding)를

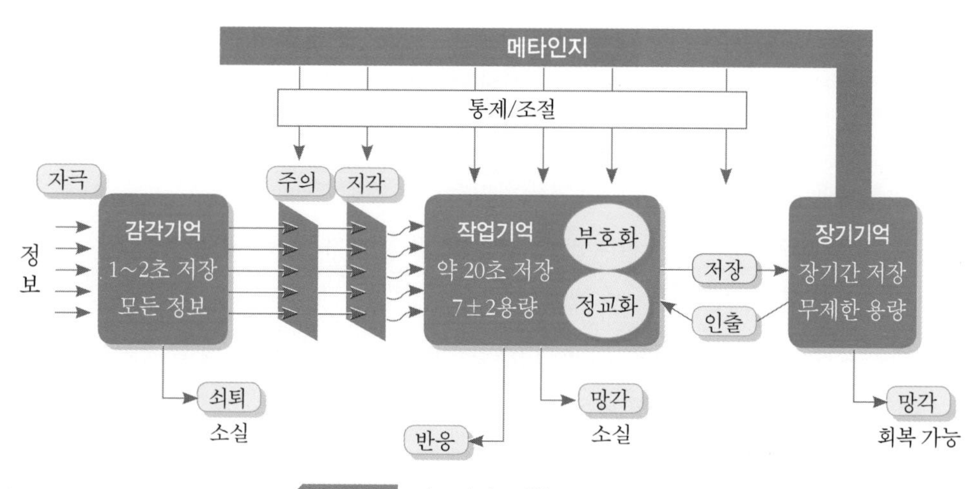

그림 3-6 정보처리 모형(이신동 외, 2011)

하게 된다. 약호화된 정보는 무한한 정보를 영구적으로 저장할 수 있는 장기 기억(long-term memory)에 저장된다.

토론 과제

1. 교육심리학의 성격과 역사에 대해 설명하고, 토의해 보자.
2. 학습자의 인지발달 단계에 대해 설명하고 토의해 보자.
3. 학습자의 인지적, 정의적 특성에 대해 비교해 보자.
4. 행동주의와 인지주의 학습이론을 비교해 보자.

용어 설명

실험심리학 실험적 방법을 사용하여 인간의 행동이나 정신현상을 연구하는 심리학이다.

조작적 조건형성 자유로운 조작(free operant)이 허용되고 강화인자가 뒤따를 때, 조작된 반응이 다시 나타날 가능성이 높아진다는 것이다.

도식 인지구조의 기본 단위로서 환경에 적응하도록 하는 데 관련 있는 지식·기술을 포함한다.

자기중심성 다른 사람의 생각, 감정, 관점 등이 자신과 동일한 것으로 가정하는 사고 경향을 말한다.

조망수용능력 자기중심성에서 벗어나 타인의 생각이나 감정 등을 추론하고 이해할 수 있는 능력을 말한다.

근접발달영역 실제적 발달 수준과 잠재적 발달 수준 간 차이의 영역을 말한다.

혼잣말 자신의 사고 과정과 행동을 조절하고 자신을 지도하고 안내하는 언어이다.

수렴적 사고 하나의 문제해결을 위하여 기존에 가지고 있던 지식으로부터 가장 적합한 답을 찾는 방식의 사고이다.

확산적 사고 하나의 문제해결을 위하여 여러 가지 해결 방안을 도출해 내는 방식의 사고이다.

동기 행동을 활성화시키고 목표를 지향하도록 하며 행동을 지속시키도록 하는 내적 요인이다.

내재적 동기 사람의 욕구, 흥미, 호기심 등 내적이고 개인적 요인들에서 유발되는 동기이다.

외재적 동기 칭찬이나 벌 등과 같이 외적 요인들에서 유발되는 동기이다.

자아개념 개인이 가지고 있는 자기 자신에 대한 견해이다.

행동주의 주어진 환경의 조건이나 반응, 행동 간의 관계를 연구하는 접근법이다.

조건 자극 학습이 되어 중립 자극이 특정한 반응을 나타내게 연합될 때 조건화된 조건 자극이 된다.

형태주의 심리학 "부분의 성질은 전체에 대한 부분들의 관계에 의존하고, 부분의 질은 전체 속에 있는 부분의 위치, 역할 및 기능에 의존한다."는 원리를 근본으로 하는 이론이다.

근접성의 원리 서로 가까이 있는 것을 함께 묶어서 지각하는 것이다.

유사성의 원리 생김새가 유사한 것들끼리 집단화하는 것이다.

좋은 연속의 원리 불연속적인 것보다는 연속적인 것을 지각하는 것이다.

폐쇄의 원리 틈이 있게 되면 빈 곳을 채워서 완전한 전체적인 대상으로 지각하는 것이다.

참고문헌

김종백(2010). 교육개혁과 교육심리학의 역할. **교육심리연구, 24(1)**, 225-268.

김춘경, 이수연, 이윤주, 정종진, 최웅용(2016). **상담학사전**. 서울: 학지사.

노영희, 홍현진(2011). **교육관련 국제기구 지식정보원**. 경기: 한국학술정보.

문선모(2010). **교육심리학의 이해**. 경기: 양서원.

서울대학교 교육연구소(1995). **교육학 용어사전**. 서울: 하우동설.

송인섭(1998). **인간의 자아개념 탐구**. 서울: 학지사.

신명희, 강소연, 김은경, 김정민, 노원경, 박성은, 서은희, 원영실, 황은영(2014). **교육심리학(3판)**. 서울: 학지사.

신현숙, 오선아, 류정희, 김선미(2019). **교육심리학**. 서울: 학지사.

오윤선(2017). **교육심리학**. 서울: 창지사.

이신동, 최병연, 고영남(2011). **최신교육심리학**. 서울: 학지사.

이용남, 강만철, 김계현, 방선욱, 송인섭, 이신동, 이재신, 최진승(2008). **신교육심리학**. 서울: 학지사.

이용남, 신현숙(2017). **교육심리학**. 서울: 학지사.

임규혁, 임웅(2007). **교육심리학**. 서울: 학지사.

임석진, 윤용택, 황태연, 이성백(2009). **철학사전**. 서울: 중원문화.

장기덕, 송창백, 김운삼, 구서연, 이희영, 전희영(2018). **교육심리학**. 경기: 수양재.

한국교육심리학회(2000). **교육심리학 용어사전**. 서울: 학지사.

Berk, L. E., & Winsler, A. (1995). *Scaffolding children's learning: Vygotsky and early childhood education*. Washington: National Association for the Education of Young Children.

Driscoll, M. P. (2002). **수업설계를 위한 학습심리학**(*Psychology of learning for instruction*). (양용칠 역). 서울: 교육과학사. (원전은 2000년에 출판).

Santrock, J. W. (2003). *Child development* (10th ed.). New York: McGraw-Hill.

Shaffer, D. R. (2002). *Developmental psychology: Childhood and adolescence* (6th ed.). Belmont, CA: Wadsworth Thomson Learning.

Vygotsky, L. S. (1978). *Mind in society: The develop of higher psychological process*. Cambridge, MA: Harvard University Press.

Wood, D., Bruner, J. S., & Ross, G. (1976). The role of tutoring in problem solving. *Journal of Child Psychology, 17*, 89-100.

Woolfolk, A. (2007). 교육심리학(*Educational psychology*). (김아영, 백화정, 정명숙 공역). 서울: 박학사.

제 4 장

교육과 사회의 이해*

학습목표

1. 교육과 사회의 관계를 이해한다.
2. 교육사회학의 이론을 이해한다.
3. 교육사회학의 사실을 이해한다.
4. 교육의 사회적 기능을 이해한다.

* 이 장은 강창동(2018). 『교육사회학의 이해』의 일부를 발췌하여 수정 · 보완하였음.

교육사회학은 '사회 속에서 교육의 잉태를, 교육 속에서 사회의 씨앗'을 찾는 학문이다. 교육사회학은 '사회적 맥락 속에서 교육을, 교육적 맥락 속에서 사회'를 밝힌다. 교육사회학은 교육과 문화, 교육과 사회계급, 교육과 사회이동 등의 기본적인 이해를 전제한다. 교육사회학 이론은 교육의 사회적 사실에 대한 깊은 이해와 해석을 가능하게 한다. 교육사회학 실제는 교육과 사회의 관계에 대한 이해와 깊이의 폭을 넓히면서 현실적인 교육의 사회적 통찰력을 높인다. 이론과 실제는 두 개의 수레바퀴처럼 언제나 함께 인식해야 한다. 교육사회학은 이론과 실제라는 균형적 인식을 통해 다양하고 급속하게 변화하는 교육의 사회적 현상에 대해 유연하고 깊은 해석적 사고의 틀을 제공한다.

1. 교육과 사회의 기초

1) 교육과 사회

교육은 사회와 독립된 것이 아니라, 사회관계의 영향을 받으면서 형성된다. 교육관계는 사회관계에서 벗어날 수 없으며, 사회의 토대 위에서 성장한다. 정치, 경제, 문화, 가족 등의 모든 관계도 역사적으로 강화된 사회관계 속에서 만들어진다. 엄격한 의미에서 이 모든 관계는 사회관계와 하나로 이루어진다.

교육관계도 사회관계와 분리될 수 없다. 교육은 교사와 학생의 만남에서 시작된다. 교사와 학생은 교육의 형식적 틀에서 벗어나면 사회인으로서 만나게 된다. 교사와 학생은 사회적 배경과 자라난 환경이 달라서, 선호하는 가치관과 의식 그리고 행위 양식이 상이하게 형성되었다. 교사와 학생은 의식적 · 무의식적으로 사회적 가치 판단 기준이 다를 수밖에 없다. 교사와 학생은 자라온 사회적 배경의 차이에 따라 교육관계가 형성되며, 그들의 만남은 곧 사회관계의 만남이 된다.

교육관계는 사회의 위치에 따라 형성된 사회관계의 다양한 요인과 결합되어 형성된다. 교육관계는 사회관계와 독립된 것이 아니라 그것과 한몸으로 이루어졌다. 구체적으로 한국교육의 성격 속에 한국의 사회관계가 포함되어 있다. 한국의 독특한 교육적 가치관과 의식 등을 포괄하는 교육문화의 형성은 결국 한국의 사회관계에서 파생된 것이다. 교육과 사회는 밀접한 관련을 가질 수밖에 없다.

교육을 알기 위해서는 사회 성격에 대한 이해가 있어야 한다. 교육의 사회적 성격에 대한 명확한 분석은 교육을 이해하는 지름길이다. 이러한 교육과 사회의 관계를 밝히는 학문 분야가 교육사회학이다. 교육사회학은 교육의 사회적 제 현상을 과학적으로 분석·설명·해석하여 합리적인 대안을 모색하기 위한 학문이다. 교육사회학은 '사회 속의 교육을, 교육 속의 사회를' 이해하기 위한 학문이다. 교육사회학은 '사회적 맥락 속에 교육을' '교육적 맥락 속에 사회를' 밝히는 과학적 학문이다.

교육사회학은 이론적 기반 위에서 논리적이고 체계적으로 교육과 사회의 인과관계를 밝힌다. 교육사회학은 교육의 사회적 제 관계를 대상으로 하며, 그 분석 대상은 매우 광범위하다. 교육과 관련된 모든 사회적 관계가 교육사회학의 학문적 범위에서 벗어날 수가 없다. 교육의 사회관계를 정확히 이해하기 위해서는 '사회학적 상상력'이 요구된다.

일상생활의 단순한 개인의 행동에도 알게 모르게 사회관계가 숨어 있으며 사회적 행위가 이루어진다. 교육사회학은 매우 단순한 교육적 사실에도 의문을 제기해야 하며, 사회적 연관관계를 밝혀야 한다. 단순한 교육행위 속에도 사회관계가 숨어 있다는 것이다. 즉, 유치원생은 어린 나이에도 불구하고 왜 혹독한 조기교육을 받는가, 초등학생은 학교교육을 마치고도 왜 끊임없이 사교육을 받는가, 고3 학생을 둔 가정에서는 왜 TV를 켜지 못하는가의 일상적 교육문제 속에는 학력(벌)주의라는 일시에 해결하기 어려운 사회관계가 숨어 있다.

현대사회의 교육은 정도의 차이는 있지만 사회적 영향을 받고 있다. '교육은 사회 속에서 잉태'되고, '교육 속에는 사회의 씨앗'이 숨어 있기 때문이다. 대다수의 교육현상에 대해 교육사회학적 해석이 가능해진다. 특정 교육현상에 대해 단지 개인의 해석 능력의 차이가 있을 뿐이지, 얼마든지 교육사회학적으로 접근할 수 있다. 이렇게 보면 교육사회학은 교육의 사회적 제 관계를 대상으로 하기 때문에, 세상의 모든 것을 볼 수 있는 매우 독립적인 성격을 가진 학문이 된다.

2) 교육과 문화

인간에게 문화는 숨 쉬는 공기와 같다. 인간은 문화 속에 살고 있으며, 문화는 인간의 모든 일상생활을 지배하고 있어서, 인간은 문화적 동물이라고 해도 지나치지 않다. 인간이 문화를 벗어나 산다는 것은 거의 불가능하다. 설령 무인도에 갇혀 있어도 인간은 도구를 활용하기 때문에 문화를 벗어날 수 없다. 인간은 의식적이든 무의식적이든 문화의 울타리 속에서 사고하고 행동한다.

문화 'culture'는 라틴어인 'colere'에서 파생하였으며, 원래는 '재배하다'와 '경작하다'라는 뜻을 가지고 있지만, 오늘날에 와서 가치관, 관습, 도덕, 법률, 교양 등 인간의 모든 생활과 행위를 포함하는 광범위한 의미로 사용되고 있다. 문화는 자연과 대비되는 개념으로, 자연에 인위적인 측면이 조금이라도 포함된 것을 문화라고 한다. 이러한 문화에 대한 정의는 학자에 따라 매우 다양하다.

기든스(Giddens, 1993: 55)는 문화란 집단의 성원이 견지하고 있는 가치(value), 그들이 준수하는 규범(norm), 그리고 그들이 창조한 물질적 재화로 구성된다고 하였다. 프리차드와 벅스턴(Prichard & Buxton, 1984: 35)은 문화란 인간이 만든 모든 환경적인 것을 포함하는 것으로서, 전체적이고 포괄적인 대상을 뜻한다고 하였다. 홉스테드(Hofstede, 1995: 25)는 컴퓨터 프로그램에 비유하여 정신적 소프트웨어를 문화라고 하였다.

이처럼 문화는 한 사회의 정신적 경향성이며, 집단적 사고의 흐름이라 할 수 있다. 문화는 사회관계를 규정하는 가치관, 관습, 규범 등의 정신적 기반이며, 한 개인의 행위와 지각에 영향을 미친다. 문화는 인간관계를 연결하는 무의식적이며 의식적인 틀로서, 인간관계의 정신적 소프트웨어이자 정신적 네트워크다. 문화는 사회와 동일시될 정도로 중요하며, '사회의 영혼'이라고 할 수 있다.

문화는 고정되어 있는 것이 아니라 물의 흐름처럼 시대와 공간에 따라 다양하게 변모하는 역동적인 성격이 있다. 문화적 가치 기준이 다르면, 새로운 문화가 나타날 경우 상대적으로 기존의 문화는 사라지게 된다. 문화는 가치 기준의 정신적 흐름이므로 실질적인 인간관계를 규정한다. 문화가 변화하면 새로운 인간관계가 나타난다. 따라서 문화를 이해하기 위해서는 기본적인 문화 용어의 개념부터 살펴보아야 한다.

첫째, **문화적 상대주의**(cultural relativism)이다. 문화 속에는 객관적이며 보편적인 가치 기준이 존재하지 않으며, 문화 간에는 우열이 있을 수가 없다. 문화는 그 사회의 필요에 의해 나타났으며 다른 문화적 기준에 의해 차별을 받지 말아야 한다. 모든 문화는 태어난 배경과 환경이 다르기 때문에 그 고유한 가치를 가지고 있으며 문화 간의 비교 자체가 이루어질 수 없다. 문화적 차이는 인정하지만, 문화적 차별의 기준으로 삼지는 말아야 한다.

둘째, **문화접변**(cultural acculturation)을 들 수 있다. 문화는 시대와 공간에 따라 다르게 나타난다. 문화는 고정된 것이 아니라 물의 흐름과 같이 지속적으로 변화하는 역동적인 성격이 있다. 문화접변은 두 개의 다른 문화체계가 상호작용하여 새로운 양식의 문화로 변화하는 과정과 결과를 의미한다.

셋째, **문화갈등**(cultural conflict)을 들 수 있다. 문화는 가치관, 규범, 행위 등을 규정하는 정신적 기준이다. 각각의 사회는 추구하는 문화적 가치가 다르다. 서로 다른 문화가 만나는 것은 가치 판단의 기준이 다르기 때문에 사회적 오해와 마찰이 일어날 수 있다. 문화갈등은 추구하는 의식체계가 다른 문화들의 가치 기준 간에 오해와 충돌이 일어나는 것을 의미한다.

넷째, **문화지체**(cultural lag)를 들 수 있다. 오그번(W. F. Ogburn)이 제시한 용어로서, 문화 속의 다양한 요인들이 동일한 비율의 속도로 변화하지 않으며, 각 문화 요인 간의 변화 속도에는 편차가 있다는 것이다. 대표적으로 정신문화와 물질문화의 변화 속도를 예로 들 수 있다.

교육은 매우 중요한 문화적 기능을 한다. 한 사회에서 교육의 역할은 가늠하기 어려울 정도로 크다. 교육은 기존의 문화관계를 유지 · 발전시키는 기능을 담당하기 때문이다. 교육은 문화의 전승과 새로운 문화의 창출을 도모하고 있다. 교육은 문화적 갈등현상을 해소하고 상호 간에 유연한 조화를 이루게 하여, 사회의 안정적 통합에 기여한다. 교육을 문화화의 과정이라 언급해도 무리가 없다. 따라서 학교를 문화 전수기관이라고 부를 수 있다. 교육과 문화는 밀접한 관계가 있다.

3) 교육과 사회계급

사회는 단순히 사람들의 모임으로만 이루어진 것은 아니다. 그 속을 자세히 살펴보면 비슷한 사람끼리 하나의 군으로 이루어져 다른 군과 구별되어 있다. 땅속을 보면 비슷한 지질이 모여 다른 지질과 구분되는 지층이 있듯이, 사회 속에도 사람의 집합군은 지층과 비슷하게 하나의 층을 이루고 있다. 이 층은 여러 기준에 의해 구분된다. 일반적으로 연령, 성별, 지위, 능력, 직업, 가치관 등으로 사람들을 구분한다. 이러한 인위적 구분은 크게 두 가지 관점에 의해 이루어진다.

첫째, **사회계층**(social stratification)을 들 수 있다. 사회계층은 사람들의 구성원 층을 구분하면서 종적인 지위의 위계 서열을 나타내고 있다. 어느 사회든지 사람들은 자신이 위치한 공간이 있다. 그 공간 속에 사회가 주는 지위에 의해 서열이 구분되는데, 그 기준은 매우 다양하다. 사회계층을 구분할 때는 지위, 권력, 부, 신분, 학력, 가치관 등의 다변인을 고려한다. 사회계층은 주로 '기능주의적 관점'에서 사회 서열을 구분하기 위해 사용한다.

둘째, **사회계급**(social class)을 들 수 있다. 사회계급은 마르크스(Marx)에 의해 제기된 개념으로, 경제적 부의 단일 변인이 구분의 기준이 된다. 사회계급은 경제적 부에 의해 파생된 생산력과 생산수단의 소유에 따라 달라지는 생산관계의 사회적 위치를 파악하기 위한 것이다. 마르크스는 사회계급을 생산력과 생산수단을 소유하고 있는 자본가를 지칭하는 부르주아(bourgeoisie) 계급과 노동력을 제공하는 노동자를 지칭하는 프롤레타리아(proletariat) 계급으로 구분하여 자본주의 사회의 계급적 모순에 대한 이론적 도구로 활용하였다. 이런 이유로 사회계급은 주로 '갈등주의적 관점'에서 사회 서열을 구분하기 위해 사용한다.

사회를 구분하는 계층관과 계급관의 뚜렷한 이론적 차이에도 불구하고, 오늘날에는 이 두 개념을 혼용하여 쓰기도 한다. 경제적 부에만 한정시킨 계급 개념은 사회가 복잡해짐에 따라 경제관계에서 파생한 문화 개념을 접목시킴으로써 다양한 변인을 고려하게 된다. 이런 이유로 계층과 계급은 다소 모호하게 사용되고 있다. 일반적으로 사회계층과 사회계급은 social class로 혼용되고 있기도 하다.

4) 교육과 사회이동

전통 사회는 태어난 신분과 혈통에 의해 결정되는 귀속주의 사회(ascribed society)다. 인도의 카스트 제도가 대표적인 예다. 현대 사회는 개인의 재능과 능력 정도에 따라 사회적 지위가 결정되는 능력주의 사회(meritocracy society)다. 능력주의 사회는 계층과 계급의 구분 없이 누구나 노력을 하면 그에 상응하는 사회 보상이 주어지는 개방사회(open society)를 지향하고 있다.

현대 사회는 교육에 의한 능력주의 발현을 중요시하며, 그러한 교육적 능력을 통해 사회이동이 이루어지고 있다. 현대 사회에서 교육은 사회이동의 실질적 장치인 것이다. 이처럼 교육과 사회이동은 밀접한 관계를 가지고 있다.

사회이동(social mobility)은 개인의 사회적 위치가 다른 위치로 이동하는 것을 말한다. 사회이동은 **수평적 이동**(horizontal mobility)과 **수직적 이동**(verticial mobility)으로 구분할 수 있다. 수평적 이동은 비슷한 사회적 지위로 이동하는 것을 의미한다. 예컨대, 판사로 재직하다 국회의원의 신분으로 직종을 바꾸는 것이다. 수직적 이동은 **상승이동**(upward mobility)과 **하강이동**(downward mobility)으로 구분된다. 상승이동은 현 지위보다 높은 지위로 이동하는 것이며, 하강이동은 반대로 낮은 지위로 떨어지는 것이다. 수직적 이동은 상하의 지위이동이 이루지는 것을 의미한다.

다음은 **세대 간 이동**(intergenerational mobility)과 **세대 내 이동**(intragenerational mobility)을 들 수 있다. 세대 간 이동은 한 세대에서 다음 세대에 걸쳐 수직적 이동이 이루어지는 것을 말한다. 세대 간 이동은 아버지와 아들에 걸쳐서 이루어지는 사회이동이다. 세대 내 이동은 개인이 경험한 직업적 지위의 이동, 즉 동일 세대 내에서 이루어지는 이동을 의미한다. 세대 내 이동은 가끔 생애이동(career mobility)이라고 표현하기도 한다.

또한 **구조적 이동**(structural mobility)과 **교환이동**(exchange mobility)이 있다. 구조적 이동은 사회구조의 변화에 의해 자연스럽게 이루어지는 이동을 말한다. 교환이동은 구조적 변동 없이 개인의 능력으로 사회적 지위를 바꾸는 경우다. 교환이동은 구조의 변화와 무관하게 개인의 능력에 의해 사회이동이 이루어지는 것이므로, 이런 이유로 교환이동을 '순수이동'이라고 한다.

이처럼 사회이동은 다양하게 분류된다. 각각의 사회이동은 교육적으로 많은 의미가 있다. 교육과 가장 밀접한 관련을 가진 사회이동은 수직적 이동이다. 교육은 사회적 능력의 대리 지표로 수직적 이동의 사다리 역할을 한다. 수직적 이동과 관련하여 교육은 중요하게 부각된다. 수직적 이동은 상하의 신분적 지위가 변하는 것으로 사회구성원들의 현실적 이해관계를 반영하고 있기 때문이다. 교육의 사회이동 촉진은 수직적 이동과 밀접한 관련이 있다.

2. 교육과 사회의 이론

1) 기능주의 교육이론

(1) 이론적 특징

기능주의 교육 관점을 지지하는 대표 학자는 뒤르켐(Durkheim), 파슨스(Parsons), 드리븐(Dreeben) 등이다. 기능주의와 비슷한 용어는 구조기능주의(structural functionalism), 합의이론(consensus theory), 균형이론(equilibrium theory), 질서 모델(order model) 등이다. 이 용어들은 안정, 균형, 질서 등을 묵시적으로 나타내 주고 있다. 기능주의는 사회 질서와 안정을 우선시하며, 사회의 각 부분에 대한 우열은 구분하지 않고 기능상의 차이만 인정한다.

기능주의를 쉽게 이해하기 위해서는 초기 기능주의가 취했던 사회를 유기체와 비교하면 명확해진다. 우리의 몸은 병에 걸리거나 피로(사회의 불일치, 갈등, 파괴 등)하면 자연적으로 건강(사회의 균형, 안정, 질서 등)을 유지하려고 한다. 내적 균형을 유지하기 위해, 몸의 각 부분(눈, 코, 심장, 위, 폐, 손, 다리 등)은 상호 의존적이며 네트워크처럼 연결되어 있다. 그 각각은 다른 부분이 대신할 수 없는 고유한 독자적 기능을 가지고 있어서, 부분들 사이에 상호 간 우열이 있을 수가 없다. 단지 기능상의 차이만 존재한다.

기능주의 사회관은 다양한 학문적 분파가 있지만 사회 안정과 질서라는 핵심 가정을 벗어나지 못한다. 기능주의 교육관은 기능주의 사회관과 논리적으로 연장선상에 있다. 기능주의 사회관과 교육관의 논리적 관계는 〈표 4-1〉과 같다.

표 4-1 기능주의 사회관과 교육관

사회관	교육관
1. 사회의 모든 요소는 안정 지향적이다.	1. 학교는 사회의 안정과 질서에 기여한다.
2. 사회의 각 요소들은 상호 의존적이며 통합적이다.	2. 학교는 개인의 재능과 노력에 따라 공정한 보상을 한다.
3. 사회변화는 점진적이고 누적적이며 개선적으로 이루어진다.	3. 학교는 사회 불평등을 해소하며, 사회 평등화를 도모한다.
4. 사회적 합의는 모든 사회구성원의 합의에 의해 이루어진다.	4. 학교는 지위의 사다리이며, 이를 통해 공정한 사회이동을 촉진한다.
5. 사회의 가치는 보편적이며, 사회의 통제 이념은 보편 합의에 의한다.	5. 학교의 교과내용과 지식은 보편적 합의와 가치로 이루어진다.
6. 모든 사회구성원들에게 균등하고 공정한 기회가 주어지며, 사회적 보상은 능력과 노력(능력주의)에 따라 주어진다.	6. 학교는 사회의 각 집단과 유기적인 관계를 맺고 있으며, 상호 의존적인 영향을 미친다.

(2) 뒤르켐의 교육 사회화론

일반적으로 뒤르켐은 사회학자로 알려졌으나, 교육사회학에도 지대한 공헌을 하였다. 뒤르켐은 1887년에 보르도 대학에서 주로 사회학과 교육학을 강의했으며, 1902년에는 소르본 대학의 교육학과 교수로 활동하였다. 교육학에서는 『교육과 사회학』 『프랑스 중등교육의 발전』 『도덕교육론』을 발표하였다. 그는 교육학을 '교육과학'이라고 명명한 최초의 학자이며, 다른 학문처럼 교육과학에도 독립적 학문체계의 개연성을 부여했다.

뒤르켐은 사회관에서 사회구성원 간의 결속력 정도를 의미하는 사회적 연대(social solidarity)를 강조하였다. **사회적 연대**는 기계적 연대(mechanical solidarity)와 유기적 연대(organic solidarity)로 구분하였다.

기계적 연대는 사회구성원들의 강한 공동 의식과 집단 내의 강한 결속을 견지하는 집합 의식(consciousness collective)을 강조한다. 집합 의식은 원시사회와 봉건왕조사회 그리고 전제군주사회 등을 예로 들 수 있다.

유기적 연대는 공동 의식보다 사회구성원들의 개성적이며 이질적인 성격을 존중한다. 유기적 연대는 사회의 분화 수준이 높으며 전문적 의식과 개인주의 경향이 강하다.

뒤르켐의 교육관은 '**사회화**(socialization)'로 함축될 수 있다. 사회화로서 교육은 사회에서 요구하는 가치, 규범, 성격 등 성인 생활에 필요한 것을 아동에게 전수하여 미래의 사회생활에 원만하게 적응할 수 있도록 도와준다. 뒤르켐에 있어서 사회화는 교육의 핵심 개념이다. 그는 교육의 사회화를 보편 사회화와 특수 사회화로 구분한다.

보편 사회화는 사회 전체의 기반이 되는 지적 · 도덕적 · 신체적 특성 등을 아동에게 내면화시킨다. 교육은 한 사회의 동질성 확보를 위해 집합의식과 보편적 가치를 강조하여 사회적 결속력과 안정을 유지하게 한다.

특수 사회화는 산업화가 됨에 따라 사회적 분화가 가속화되면서 발생하는 각 직업에 필요한 지적, 도덕적, 신체적 특성을 마련해 주는 것이다. 교육은 각 직업에 필요한 적절한 사회화를 전수하여, 각 직업 간의 유연한 결속력과 운영의 효율을 도모한다.

뒤르켐은 사회의 안정과 질서 유지를 위해 '**도덕교육**'을 강조하였다. 도덕은 개인의 행위를 결정하고 규제하므로, 개인에게 질서 유지를 위한 규칙적인 성향을 요구한다. 도덕의 목표는 사회의 목표이며 집단의 애착을 요구한다. 도덕적 행위는 집합적 이익에 부응하기 때문에, 뒤르켐에 있어서 도덕교육의 필요성은 강조될 수밖에 없다.

(3) 기술기능주의론

기술기능주의(technical functionalism)는 1962년 클락(B. Clark)의 『전문가 사회와 교육』이라는 저서에 의해 대두됐다. 기술기능주의의 기본 관점은 사회의 안정과 질서 유지에 초점을 두고 있다. 기술기능주의에 의하면 현대 사회는 산업화의 영향으로 지식과 기술의 급속한 발전과 전문적 분화가 이루어지고 있으며, 학교는 이를 수용하기 위해 사회에 필요한 지식과 기술을 전수해야 한다. 산업사회는 고도의 지식과 기술 수준을 소유한 숙련된 기술자와 같은 직업적 전문가를 요구하기 때문에, 각 직종은 구조적인 질적 변화를 수반하고 학교교육의 변화에 영향을 준다. 산업사회의 질적 변화는 결국 사회의 자연스러운 요구로서, 이를 수용하기 위한 학교교육의 내적 변화는 불가피해진다는 것이다.

콜린스(Collins, 1979: 119)는 산업사회와 학교교육의 관계에 대한 기술기능주의의 교육적 관점을 다음과 같이 정리하였다.

- 산업사회에서 직업이 요구하는 교육적 조건은 과학기술적 변화에 따라 끊임없이 높아진다. 즉, 낮은 기술을 요구하는 직업의 비율이 감소하고, 고도의 기능을 요구하는 직업의 비율이 증가한다. 또한 동일한 직업에 있어서도 기술의 요구 수준은 높아지고 있다.
- 학교교육은 특정한 기능 또는 일반적인 능력 면에서 보다 고도의 기능적 직업에 필요한 훈련을 제공한다.
- 취업을 위한 교육의 요구 조건은 끊임없이 상승하고, 점차 더 많은 학교교육을 받도록 요구한다.

산업사회에서 지식과 기술의 전문적 요구 수준이 높아지므로, 학교교육은 이를 수용하여 사회변화에 적응해야 한다. 학교교육은 사회가 요구하는 높은 지식과 기술을 전수하고, 학교교육의 이수 기간은 점점 늘어난다. 직업세계의 구조적 변화는 사회적 균형을 위해 적절한 인력 공급이 필요하게 되었으며, 학교교육은 이를 수용하기 위해 구조적 변화를 경험해야 한다. 중요한 점은 학교교육의 이수 기간이 늘어나도, 거기에 따른 적합한 보상이 주어지므로 사회적 안정을 도모할 수 있다는 것이다.

(4) 인간자본론

종래의 교육적 관점은 철학적 · 도덕적 규범의 교육을 통해 인간을 자본으로 간주하는 데 있어서 많은 어려움이 있었다. 그런데 제2차 세계대전 이후, 사회의 제반 조건의 급속한 변화와 자본주의 사회의 발흥, 그리고 공교육의 팽창이 일어나면서 종래의 관념적 교육론에 대해 새로운 도전이 일어났다. 인간자본론(human capitalism)은 1950년대 말, 슐츠(T. Schultz), 베커(G. Becker), 민서(J. Mincer) 등을 중심으로 나타났다.

인간자본론은 종래의 실물자본(physical capital)을 근거로 한 경제학 이론이 경제 성장과 소득 불평등에 대한 설명력에 한계를 보이자, 이를 보완하기 위해 대두되었다. 인간자본론은 교육을 종래의 소비재적 관점에서 벗어나 실물자본과 같이 투자재로 본다. 인간자본론은 실물자본의 투자와 같이 인간에 대해 교육, 실습, 건강, 정도 등에 투자하면, 생산성과 관계된 지식, 기술 등을 습득하여 보다 높은 경제적 가치를 증대시킨다고 한다.

슐츠는 인간이 자기 자신에게 투자하는 것은 생산자로서 또는 소비자로서의 능력을 높이는 것으로, 인간자본의 투자 중에서 가장 큰 투자가 교육이라고 보았다. 교육은 읽기, 쓰기, 인지 기술 그리고 모든 직업에서 개인의 생산성을 높일 수 있는 능력을 배양한다.

교육에 대한 투자는 인간자본의 질과 경제적 생산력을 증대시킴으로써, 노동임금을 결정하는 중요한 요인이 된다. 교육에 대한 투자로 개인의 인간자본이 축적되면 그만큼 인간의 자본적 가치와 수입 능력을 높이므로, 인간자본의 투자가 많을수록 더 높은 소득을 얻게 된다.

인간자본론은 교육이 개인적 수익률과 사회적 수익률을 높이는 중요한 요인이므로, 교육에 대한 투자를 적극 강조하고 있다. 일반적으로 교육에 대한 투자는 교육의 이수 정도로 나타난다. 교육의 이수 정도는 노동임금의 위계화에 반영되고 교육 수준이 높을수록 많은 소득을 보장해 준다. 특히 고등교육의 이수는 노동의 질적 능력을 반영하기 때문에 이를 갖춘 노동자는 노동시장에서 소득이 높을 수밖에 없다.

따라서 대부분의 사람들은 자신의 인간자본 가치를 높이고, 높은 소득을 보장받기 위해 고등교육의 이수 경험을 필요로 한다. 고등교육은 높은 투자 회수율을 보장하고 사회의 지위를 높여 주는 효과적인 제도적 장치이므로 고등교육에 대한 투자는 활성화되는 것이다.

인간자본론은 노동시장의 수요와 공급의 균형과 완전경쟁을 가정하기 때문에 고등교육 인구의 증가는 노동시장에서 자연스럽게 충족시킬 수 있다고 본다. 인간자본론의 가정은 1950~1960년대에 세계적으로 일어난 고등교육 팽창에 대한 이론적 근거를 제시하고, 교육은 사회 평등화를 도모하는 합법적 기제라는 이념적 정당성을 제공하였다.

2) 갈등주의 교육이론

(1) 이론적 특징

갈등주의 사회학의 대표 학자로는 마르크스(K. Marx), 베버(M. Weber) 등을 들 수 있다. 교육사회학자로는 볼스와 긴티스(S. Bowles & H. Gintis), 부르디외(P. Bourdieu), 콜린스(R. Collins), 지루(H. Giroux), 애플(M. Apple) 등이 있다.

갈등주의(conflictism)는 인류의 사회적 재화는 한정되어 있지만, 인간의 욕망은 무한하기 때문에 이를 차지하기 위한 사회적 경쟁과 갈등이 불가피하다고 본다. 모든 사회집단은 각각의 사회적 이해관계를 가지고 있으며, 이런 이해관계를 점유하기 위해 지속적으로 대립할 수밖에 없다.

사회적 이해관계가 다른 집단들은 지배 위치를 선점하기 위해 끊임없이 대립하며, 이것은 사회변동의 원인이 되어 새로운 사회 형태를 창출하기도 한다. 즉, 갈등주의 사회관은 지배 위치를 선점하기 위한 지배집단(갑)과 피지배집단(을)의 경쟁과 갈등이 끊임없이 나타난다고 한다. 여기서 갈등은 관점마다 다르지만, 개인의 긴장과 경쟁 관계에서 전쟁과 혁명에 이르는 폭넓은 개념 성격을 가지고 있다.

일반적으로 평화로운 사회는 표면상 갈등이 없는 것처럼 보지만, 그 이면을 냉철하게 살펴보면 사회 갈등이 넓게 편재하고 있다. 평화로운 사회의 학교교육을 예로 들면 이해가 쉽다. 학교는 어떤 사회기관보다 비교적 안정성을 유지하고 있다. 그러나 현대 사회에서 대다수 사람들은 학교에서 시험을 경험하고 그로 인해 긴장하게 된다. 이런 긴장의 원인은 사회의 우위를 점유하기 위한 경쟁 속성에서 비롯된다. 단순한 학교생활에서도 보이지 않는 사회 갈등이 잠재하고 있다.

갈등주의는 불평등한 사회의 위계 구조로 인해 끊임없이 사회적으로 긴장과 갈등이 조성된다고 본다. 지배집단은 자신의 유리한 위치를 계속 보존하기 위한 전략적 방법을 동원하고, 피지배집단은 지배집단의 기득권적 위치를 차지하기 위해 대립하게 된다.

표 4-2 갈등주의 사회관과 교육관

사회관	교육관
1. 모든 사회는 불일치와 갈등 속에 있다.	1. 학교는 지배계급의 이익을 도모한다.
2. 모든 사회는 급진적이고 비약적으로 발전한다.	2. 학교는 사회의 불평등 위계 구조를 영속화하고 있다.
3. 사회의 안정은 억압과 통제에 의해 이루어진다.	3. 학교는 불평등한 사회 질서를 재생산하는 이데올로기적 수단이다.
4. 사회는 불평등관계로 구성되어 있으며, 사회적 보상은 불평등하게 분배된다.	4. 학교의 교육내용은 지배계급의 가치를 반영하고 있으며, 그들의 이익에 기여한다.
5. 사회는 지배계급과 피지배계급으로 구성되어 있으며 대립적 관계를 가지고 있다.	5. 학교는 피지배계급 학생에게 지배계급의 문화가 우월하고 거기에 순응할 것을 요구한다.
6. 사회의 공동 가치는 위장된 것으로서 실제로 지배집단의 이익을 반영하고 있다.	6. 학교의 능력주의는 위장된 이데올로기이며, 지배계급의 학생에게 유리하게 편성되어 있다.

특히 자본주의 사회에서 학교란 지배집단이 자신의 불평등한 위계관계를 정당화하고, 계급 간의 긴장과 갈등을 완화하는 이데올로기적 교화 기관으로 보고 있다. 이 점에서 갈등주의 사회관은 교육관과 논리적으로 연결된다고 할 수 있다. 좀 더 구체적으로 살펴보면 〈표 4-2〉와 같다.

(2) 경제적 재생산론

경제적 재생산론(economic reproduction theory)은 자본주의 사회는 불평등한 관계로 구성되어 있어서 계급 갈등이 불가피하여, 학교교육은 계급적 갈등을 완화하고 자본주의 사회의 불평등 체제를 유지하는 도구적 수단이라고 본다. 경제적 재생산론은 학교교육이란 자본주의 사회의 계급적 모순을 은폐하고, 불평등한 위계적 관계를 정당화하여 지배계급의 사회적 이점을 유지하며, 재생산 기능을 수행하는 제도적 장치라고 인식하고 있다. 이러한 경제적 재생산론은 볼스와 긴티스의 **대응이론**(correspondence theory)과 알튀세르(L. Althusser)의 **교육의 상대적 자율성**(educatioal relative autonomy)으로 구분한다.

학교교육은 개인에게 사회의 생산관계에 필요한 인성을 내면화하여 지배계급이 요구하는 불평등한 위계의식을 반영한다. 학교교육은 업적 원리와 관계된 인지적 특성을 가르치는 것이 아니라, 생산관계에서 필요한 비인지적 특성을 강조한다.

학교교육의 비인지적 특성의 강조는 기존 자본주의 사회의 계급구조의 위계화를 공고히 하여, 계급 간의 갈등을 완화하기 위해서다. 즉, 학교에서 높은 학업성취로 인해 좋은 학력(學歷)을 취득한 사람은 그렇지 못한 사람보다 자연스럽게 우수하다고 인식한다. 자본가 계급은 노동자 계급보다 학력 수준이 높기 때문에, 결국 노동자 계급은 자본가 계급에 순응해야 한다는 것이다. 이를 정당화하는 사회공학적 기제가 능력주의 이데올로기다.

학교교육의 능력주의는 지능, 성적, 적성 등의 객관화된 검사에 과학적 믿음을 부여하여 사회적 정당성을 확보하고 있다. 검사 결과는 의심 없이 받아들여야 하는 타당한 과학적 근거가 된다. 그러나 볼스와 긴티스는 객관화된 검사는 과학적 이데올로기에 의해 지지된 사회공학적 허구이며, 객관화된 검사 자체가 완전한 과학적 근거를 갖추지 못하고 있다고 하였다.

교육적 위계 단계에 따른 계급적 분절 의식은 대응이론에서 극명하게 나타나고 있다. **대응이론**은 자본주의적 생산의 위계관계를 학교에서 그대로 반영하고 있다고 한다. 학교는 노동의 위계적 분화에 따라, 초등교육은 하위 노동직에게 필요한 복종, 시간, 규칙 엄수 등을, 중등교육은 중간관리직에게 필요한 일반 사무와 관리 능력 등을, 고등교육은 최고 관리직에게 필요한 리더십, 창의력, 독립심 등을 강조한다.

기업의 생산관계와 교육의 위계관계가 서로 마주 보듯이 일치한다고 하여 **거울이론**(mirror theory)이라고도 한다. 중요한 점은 교육의 위계관계는 노동의 생산관계에 의해 결정된다는 것이다. 교육은 자본주의의 불평등한 구조를 반영하는 지배계급인 자본가 계급의 도구에 불과하기 때문이다.

(3) 문화적 재생산론

학교교육은 상류층의 문화가 보편적 가치 기준이 되어 지배계급 학생에게 유리하게 작용하고 있으며, 궁극적으로 자본주의 사회의 계급적 불평등을 은밀히 재생산하고 있다. 이러한 문화적 재생산론을 대표하는 학자는 부르디외가 있으며 번스타인(Bernstein)도 여기에 포함된다.

문화에 대한 정의는 관점에 따라 다를 수 있으나, 문학과 예술, 종교, 과학 등의 모든 상징체를 나타내는 포괄적인 의미를 가지고 있다. 부르디외는 문화에는 절대적 · 보편적 가치가 존재하지 않으며, 시간과 공간에 따른 가치 기준이 달라진다는 **문화적 상대주의**(cultural relativism) 입장을 취한다.

그는 한 사회의 문화 가치는 계급적 위치에 따른 상대적인 가치를 가지고 있으나, 계급적 성격에 의해 결정된다고 보았다. 그래서 문화 가치는 정체되어 있는 것이 아니라 끊임없이 소비 · 분배 · 생산되는 경제재(기술, 성향, 지식 등)와 같다고 하였다. 문화자본의 운동 원리는 경제자본의 운동 원리와 비슷하며, 문화시장(cultural market)을 형성하여 문화재(cultural goods: 졸업장, 자격증 등)를 교환한다. 자본주의 사회에서 문화적 자본은 다른 어떤 자본보다 중요한 역할을 한다.

여기서 자본은 사회 행위자가 지배의 정당성을 획득하고 유지하기 위한 모든 수단을 의미하며, 이를 통해 궁극적으로 경제적 가치를 발생시킨다. 자본은 지배의 원리를 합법성의 가면 아래 정당화하여 사회 행위자들이 자연스럽게 수용하도록 하는 가치체계를 포함하고 있다. 부르디외는 문화자본의 역할을 설명하기 위해 자본의 개념을 네 가지로 분류하였다.

- 경제자본(economic capital)은 금전, 토지, 임금 등으로 구체적인 화폐 요소로 전환시킬 수 있는 자본을 의미한다.
- 사회자본(social capital)은 특정 집단에 소속되어 사회 관계망을 형성하여 영향력을 미치는 자본이다. 학맥과 정치사회적 연줄 등을 의미한다.
- 문화자본(cultural capital)은 특정 문화에 계급적 가치가 부여되어 자본적 역할을 수행하는 것을 의미한다.
- 상징자본(symbolic capital)은 경제적 자본+사회적 자본+문화적 자본의 결합에서 얻은 신뢰, 위신, 명예, 존경, 명성 등을 의미한다.

부르디외의 문화자본은 매우 광범위한 개념을 가지고 있다. 교육자본, 학력자본, 언어자본(linguistic capital)뿐만 아니라 심지어 일상생활의 옷차림, 패션 감각, 취향, 억양, 매너, 태도 등을 포괄하고 있다. 이러한 문화자본은 계급적 구별 짓기의 차이를 나타내는 상징적 기제로 작용한다.

부르디외에 의하면 노동자는 값싸고 영양분이 있는 음식을, 전문직은 건강에 도움을 주는 가볍고 비만을 방지하는 음식을 소비한다고 한다. TV를 시청할 때도 노동자는 서커스나 스포츠를 즐기며, 전문직은 과학, 문학, 역사와 같은 교양 프로그램을 선호한다. 작은 일상생활에서도 알게 모르게 계급 취향을 드러내고 있다.

문화적 재생산론(cultural reproduction theory)은 자본주의 사회가 불평등한 구조적 모순에도 불구하고 자연스럽게 유지되는 이유를 문화 영역과 계급구조에 초점을 두어 밝히고 있다. 학교교육은 은연중에 자본주의 사회의 지배계급인 상류층의 문화를 강조하고 있으며, 이러한 문화적 기준에 따라 학생의 선발과 배치 기능을 한다.

(4) 지위집단이론

지위집단이론은 **지위경쟁이론**(status-competition theory)이라 부르기도 한다. 대표자는 콜린스와 헌(C. Hurn) 등이 있으며 네오 베버리즘으로 분류된다. 지위집단이론(status-group theory)은 사회의 이해관계가 지위구조와 밀접한 관계가 있으며, 이런 이해관계는 지위집단이 선호하는 문화 양식에서 영향을 받는다고 한다.

여기서 지위란 한 개인 또는 집단이 유지하고 있는 신분, 직업, 학력 등에 따른 일정한 사회적 명예와 위신(prestige)의 수준을 의미한다. 지위집단은 비슷한 가치관, 신념, 규범 등의 문화 양식을 소유한 비슷한 사회적 지위의 사람들이 사회적 특권과 이익을 반영하기 위해 조직한 공동체다. 이러한 지위집단은 사회적 이익을 유지하기 위해, 그들이 선호하는 문화 양식을 토대로 유기적 연대감을 형성하고 있다. 특정 지위집단에 진입하기 위해서는 그들의 문화 양식을 체득해야만 동질적인 공감대를 가질 수 있다.

현대 사회에서 지위집단의 문화가 반영되는 대표적인 제도적 장치는 학교교육이다. 학교교육은 특정 지위집단이 요구하는 문화 경험을 반영하고 있으며 학생들에게 이를 가치 있는 상징체제라고 주입하고 있다. 따라서 지위집단은 학력과 밀접한 관계를 갖게 되며, 학력 수준은 지위집단 문화를 상징하게 된다. 학력과 지위집단의 이러한 결합력은 자연히 학력의 사회 가치를 높아지게 만든다.

학력은 특정 지위구조에 들어갈 수 있는 문화 자격증이다. 학력이 높으면 자격증으로서의 문화 가치가 높아지게 된다. 학력 자격증은 문화 자격증으로서 사회에서 문화 화폐의 기능을 한다. 문화 화폐의 가치는 특정 지위집단의 성원이 되는 자격을 부여한다. 즉, 어떤 학력 자격을 소유하고 있느냐에 따라 문화 시장에서 화폐 가치가 달라지며, 이 화폐 가치에 따라 사회적 지위가 결정된다.

높은 학력은 상위계급인 엘리트 집단에 들어갈 수 있는 문화 자격의 기능을 한다. 학력의 문화 가치가 높은 고등교육은 사회 지위를 가늠하는 중요한 제도적 기준이므로, 각 지위집단은 문화적 수혜자가 되기 위해 치열한 학력 경쟁을 하게 된다.

따라서 학력 자격의 획득을 위해 사람들은 고등교육의 개방을 요구하게 되며, 이런 요구는 고등교육의 확대를 초래한다. 그렇게 되면 점차 고등교육의 수혜자는 증가하지만, 직업구조는 그들을 수용할 변화가 이루어지지 않아 사회이동에 거의 도움을 주지 못하게 된다. 따라서 특정 지위집단에 진입하기 위한 학력 요건은 점차 높아지고, 엘리트 지위집단은 더욱 높은 학력 수준을 요구하게 된다.

결국 학력은 개인의 중요한 성공 요소라기보다는 출신 계급을 나타내는 신분 지표가 된다. 학력은 문화적 지위를 점유할 수 있는 중요한 자격증이므로, 각 지위집단의 학력에 대한 요구는 치열한 학력 경쟁을 부추긴다. 지위집단 이론에서 학력은 실질적 능력과 사회생산적인 효과와 관계없는 형식적 자격증에 불과하지만, 지위집단에 진입하기 위한 실질적 자격증으로서의 역할을 한다. 따라서 특정 지위집단에 진입하기 위한 학력 경쟁은 더욱 치열해져, 학력 인플레이션을 초래할 수 있다.

3) 신교육사회학의 이론

(1) 이론적 특징

만(H. Mann)은 교육을 위대한 평등화 장치라고 했다. 교육정책도 이런 믿음 아래 이루어졌으며, 교육의 기회균등에 대한 노력과 다양한 정책적 배려를 했으나 의도와 달리 큰 성과를 거두지 못하였다. 오히려 학교교육이 계급 간 위계화와 사회 불평등을 심화시키고 있다는 비판이 대두됐다.

실제 영국에서는 어렸을 때부터 계급 간의 교육적 차이를 심화시키는 11+ 시험을 폐지하고, 노동계급 아동의 재능 손실을 막기 위해 종합화 정책(comprehensive policy)을 실시하였다. 종합화 정책은 모든 아동들에게 기회를 균등하게 주어 학교교육을 통해 실제적인 사회적 평등화를 도모하려는 것이다. 이러한 정책 노력은 큰 실효를 거두지 못하였다.

신교육사회학은 학교 외부에서 교육 불평등을 해결하려는 종래의 관점에 비판을 제기하면서 등장하였다. 구교육사회학이라 불리는 기존의 입장은 학교를 검은 상자(black box)로 취급하여 학교 내부에서 일어나는 복잡한 사회적 역학관계를 간과하여서, 교육문제에 대한 접근이 잘못되었다는 것이다.

신교육사회학은 1971년 영(M. Young)이 **『지식과 통제』**를 편집 · 발표하면서 세계적으로 주목을 받았다. 영에 의해 주도된 신교육사회학은 교육내용 지식의 사회적 성격과 교사와 학생의 사회적 역학관계에 관심을 가질 것을 강조하였다. 주로 학교 외부에서 문제를 해결하려는 종래의 관점에서 벗어나, 학교 내부에 숨어 있는 사회적 불평등 체계를 밝혀야 함을 요구한 것이다.

이런 관점은 교육 불평등의 원인을 학교 외부에서 내부로 돌렸다는 점에서 패러다임의 전환이라고 할 수 있다. 고버트(D. Gorbutt)는 이런 관점을 '**신교육사회학**'이라고 명명하고, 교육 불평등을 해소할 수 있는 새로운 교육적 대안이라는 의미에서 '**대안적 패러다임**(alternative paradigm)'이라고 하였다.

신교육사회학은 학교의 내부 과정에서 이루어지는 미시적 수준을 분석하고, 인간의 상호작용 행위에 대해 객관적이고 일정한 틀보다는 상황에 따른 해석적 과정을 요구한다. 신교육사회학의 이런 관점을 '해석적 패러다임(interpretive paradigm)'이라고 한다.

블랙키지와 헌트(Blackage & Hunt, 1985)는 해석적 패러다임의 중요 특징을 다음과 같이 정리했다.

- 일상생활(everyday activity): 일상생활은 사회적으로 구성된다.
- 자유(freedom): 일상생활은 개인의 자유와 자율성에 의해 이루어진다.
- 의미(meaning): 일상생활을 이해하기 위해서는 행위자가 그들의 행위에 부여되는 의미를 파악해야 한다.
- 상호작용(interaction): 일상생활은 여러 사람과의 상호작용으로 이루어진다.
- 교섭(negotiation): 행위자는 서로의 이해와 해석을 공유하며, 이는 지속적인 의미의 교섭 과정을 통해 이루어진다.

(2) 교육과정의 사회적 구성

교육과정은 사회와 분리 · 독립되어 구성된 것이 아니라, 사회적 특성과 계급적 불평등 관계를 반영하고 있다. 교육과정 속에는 외견상 계급적 이데올로기가 작용되지 않은 것처럼 보이지만, 학교의 교육과정 속에 은밀히 반영되어 있다.

학교교육을 직접적으로 구현하는 교육과정은 계급적 이데올로기를 은연중에 심어 주고 있으며, 계급 불평등을 정당화하고 합법화하는 기능을 한다. 교육과정은 지배계급의 가치관, 규범, 태도의 사회적 우월성을 정당화하여 학생들에게 자연스럽게 내면화하도록 한다. 즉, 교육과정은 지배집단의 이해관계를 반영하는 사회 구성물이다.

애플은 학교의 일상생활에서 나타나는 사회 불평등을 분석하면서 교육과정의 보이지 않는 이데올로기적 통제 형태에 주목한다. 교수–학습과정의 일상생활 규칙 속에서 자본주의 이데올로기가 자연스럽게 강조되고 있으며, 이런 과정을 통해 사회 불평등을 은폐한다고 본다. 그는 학교의 일상생활을 통해 기존의 불평등한 모순 구조를 학생들이 자연스럽게 내면화하는 과정을 설명하기 위해 숨은 교육과정(hidden curriculum)을 제시하였다.

학교의 일상생활 속에 침투한 숨은 교육과정은 계급 간의 모순을 은폐하는 헤게모니가 작용하고 있으며, 학생들은 은연중에 기존의 불평등한 체제를 정당한 것으로 받아들이게 된다. 외견상 학교의 일상생활은 학생의 자본주의 이데올로기와 무관하게 보이지만, 교묘한 방법으로 교수–학습과정에 지배적 헤게모니가 침투하여 학생들은 자신들도 모르는 사이에 자본주의 이데올로기에 동화된다.

(3) 교과내용의 사회적 구성

신교육사회학에서 지식은 절대적이며 보편적인 가치를 가진 것이 아니라, 사회적 구성에 따른 상대적 가치를 띤다. 지식은 사회적 · 역사적 조건을 초월한 절대적 진리가 아니라, 사회의 성격에 따라 규정되는 것이다. 따라서 지식의 가치는 사회적으로 구성된 것이며, 특정 집단의 이해관계와 관련을 맺고 있다. 그래서 푸코(M. Foucault)는 지식이란 단순히 언어적 구성물로만 존재하는 것이 아닌, 사회적 관계를 규정하는 성격을 지니고 있다면서, 지식과 권력을 동일선상에서 보았다.

지식이 특정 집단의 권력과 이해관계를 반영하는 대표적인 합법적 장치로서 작용하는 것은 교과내용이다. 교과내용은 객관적이며 초월적인 지식을 선발 · 분류한 것이 아니라, 시간과 공간에 제한된 사회적 권력과 이해관계를 반영한 구성물이다. 소위 **'학교지식**(school knowledge)'이라 불리는 교과내용의 지식은 사회적 이해관계의 반영을 통해, 불평등한 위계관계를 정당화 · 합법화하는 이데올로기적 기능을 수행하고 있다. 따라서 학교지식의 사회적 정체성에 대해 끊임없는 의문을 제기해야 하는데 이를 구체적으로 살펴보면 다음과 같다.

- 학교지식은 누구에 의해 선발되고 분류되는가?
- 학교지식은 어떻게 구조화되고, 누구에 의해 합법화되는가?
- 학교지식은 구체적으로 누구의 이익에 기여하는가?

학교지식이 지배집단의 이해관계를 반영하는 정치사회적 산물이라면, 교과내용은 사회의 계급 불평등을 정당화하거나 은폐하는 기능을 하게 된다. 교과내용은 특정 집단과 관련을 맺고 있으며, 교과내용으로 선발된 지식은 계급적 위계관계를 유지해 주는 이데올로기적 의식체계를 주입하고 있다. 교과내용으로 구성된 지식체계는 사회적 이해관계를 담고 있으며, 계급적 차별을 하고 있다.

교과내용의 지식 구성은 지배계급에 유리하게 편성되며, 계급적 불평등에 대해 이데올로기적 정당성을 제공한다. 교과내용의 지식은 사회적 위계원리를 반영한 이데올로기적 성격을 가지고 있으며, 은연중에 사회의 모순적 구조에 대해 합법적인 정당성을 갖게 한다.

교과내용에 선발된 지식은 사회의 불평등 관계를 담고 있으며, 지식의 구성과 형식 또한 사회관계와 밀접한 관련이 있다. 학교지식은 객관적이고 중립적인 가치를 지닌 것이 아니라 사회의 이해관계를 반영하며, 학생들에게 계급 불평등을 정당화한 것으로 내면화시킨다.

(4) 교수-학습의 사회적 구성

교수-학습과정은 역동적인 사회적 산물이다. 교사와 학생은 자신들의 사회적 기준에 따라 서로를 해석하는 사회관을 가지고 있다. 교수-학습과정에서 교사와 학생은 상호작용을 통해 현실세계를 조정하고 변형하여 새로운 사회관을 만들기도 한다. 교사와 학생의 만남은 서로 존중하는 열린 세계에서 이루어져야 하며, 교수-학습과정은 사회가 규정한 정태적이고 범주적인 틀로써 해석하지 말아야 한다. 그러나 현실적으로 교수-학습과정은 사회적으로 규정된 교사의 세계관에 의존하여, 학생에게 사회적 편견에 따른 불평등한 대우를 받도록 하고 있다.

케디(Kedi)에 의하면 교사의 세계관은 은연중에 학생에 대한 편견을 조장하여 학생들을 계급적으로 차별하게 한다고 한다. 교사는 계급적 편견에 따라 학생의 지식과 능력 수준을 분류하여 이들을 범주화한다. 즉, 교사는 학생을 A, B, C라는 세 범주로 선별하여 학생에 대한 교수 과정과 태도에 차이를 두어 불평등하게 대우한다. 교수-학습상황에서 사회적 편견으로 구성된 교사의 범주화된 규정은 학생에게 직접적으로 적용되어 알게 모르게 교사에 의한 사회적 차별의 근거가 된다.

애니언(Aynon)에 의하면 교수-학습과정에서는 계급구조에 따라 학교지식이 전수된다고 한다. 상위계급 학생에게는 법, 의학, 경영지식과 같은 고도의 추상적 지식이 주로 전수되지만, 상대적으로 하위계급 학생에게는 단편적이고 구체적인 지식이 전수된다. 하위계급 학교의 학생은 자신의 계급적 상황에 대한 역사적 · 사회적 특성을 배우지 못하고, 자본주의를 정당화하는 조작된 이념이나 상징을 배운다. 중간계급 학교의 학생은 노동의 역사를 배우지 않거나 대다수의 중간 직업에 적합한 지식체계를 배운다. 상위계급 학교의 학생은 그들 자신의 역사를 배우고, 자본가 계급의 권력에 대한 합법성과 정당성을 배운다.

따라서 신교육사회학에서 학교는 보편적이고 중립적인 기관이 아니라, 지배집단의 이해관계를 실현하는 이데올로기 도구다. 교육과정은 사회적 위계관계를 반영하고 있으며, 학교지식은 불평등한 이데올로기를 대변해 주고 있다. 교수-학습과정은 지배집단의 학생에게 유리하게 편제되어 있다. 교육과정과 학교지식, 그리고 교수-학습과정은 지배집단의 이데올로기를 정당화하는 사회의 구성물이며, 학교교육은 사회적 역학관계가 작동하는 이데올로기적 기관이다. 교사와 학생의 만남은 암묵적으로 계급 편견에 의해 교육 차별이 이루어지는 사회의 만남이 된다.

3. 교육과 사회의 실제

1) 교육과 사회 평등

(1) 교육 평등관의 유형

평등(equality)은 사회학의 매우 중요한 궁극적인 주제다. 평등은 사회를 지탱하는 이념적 축이자, 갈등의 원천이기도 하다. 사회에서 일어나는 대부분의 갈등은 평등과 밀접한 관련이 있다. 단지 추구하는 평등관의 방향에 따라 사회 갈등의 양상이 달라진다. 평등은 한마디로 정의하기 어려운 매우 복잡한 개념 속성이 있다.

일반적으로 인간은 평등하게 창조되었다고 하지만, 현실은 평등한 사회 대우를 하지 않는다. 우리는 외모부터 시작하여 경제 배경에 따라 많은 사회 차이를 가지고 태어난다. 이런 차이는 사회 속에서 차별로 나타나며, 차별은 불평등의 원인이 되어 사회 갈등을 야기한다. 따라서 사회 속에서 평등은 개념적으로 불가피하게 불평등(inequality)을 포함하고 있으며, 대다수의 학자들은 사회를 불평등 체제로 보고 있다.

현실적으로 모든 것이 똑같은 평등 사회를 구축하는 것은 불가능한 일이다. 계급, 계층, 구별 짓기, 문화 등의 사회학 개념들은 암묵적으로 사회 차이와 불평등을 전제하고 있다. 사회학은 이러한 사회의 불평등에 관한 학문이라 할 수 있다. 동시에 차이가 차별이 되지 않고 조화롭게 공존하는 사회, 즉 사회 불평등을 최소화하는 사회를 만들기 위한 학문이다. 그런 의미에서 교육사회학은 교육에서 오는 사회 불평등을 해소하기 위한 학문이다.

현대 사회에서 사회 평등을 실현해 주는 이념적 장치는 학교교육이다. 학교교육은 사회 불평등을 해소하기 위한 대표 장치로서, 사회적으로 이동할 수 있는 기회를 준다. 건강한 사회는 상승과 하강의 수직적 이동이 활발하게 일어난다. 학교교육은 수직적 이동을 도모하는 기제다. 학교교육의 수직적 이동은 능력주의 원리에 의해 지지를 받는다. 능력주의는 재능과 노력에 따른 업적에 의해 원하는 사회 지위에 도달할 수 있는 이념적 기제다. 학교는 교육적 능력주의를 실현하는 대표적인 기관이다. 학교교육은 사회적 평등과 밀접한 관계를 가지고 있다. 이를 위해 콜맨(Coleman)의 평등관을 새롭게 조명한 김신일(2006)의 **교육적 평등관**은 다음과 같다.

첫째, 교육기회의 허용적 평등이다. 법이나 제도에 의해 특정 집단에게만 허용하던 제도적 차별을 철폐하고 모든 집단에게 균등하게 교육기회를 제공하는 것이다. 특히 신분, 성, 종교, 지역, 인종 등으로 차별해 오던 것을 철폐하여 누구나 원하고 능력이 미치는 데까지 교육을 받을 수 있도록 허용하는 것이다.

둘째, 교육기회의 보장적 평등이다. 제도적으로 교육기회를 허용해도 교육적 불평등이 해소되는 것은 아니다. 불가피하게 개인적 상황으로 인해 교육기회가 손실될 수 있으므로, 교육적 평등을 실현하기 위해서 취학을 가로막는 경제적 · 지리적 · 사회적 제반의 환경적 장애를 제거해 주어야 한다.

셋째, 교육조건의 평등이다. 모든 사람이 학교에 다니는 것만으로 평등하지는 않다. 학교 간의 환경적 차이가 크기 때문이다. 그러므로 모든 학생에게 학교 간의 환경적 조건을 동등하게 해 주어야 한다. 즉, 학교 시설, 교사 자질, 교육과정 등에서 학교 간의 차이가 없어야 평등하다는 것이다. 고교평준화정책을 예로 들 수 있다.

넷째, 교육결과의 평등이다. 교육기회의 보장적 · 허용적 평등, 그리고 교육조건의 평등이 이루어졌다고 해도 교육결과의 평등을 보장할 수는 없다.

교육의 목적은 일정한 학업성취 수준을 높이는 데 있으며, 다른 교육적 평등이 이루어졌다 해도 학업성취가 균등하지 않으면 교육결과의 평등이 이루어진 것은 아니다. 다양한 교육적 지원을 통해 학업성취를 균등하게 해야만 교육결과의 평등을 실현할 수 있다.

(2) 교육 능력주의 옹호론과 사회 평등

사회 평등을 도모하는 대표적 장치가 교육이라면, **교육 평등**은 사회 평등의 매우 중요한 이론적 전제가 된다. 교육 평등은 사회 평등을 실현하는 이념적 출발이다. 교육 평등의 실현은 이념적으로 능력주의와 밀접한 관련을 가진다. 능력주의는 'IQ(재능)+노력'에 따라 사회 보상을 하는 것을 말한다. 능력주의는 사회 평등화를 도모하는 이념적 기제다.

현대 사회에서 능력주의를 실현하는 대표적 장치는 교육이다. 교육 재능과 노력은 사회 재능과 노력을 상징한다. 교육은 원하는 지위에 도달할 수 있게 하며, 개인의 사회 불평등을 해소하게 해 준다. 교육적 능력주의는 개인이 불리한 사회 위치에 있더라도 교육 재능과 노력에 따라 원하는 지위에 오를 수 있는 이념적 기반이다.

보수·자유주의로 대변되는 **교육적 능력주의 옹호론**은 교육에 대한 낙관적 믿음을 전제한다. 여기서 교육은 지위의 사다리이며, 사회 평등화를 도모하는 도구가 된다. 가난한 사람은 교육을 통해 부자가 될 수 있고, 부자라도 교육적 재능과 노력이 부족하면 가난하게 살아야 한다. 능력주의에 입각한 교육의 선별 기능은 엄격하고 공정하게 이루지기 때문이다.

여기서 교육은 사회 평등화를 도모하는 만병통치약이다. 교육은 가난을 막아 주는 장치이며, 사회에서 요구하는 재능과 노력만 있으면 모두에게 신분적 지위를 개방하는 실제적 기준이 된다. 이러한 교육관은 능력주의 이념에 의존하고 있다. 능력주의는 재능과 노력에 대한 사회 경쟁의 공정성과 사회 지위의 개방성을 전제로 하고 있다. 능력주의는 모두에게 공정한 기회를 제공하며, 개인의 재능과 노력에 의해 모든 사회 지위를 개방하고 있다.

사회적 능력주의는 교육적 능력주의에 의해 실현된다. **교육적 능력주의**에 따르면 계급 구분 없이 누구나 공정한 교육기회를 제공받으며, 객관적이고 과학적인 평가를 통해 재능과 노력에 대한 교육 보상이 이루어진다. 교육적 능력주의의 전제는 모든 학생의 학업성취 수준은 공정한 교육 출발과 공정한 교육 경쟁을 통해 이루어진 결과여야 한다는 것이다. 교육적 능력주의에 의한 사회 지위의 배분은 재능과 노력에 의해 선별된 정당한 결과가 된다. 교육적 능력주의에 의해 초래된 사회 불평등은 공정한 기회의 제공으로 인한 경쟁의 결과이므로 이의를 제기할 수 없는 정당성을 가지게 된다.

(3) 교육 능력주의 비판론과 사회 평등

교육은 지위의 사다리이며, 사회 평등을 도모한다는 교육적 능력주의 관점에 대해 비판론은 다른 입장을 가진다. 실제 교육 평등은 허구이며, 교육에 의한 사회 평등의 도모는 기존의 불평등 체계를 합리적으로 유지하려는 이데올로기적 환상에 불과하다. 교육적 능력주의는 근원적으로 공정하게 출발하지 않았으며, 상류계급 아동에게 유리하게 편성되어 있다. 따라서 교육적 능력주의는 단지 사회적 계급화를 정당화하는 이념에 불과하다. 능력주의라는 신조어를 만든 영(Young, 1958: 42)은 교육이 공정한 경쟁 원칙에 따라 운영되지 않으며 재능에 맞춰 실시되지 못한다고 하면서, 다음과 같이 교육의 사회적 모순을 꼬집었다.

> 능력으로 판단한다면 충분히 재상이 되었을 아이들이 15세에 학교를 떠나야 했고, 떠난 후에는 우체부가 될 수밖에 없었다. … 능력은 없지만 좋은 배경을 가진 아이들은 명문학교인 이튼과 발리올을 가까스로 졸업하고는 성인이 되어 외무부의 고관이 된다. 우체부 감이 외교 결정을 좌지우지하다니 이 얼마나 비극적인 희극인가!

영의 개탄과 같이 교육적 능력주의는 공정성을 위장한 객관화된 이념에 불과하다. 교육적 능력주의는 실제 불공정한 사회 게임이다. 상류계급 아동은 입학 전과 입학 후에도 유리한 교육적 환경 조건으로 인해 우수한 학업성취를 나타낸다. 교육적 능력주의는 근원적이며 선천적인 교육 능력을 평가하는 것이 아니라, 사회 환경에 의해 인위적으로 만들어진 능력에 의해 좌우된다. 교육적 능력주의는 처음부터 불공정성이 개입된 오염된 능력주의가 된다. 즉, 교육적 능력주의 옹호론자들은 재능과 노력의 부족을 개인의 책임으로 돌리지만, 반대론자들은 사회구조의 불평등에서 원인을 찾고 있다. 학업성취는 개인보다는 사회구조의 책임이 더 크다는 것이다.

2) 교육과 시험의 이해

(1) 시험의 역사와 기원

시험은 원래 관료를 선발하기 위해 수(隨) 왕조의 문제(文帝)에 의해 고안된 제도적 장치였다. 이전에 관료 선발을 위한 한대(漢代)의 향거리선제(鄕擧里選制)와 위진남북조(魏晉南北朝)시대의 구품관인법(九品官人法)이 있었으나, 이들은 모두 '추천제와 천거제'로 이루어져 왕권에 도전하는 문벌적 폐해가 심했다.

수의 문제는 강력한 중앙집권적 도모와 유능한 인재의 합리적 선발을 위해 시험에 의한 과거제를 고안했으나, 당시에는 처음 시도되어서 큰 기능을 발휘하지 못하였다. 엄밀한 의미에서 시험을 기준으로 한 과거제는 당대(唐代)에 와서 처음 생겼다고 할 수 있다. 시험에 의한 인재 선발은 능력주의를 원칙으로 하며, 보편적인 성격과 정실의 개입을 줄일 수 있는 객관적이며 합리적인 성격이 있다. 아시아에서는 중국과 한국, 그리고 베트남 정도가 시험에 의한 관료 선발을 위한 과거제를 채택하였다.

우리나라는 신라 원성왕 때, 과거제와 비슷한 독서삼품과(讀書三品科)가 있었다. 그러나 독서삼품과는 시험에 의해 차등을 두어 관료를 선발했지만 혈통 중심의 골품제도(骨品制度)로 인해 큰 실효를 거두지 못하였다. 실제 시험에 의한 과거제는 고려의 광종(光宗)이 후주(後周)의 쌍기(雙冀)의 건의로 도입되었다.

광종은 유능한 관료의 합리적인 선발보다는 호족세력의 권력을 약화시키고 불안한 왕권을 강화하기 위한 정치적 목적으로 과거제를 도입하였다. 중국에서도 과거제는 원래 천자(天子)가 귀족에 맞서 싸우기 위한 무기로 창안된 것이었다. 시험은 객관적이며 합리적인 사회 인재 선발의 기능보다는 왕권 강화를 위한 정치 목적에 의해서 탄생되었다.

시험에 의한 과거제는 16세기 말인 당말(唐末)에 이탈리아 선교사인 마테오 리치(M. Rich)가 로마 교황청에 보고한 것을 계기로 유럽에 전파되었다. 중세 유럽인들은 관료 선발에서 출신과 신분, 지위보다는 오로지 개인의 능력과 학식에만 의존하는 시험제도에 대해 비상한 관심을 가졌다. 프랑스는 1791년에 문관시험을 실험적으로 실시하였고, 1853년 이후부터는 영국에서도 문관시험을 점차 시행하였다. 18세기 이후에는 유럽 대학들이 학업 수준을 측정하는 필기시험을 채택하였다. 실질적으로 유럽 전체에 영향을 미친 것은 영국의 시험 제도에 의해서였다.

시험은 동양에서 시작했지만, 서양에 의해 더욱 정교화되었다. 특히 20세기 초부터 미국에서 교육 측정과 평가의 발달로 '시험의 과학화'가 이루어지면서, 서양의 시험이 오히려 동양으로 역수출되는 역사의 아이러니가 일어났다.

(2) 시험의 사회적 순기능

시험은 교육평가에서 매우 중요한 요소다. 시험은 교육목적을 실현하기 위한 평가 도구이며 대다수의 시험은 학교교육을 실현하는 도구로 활용되고 있다. 시험의 교육적 기능은 아무리 강조해도 지나치지 않다. 시험은 교육목적과 교육내용, 그리고 교수-학습체제와 밀접한 관련이 있으며, 이러한 체제의 교육적 구현을 확인하고 촉진하는 피드백(feedback) 과정이 이루어지게 한다. 학교 시험은 개인의 교육 재능과 노력을 확인하는 평가 장치이자 모든 학생에게 공정한 기회를 부여하며, 정당한 교육 경쟁을 통해 이루어지는 합리적 체제다.

학교 시험에 의한 경쟁은 학생에게 뚜렷한 교육목적을 심어 주어, 학업성취라는 긍정적 자아개념을 형성하게 한다. 또한 합리적 선별 과정으로 인해 사회적 공정성과 개인의 재능과 노력에 따라 원하는 학업 성적을 높일 수 있다는 인식을 고양시킨다. 시험의 교육적 기능은 교육의 내적 목적을 구현하고, 은연중에 사회 질서의 정당성에 대한 인식을 심어 주고 있다. 따라서 학교 시험은 능력주의를 실현하는 교육적 기반이며, 이를 통해 교육적 능력주의의 공정성에 대한 합리적 인식을 촉진한다. 아울러 사회적 능력주의에 대한 객관적 정당성을 확인하게 한다.

교육적으로 이런 시험의 기능을 대신할 만한 제도는 거의 찾아보기 어렵다. 객관적인 시험 장치가 없다면 학생에게 학업 성취동기를 촉진하는 데 어려움이 있을 수 있으며, 상당한 정도의 교육적 기능이 약화될 수 있다. 학교 시험은 교육 평등화를 구현하는 실질적 기반이며, 교육을 통한 공정한 사회적 지위 이동을 보장하는 기능을 한다. 학교 시험은 계급 분류의 공정한 사회적 장치가 된다. 시험은 교육뿐만 아니라 사회 기능을 안정적으로 수행하고 있다. 시험의 중요한 사회 기능은 인력의 공정하고 합리적인 선발과 배분에 있다.

특히 현대 사회는 복잡한 직업적 분화를 겪고 있다. 각 직업은 사회의 필요에 의해 나타난 것으로 적절한 인력을 수급해야 한다. 그래야만 사회가 원활하게 기능할 수 있다. 사회의 균형적인 발전을 위해 교육은 각 분야에 적당한 인력을 양성하고 배분해야 한다. 그러나 대다수의 사람들은 사회 보상이 높은 지위를 요구하지만, 사회는 이 모든 사람의 욕구를 충족시킬 수는 없다.

따라서 사람들에게 공정한 기회를 부여해서 능력에 의한 선발을 통해 지위 배분이 이루어져야 한다. 시험은 누구에게나 공정한 기회를 부여하고 객관적인 선발 경쟁을 보장함으로써 개인의 재능과 노력에 대한 사회적 보상을 한다. 시험은 사회의 신뢰받는 선발 장치로서, 사회 분화에 적절하게 대응할 수 있는 능력 있는 사람을 분류 · 배치하며, 시험에 의한 지위 배분은 사회적 갈등을 완화하는 기능을 한다.

시험은 공정한 기회를 통한 긍정적 · 사회적 경쟁의 인식을 높인다. 시험은 사회 질서에 모든 사람을 통합하게 하는 객관적 선별 장치의 기능을 한다. 공정한 경쟁을 보장하는 시험은 개인에게 원하는 지위에 도달할 수 있다는 신뢰할 만한 희망을 주고, 미래 사회의 발전에 대한 낙관적 동기를 갖게 한다. 시험은 개인과 사회에 분명한 목표의식을 주기 때문이다. 따라서 시험은 지위 배분과 선발에서 오는 사회적 갈등을 합리적으로 조절하는 질서 유지의 안전장치로서 기능한다.

(3) 시험의 사회적 역기능

역사적으로 시험은 교육 경쟁을 촉진하고, 개인의 끊임없는 노력을 요구하고 있다. 시험은 사회적으로 인재를 효과적으로 배분하지만, 한편으로는 지나친 경쟁으로 인해 모든 사람을 불편하게 한다. 그래서 '시험은 사회의 필요악이며, 사회의 계륵 같은 존재'다. 시험의 사회 부정적 기능 역시 만만치 않다는 것이다. 시험의 이러한 역기능은 시험이 생길 때부터 실과 바늘처럼 필연적으로 연결되어 있다.

시험은 교육의 전 과정에 의미 있는 시사를 주지만, 선발과 분류의 최종 지표이다. 시험은 과정보다 결과에 의존하는 성향을 보인다. 시험의 이런 성격은 과정보다 성적 중심의 결과주의 경쟁을 부채질하는 계기가 되었다. '시험은 인간을 위한 도구'가 아니라, '시험을 위한 시험'이 되어 인간을 억압하는 기제가 되었다.

현대 사회의 시험은 효율적 선별 과정을 위해 선택형과 객관식 문항이 중심을 이루고 있다. 선택형과 객관식 문항은 단편적인 암기식 교육의 성행을, 결과주의적 시험 경쟁은 비인간화를 촉진하고 있다. 오늘날 시험은 교육목적을 저해하고, 교육과정은 시험에 맞춰지고 있는 실정이다. 교육과 시험이라는 목적과 수단이 바뀌고 있다. 학교는 학생을 행복하고 편안하게 해 주는 공간이 아니라, 그들에게 시험으로 인한 심리적 긴장과 압박을 가중하는 공간이 되었다. 이 모두가 시험에 의한 사회 보상의 배분이 이루어져서 생긴 결과다.

시험 결과는 곧 사회 보상의 정도를 나타낸다. 시험 결과가 사회 지위의 성취 정도를 나타내기 때문에 여기에서의 경쟁은 더욱 치열해지고 인간을 불편하게 만든다. 즉, 사회 생존의 문제와 직결되는 시험 결과로 인해, 사람들은 보다 높은 사회 지위를 보장받기 위해 끊임없는 시험 경쟁의 굴레에 속박당하게 된다. 이런 시험의 역기능은 시험의 탄생부터 끊임없이 제기되었다.

토론 과제

1. 교육과 사회는 어떤 관계가 있는지 토론해 보자.
2. 한국 사회에서 교육이 어떤 사회적 이동을 촉진했는지 토론해 보자.
3. 한국 사회에서 교육열 현상을 어떻게 이해할 수 있는지 토론해 보자.
4. 한국 사회에서 시험의 사회적 순기능과 역기능은 무엇인지 토론해 보자.

용어 설명

11+ 시험 오래 전 영국은 11살에 시험을 통해 문법학교(grammer school)와 현대학교(modern school) 그리고 기술학교(technical school)로 구분되어 입학한다. 당시 영국은 복선형 학제(dual ladder system)여서 11살에 입학한 이 세 학교는 각각 교육받는 트랙이 달랐다. 11살에 입학하면 각 학교의 정해진 학제 트랙에 따라 교육을 받아야 하며, 다른 트랙을 넘나들 수가 없었다. 이와 반대로 우리나라는 단선형 학제(symple ladder system)여서 인문계와 실업계 구분 없이 자유롭게 원하는 대학에 진학할 수 있다.

참고문헌

강창동(2018). **교육사회학의 이해**. 서울: 학지사.

강창동(2019). **한국의 교육문화사**. 서울: 박영story.

김신일(2006). **교육사회학**. 경기: 교육과학사.

손준종(2004). 교육논리로서 '능력주의' 제고. **한국교육학연구, 10**(2), 135-153.

이경숙(2005). 1920~30년대 "시험지옥"의 사회적 담론과 실체. **한국교육, 32**(3), 35-59.

이종각(1984). **문화와 교육**. 서울: 배영사.

정우현 편(1990). **교육사회학연구**. 서울: 교육과학사.

Anyon, J. (1981). Social class and school knowledge. *Curriculum Inquiry, 11*(1), 3-41.

Apple, M. (1985). **교육과 이데올로기**(*Ideology and currilculum*). (박부권, 이혜영 공역). 서울: 한길사. (원전은 1979년에 출판).

Bernbaum, G. (1977). *Knowledge and ideology in the sociology of education*. London: The MaCmillan Press Ltd.

Blackage, D., & Hunt, B. (1985). *Sociological interpretations of education*. London: Croom Helm.

Collins, R. (1989). **학력주의 사회**(*The credential society: A historical sociology of education and stratification*). (정우현 역). 서울: 배영사. (원전은 1979년에 출판).

Giddens, A. (1993). 현대사회학(*Sociology*). (김미숙 역). 서울: 을유문화사. (원전은 1989년에 출판).

Hofstede, G. (1995). **세계의 문화와 조직**(*Culture and oragnization: Softward of the mind*). (차재호, 나은영 공역). 서울: 학지사. (원전은 1991년에 출판).

Karabel, J., & Halsey, A. H. (1977). *Power and ideology in education*. New York: Oxford University Press.

Prichard, K. W., & Buxton, T. H. (1984). 교육사회학(*Concepts and theories in sociology of education*). (정우현 역). 서울: 고려대학교 출판부. (원전은 1973년에 출판).

Schultz, W. T. (1989). **교육의 경제적 가치**(*The economic value of education*). (천홍범 역). 서울: 정민사. (원전은 1963년에 출판).

Young, M. (1971). *Knowledge and control*. London: Macmillan.

Young, M. (1986). **교육과 평등론: 교육과 능력주의 사회의 발흥**(*The rise of the meritocracy*). (한준상, 백은순 공역). 서울: 전예원. (원전은 1958년에 출판).

제 5 장

교육행정의 이해

학습목표

1. 교육행정의 의미를 파악하여 개념을 이해한다.
2. 교육행정이론의 발달과정을 이해하고 설명할 수 있다.
3. 조직의 개념적 이해를 통해 학교조직의 특성을 설명할 수 있다.

이 장에서는 우선 이론적 기초로 교육행정의 개념과 원리, 이론의 변천과정을 탐색하고, 교육조직의 목표 달성을 위한 법적 · 제도적 및 인적 · 물적 차원에서의 지원 내용과 실제적 차원에서 교육경영 전반을 살펴보는 것으로 구성하였다.

첫째, '교육에 관한 행정'과 '교육을 위한 행정' 간의 개념적 이해를 통해 미래지향적 관점에서 교육행정을 올바르게 이해할 수 있는 계기를 마련하고자 한다.

둘째, 교육행정이론은 시대별로 어떻게 변해 왔을까? 교육행정이론의 발달과정은 크게 고전이론, 인간관계론, 행동과학론, 체제이론으로 전개되었다. 이처럼 교육행정이론은 교육조직 내에서 인간 행위의 규칙성을 체계적으로 기술하고 설명해 주는 근거를 제공하고자 한다.

셋째, 조직의 개념과 원리 및 유형을 이해하고, 이를 토대로 학교조직은 어떤 성격을 띠고, 어떤 유형에 속하는지 알아본다. 실제적 측면에서 학교는 조직 목표 달성을 위하여 일반 조직과는 달리 어떠한 고유한 제도를 운영하고 있는가? 학교 운영의 자율성을 높이고 지역의 실정과 학교의 특성에 맞는 다양한 교육을 창의적으로 실시하기 위하여 단위학교에서는 어떠한 노력을 하고 있는지 탐색하고자 한다.

1. 교육행정의 이론적 기초

1) 교육행정의 개념

교육행정의 개념은 교육과 행정의 관계 설정에 따라 다양하게 해석될 수 있다. 일반적으로 교육행정의 개념은 법규 해석적 관점(공권설)과 조건 정비적 관점(기능설)으로 대별할 수 있다. 전자는 '교육에 관한 행정'이며, 후자는 '교육을 위한 행정'으로 둘 간의 개념상의 차이는 무엇일까? 이러한 개념적 이해를 통해 기존의 개념 규정을 미래지향적 관점에서 재정립하여 교육행정을 올바르게 이해할 수 있는 계기를 마련하고자 한다.

(1) 법규 해석적 관점

법규 해석적 관점은 달리 공권설적인 관점으로, 교육행정은 교육정책을 실현하는 수단으로서 법규에 따라 교육업무를 지도 · 감독하는 것이다. 즉, 국가통치권 중 입법 · 사법을 제외한 국가 행정작용 중 '교육에 관한 행정'이라 보는 입장이다.

이러한 견해는 교육행정을 '교육을 대상으로 하는 법적 · 행정적 작용'으로 보기 때문에 교육행정의 특수성과 전문성을 무시하고, 교육운영을 중앙집권적이며 관료적인 통제하에 두어 교육활동의 자주성과 자율성을 침해할 수 있다(윤정일, 송기창, 조동섭, 김병주, 2016: 15-16).

(2) 조건 정비적 관점

조건 정비적 관점은 기능설적인 관점으로, 교육행정은 교육목표를 효율적으로 달성하기 위해 필요한 인적 및 물적인 제반 조건을 정비 · 확립하는 수단적 · 봉사적 활동이라고 보는 견해이다. 즉, 교육행정을 '교육을 위한 행정'으로서 교육목표를 효율적으로 달성하기 위한 일련의 봉사활동이며 행정의 수단성을 강조하는 민주적 교육행정으로 정의할 수 있다(윤정일 외, 2016: 17).

특히 교육조직에서의 교육행정은 교수와 학습의 증진을 핵심 목적으로 하지만 교육행정은 수업의 목표를 달성하기 위한 수단이지 목적은 아니라는 것이다(Campbell, Corbally, & Nystrand, 1983: 83). 즉, 학교조직에서의 집단적 협동 행위를 위하여 효과적으로 지원하는 것을 본질로 하는 작용이라 하였다(김종철, 1982: 17).

이상과 같이 전자는 교육행정에 관한 법규 해석적 또는 공권설적인 입장이라고 하여 행정의 분류적 또는 종합성을 강조하고 있으며, 후자는 조건 정비적 또는 기능설적인 입장이라고 하여 교육행정의 내용적 또는 독자성을 강조하고 있다. 이처럼 교육행정은 일반 행정과의 상보적 관계를 중시하면서 교육의 특수성과 독자성을 확보할 수밖에 없는 입장이기도 하다. 따라서 교육행정은 교육목표를 효과적으로 달성하기 위해 법적 · 제도적 장치를 정비하고, 인적 · 물적 자원을 적재적소에 지원하는 일련의 수단적 봉사활동으로 요약할 수 있다.

민주적 교육행정은 변화의 흐름에 능동적으로 대응하며, 나아가 조직과 구성원 간의 상호작용의 파트너십 체제가 공유되는 '조직적 협동 행위' 또는 '공동목표를 달성함에 필요한 협동적 단체 활동'으로 볼 수 있다. 그러므로 대부분의 교육행정 연구는 공권설과 기능설을 통합론적인 관점에서 제시하는 통합적 관점도 고려할 수 있다.

교육행정(educational administration)과 유사 개념으로 사용하고 있는 교육경영(educational management)을 살펴보면 다음과 같다. **교육경영**은 고도로 불확실하고, 구조화되어 있지 않으며 기획도 되어 있지 않아 하나의 결론을 매듭지어 나가는 경영관리의 과정이라고 할 수 있다. 이에 비해 교육행정은 고도의 확실성과 구조화되고 계획된 결정을 달성하기 위한 하나의 경영관리 과정이다. 따라서 행정은 비교적 객관적이고 강제성을 띠고 있는 반면에 경영은 비교적 주관적이고 융통성을 내포하고 있다고 볼 수 있다.

2) 교육행정의 기본 원리

교육행정의 원리는 교육행정의 이념적 지향과 실제적 운영 지침의 준거가 될 수 있기에 법규상의 원리와 운영상의 원리로 대별할 수 있다(김종철, 1982: 60; 박세훈 외, 2012: 13).

(1) 법규상의 원리

법규상의 원리는 「헌법」과 「교육기본법」을 바탕으로 합법성, 형평성, 자주성, 전문성, 적도집권의 원리로 구분하여 제시할 수 있다.

첫째, **합법성(legality)의 원리**란 가장 오래된 개념으로서 행정과정이 법률 적합성을 지녀야 하고 합법적이어야 한다는 것으로 법치행정의 원리라고도 한다. 이는 교육행정의 모든 활동이 합법적으로 제정된 법령, 규칙, 조례에 따라야 하는 법률 적합성을 가져야 함을 의미한다. 하지만 합법성이 지나치게 강조되면 행정의 합목적성, 전문성, 기술성 등이 경시되고, 법규 만능으로 인하여 형식적이며 경직된 행정을 초래할 수 있다(유평수 외, 2014: 27).

둘째, **형평성의 원리**는 모든 사람에게 교육기회를 균등하게 제공한다는 의미로서 민주주의의 원리 또는 기회균등의 원리라고도 볼 수 있다. 「헌법」 제31조 ①의 "모든 국민은 능력에 따라 균등하게 교육받을 권리를 가진다."와 「교육기본법」 제4조의 "모든 국민은 성별, 종교, 신념, 사회적 신분, 경제적 지위 또는 신체적 조건 등의 이유로 교육에 있어서 차별을 받지 아니한다."의 규정에 따른 교육의 기회균등은 교육정책을 집행하는 주된 지침이 되고 있다.

셋째, **자주성의 원리**는 「헌법」 제31조 및 「교육기본법」 제5조에 의거하여 교육이 본래의 목적을 추구하기 위하여 일반 행정에서 분리·독립되어야 하며, 특정 정치와 종교로부터 중립성을 유지해야 한다는 것이다. 교육행정의 자주성은 교육행정의 조직, 인사, 재정 등의 측면에서도 이루어지고 있다. 이러한 교육 자주성의 원리에는 학문의 자유, 대학의 자유, 사학의 자주성, 학교의 자주적 경영 등의 원칙도 포함된다(국가법령정보센터, 2019; 진동섭 외, 2016: 103).

넷째, **전문성**(speciality)**의 원리**는 교육행정이 교육을 위한 행정이라는 입장에서 교육행정가는 교육활동의 본질을 잘 이해하고 교육에 관한 고도의 식견과 전문성을 갖춘 전문가가여야 함을 의미한다. 교육행정에 요구되는 전문성은 업무의 독자성 내지는 특수성, 고도의 지성을 바탕으로 하는 지적·기술적 수월성이다. 교육활동은 전문적 활동이기 때문에 교육행정가는 교육에 대한 전문적 지식과 기술을 구비하고 있어야 한다.

다섯째, **적도집권**(適度集權, optimum centralization)**의 원리**는 행정의 중앙집권을 지양하고 지방에 위임 또는 분산시켜 중앙집권과 지방분권의 적절한 조화를 이루어야 함을 의미하는 것으로, 지방분권의 원리라고도 한다. 따라서 중앙교육행정기관인 교육부는 교육의 기본정책 수립과 기타 전문적·기술적 지도조언과 재정보조를 지원하고, 시·도교육청은 민의에 따라 지방의 특색에 맞는 교육행정을 책임지고 발전시켜 나가야 한다.

(2) 운영상의 원리

운영상의 원리는 교육행정을 실제 운영하는 데 적용되는 원리로 민주성, 효율성, 타당성, 합법성, 적응성, 안정성으로 구분하여 제시할 수 있다.

첫째, **민주성**(democracy)**의 원리**는 교육정책을 수립하거나 집행하는 데 국민의 의사를 행정에 반영하여 국민을 위한 행정을 해야 함을 의미한다. 이러한 민주성의 원리에 따라 교육행정조직, 교원제도, 교육시설, 교육내용의 민주화가 함께 이루어져야 한다. 교육은 모든 국민을 대상으로 하고 있기에 교육행정을 수행하는 과정에서 소수에 의한 독단과 편견을 배제하고 가능한 한 다수의 참여가 보장되어야 한다.

둘째, 효율성(efficiency)이란 가장 능률적인 방법으로 최대의 목표를 달성하는 것을 말한다. **효율성의 원리**는 최소의 노력과 경비로 최대의 효과를 내도록 하는 경제성의 원리라고도 할 수 있으나, 교육행정에서 강조하는 효율성은 단순히 투입과 산출의 비율(능률성)뿐만 아니라, 교육활동에서 의도한 목표대로 교육의 성과가 나타나야 함(효과성)을 고려하여 장기적인 관점에서 교육의 질을 높이는 것이어야 한다.

셋째, **타당성**(validity)**의 원리**는 교육행정활동이 교육목표 달성에 이바지하는 타당한 활동이어야 한다는 것으로, '합목적성의 원리'라고도 한다. 즉, 교육행정은 그 자체가 목적이 아니라 교육목표 달성을 위한 수단적 봉사활동이 되어야 한다는 것이다. 교육행정은 항상 올바른 목표를 세우고 그 목표 달성에 필요하고 충분한 조건을 정비·확립해야 한다는 것이 합목적성의 원리(김종철, 1982: 60)와 밀접한 연관이 있다.

넷째, **합법성**(legality)**의 원리**란 행정과정이 법률적합성을 지녀야 하고 교육행정의 모든 활동은 합법적으로 제정된 법령, 규칙, 조례 등에 따라야 한다는 것이다. 그러나 합법성을 지나치게 강조하면 행정의 합목적성, 전문성, 기술성 등이 경시되고, 법규 만능으로 인하여 형식적이며 경직화된 행정이 초래되기 쉽고, 사회적으로 능률을 저하시킬 가능성도 높다(김윤태, 1986: 37).

다섯째, **적응성**(adaptability)**의 원리**는 사회변화에 발맞추어 교육정책과 교육활동이 빠르고 조화롭게 대처해 나가는 것을 말한다. 학교는 사회조직의 하나로 순응하고 협력하는 한편, 지역사회를 선도하는 역할을 수행할 수 있도록 제 기능을 다하여야 한다. 교육행정에는 사회의 변화를 예견하고 이에 능동적으로 대처해 나갈 수 있는 능력이 필요하다.

여섯째, **안정성**(stability)**의 원리**는 국민적 합의를 거쳐 수립·시행되는 교육정책이나 프로그램은 장기적인 안목에서 계속성과 일관성을 유지해야 한다는 것이다. 교육활동의 급격한 변화로 인한 혼란과 부작용을 최대한 줄여서 안정성이 확보되어야 함을 의미한다. 안정성의 원리는 적응성의 원리와 상충될 수 있는 것이기에 교육행정은 안정된 교육활동을 토대로 바람직한 변화를 추구하는 적절성이 필요할 것이다.

2. 교육행정이론의 발달과정

교육행정의 역사에 대한 이해와 학문적 성격을 규명하기 위하여 교육행정학의 학문적 원류를 고찰해 볼 필요가 있다. 교육행정이론은 대체로 세 가지 일반적 단계, 즉 고전이론(1910~1935), 인간관계론(1935~1950), 그리고 행동과학론(1950~)으로 나누어 볼 수 있다(Hoy & Miskel, 2013: 80-85).

고전이론은 과학적 관리(scientific management)와 관료제(bureaucracy)로 대표된다. 이 이론들의 주요 관심사는 능률(efficiency)이며, 인간은 부차적 존재로서 현행 학교의 과학적 작업분석을 토대로 하는 경영론적 접근과 일맥상통하다고 볼 수 있다.

1) 고전이론

(1) 과학적 관리론

20세기 초, 테일러(Taylor)는 미국의 경제공황을 극복하기 위해 효율성과 생산성을 높이는 데에 초점을 맞추어 관리의 표준화, 과학화, 합리화를 추진하였다. 그는 인간을 효율적인 기계와 같이 프로그램화하면 최고의 생산성을 높일 수 있으며, 노동자는 경제적 요인, 즉 임금에 의해 직무동기가 조절된다고 가정하였다(주삼환 외, 2015: 38). 이 이론에 의하면 관리에 있어서 전통적이고 관습적인 방법, 인간의 감정이나 직관에 의한 방법을 배제하고 진정한 과학적 원리를 적용해야 한다는 것이다(유평수 외, 2014: 41; Taylor, 1911: 63).

바빗(Bobbitt)이 제시한 과학적 관리론에 입각한 교육행정의 원리를 재구성하여 학교 현장에 적용하면 다음과 같다(신현석 외, 2016: 25).

첫째, 학교장은 소신 있는 교육철학을 바탕으로 학교의 발전을 위한 명확한 비전과 분명한 교육목표를 제시해야 한다.

둘째, 학교장을 중심으로 학교구성원들은 상호 신뢰와 협력을 바탕으로 학교의 교육목표 달성을 위해 공동으로 노력해야 한다.

셋째, 학교관리자들은 교육지도자로서 교사들이 다양한 교수방법을 개발하고 최선의 지도방안을 찾아 이를 수업 현장에 적용할 수 있도록 교육리더십을 발휘해야 한다.

넷째, 교사들은 연찬활동이 의무임을 깨달아 교직전문성 신장을 위한 각종 자기계발과 현직연수를 충실히 이수하여 수업개선을 위한 노력을 기울여야 한다.

다섯째, 최상의 수업을 위해 명확한 교육과정의 내용과 교수방법과 관련된 지침, 그리고 다양한 인적 · 물적 자원이 제공되어야 하며, 교사들은 이를 충실히 활용해야 한다.

여섯째, 교사들의 직무동기 부여를 위해 모두가 인정할 수 있는 다양하고 공정한 보상체계를 마련해야 한다.

하지만 교육적용에 따른 비판으로, 과학적 관리론이 공교육과 대량교육을 통해 교육기회를 신장시키고 학교조직의 관리를 보다 과학화하여 능률성을 높이는 데 기여하였지만, 교육목표와 교육내용 등이 규격화되고 획일화되어 개성과 다양성을 잃게 되었다. 결국 과학적 관리론에 입각한 20세기 산업사회의 교육은 '**공장제 모델**(factory model)'이라고 비판받게 된다(주삼환 외, 2015: 41-42).

(2) 관료제론

관료제를 특정한 조직의 형태 혹은 구조에 관한 이론으로 체계화한 사람은 막스 베버(Max Weber, 1947)이다. 그는 권위를 "어떤 특정 명령이 일정한 집단의 사람들에 의해 준수될 가능성"이라고 정의하고, 조직체는 반드시 통제와 권위를 가진다고 보았다. 그는 관료제의 유형을 권위가 정당화되는 방법에 따라 전통적 권위(traditional authority), 카리스마적 권위(charismatic authority), 합리 · 합법적 권위(rational-legal authority)로 구분하였으나 유형별로 각각 존재하는 것이 아니라 혼합된 형태로 나타나며(윤정일 외, 2016: 42), 합리 · 합법적 권위를 관료제 조직에서 필요한 가장 이상적인 권위로 보았다.

호이와 미스켈(Hoy & Miskel, 2013)은 관료제의 특징을 교육조직을 근간으로 다음과 같이 제시하고 있다(윤정일 외, 2016: 44).

첫째, 분업과 전문화(division of labor and specialization)이다. 조직의 목표달성을 위해 조직구성원들의 능력이나 적성을 고려하여 업무를 적절히 배분하고 맡은 분야의 일을 지속적으로 수행하다 보면 전문성이 생기게 된다. 또는 구성원 각자가 지닌 전문적인 능력에 따라 업무를 배분하고 수행함으로써 직무 전문화를 기할 수 있다. 분업과 전문화는 신속하고 숙달된 업무를 기대할 수 있으나 단조함으로 인한 권태감이 생길 수 있다.

둘째, 몰인정 지향성(impersonal orientation)이다. 혈연, 지연, 학연 등에 얽매이지 않고 개인적인 감정이나 편견에 치우치지 않으며 원칙에 따라 합리적이고 합법적이며 이성적으로 업무를 처리함을 말한다. 온정주의를 배제하자는 이러한 성향은 평등을 강조하는 민주주의 이념에 합당하게 합리적인 것이라 할 수 있다. 그러나 합리성을 너무 강조하면 조직원의 사기가 저하될 수 있다.

셋째, 권위의 계층(hierarchy of authority)이다. 조직의 직위나 직급의 서열에 따라 공식적 명령계통을 중심으로 조직운영이 이루어짐을 뜻한다. 조직의 규모가 크고 업무가 복잡해질수록 이러한 위계의 단계도 많고 다양하게 분화된다. 현대 사회의 모든 조직은 이러한 위계에 따라 명령과 복종, 지시와 이행의 방법에 의하여 직무를 수행한다. 위계가 강화되면 조직 통솔이 용이하고 조직의 기강이 확립될 수 있으나 조직이 경직되고 조직원들이 위축될 수 있다.

넷째, 규칙과 규정(rules and regulations)이다. 규칙과 규정은 과업수행의 계속성과 일관성을 유지하고 구성원들의 행동에 통일성과 안정성이 확보되고, 특히 조직원의 행동 기준을 제시하고 조직 운영의 계속성을 유지시켜 주기에 반드시 필요하다. 그러나 너무 규정에만 얽매이게 되면 조직 운영이 경직되거나 수단과 목적이 뒤바뀌는 현상이 일어날 수 있다.

다섯째, 경력지향성(career orientation)이다. 경력지향성은 구성원의 연공서열을 따져 직무경력을 중요하게 여기는 것이다. 이는 조직원이 한 조직에 오래 남아 있을 수 있도록 하는 유인책(incentive)이 될 수 있으나 조직의 효과성 면에서 실적 중심이 소홀해질 수 있다는 문제점이 있다(주삼환 외, 2015: 77).

2) 인간관계론

인간을 중시하는 인간관계론(human relations)은 제1차적 통제 대상이 조직의 비인간적 요소이며, 통제 방식과 성격은 인간관의 성격에 의해 결정되며, 통제의 궁극적인 목적은 사회적 능률성의 제고로 전환되었다. 과학적 관리론이나 관료제론이 합리적이고 효율적인 과업수행에 초점을 둔 구조 중심주의적인 접근이라면 인간관계론은 인간 중심의 관계적 접근이라고 할 수 있다.

인간관계론은 교육행정에 민주적인 원리를 제시해 주는 등 교육행정의 민주화와 발전에 크게 공헌하였다. 특히 1930년대 이후에는 듀이(Dewey)를 중심으로 하는 진보주의 교육운동과 결합되면서 개성존중, 사기앙양, 학생과 교원의 상호 신뢰감 등을 강조하고 민주적인 교육행정, 인간주의적 장학을 위한 방법적 원리로 크게 부각되었다. 민주적 교육행정에서 교육행정은 봉사활동이고, 교육행정가는 교직원의 사기와 인화를 촉진하는 사람이며, 의사결정은 광범위한 참여를 통해 이루어져야 하고, 행정적 권위는 집단에 의해 주어져야 한다. 따라서 민주적 교육행정에서는 인간관계론적 관점이 크게 각광받을 수밖에 없었다(윤정일 외, 2016: 52).

결국 인간관계론은 학교 조직에서의 행정이란 곧 인간관계와 동의어로 쓰일 수 있으며, 평등주의적이고 탈권위적이며, 의사결정의 책임을 공유하며, 학교경영에서 교사들의 참여와 협력을 이끌어 내는 것이라는 교훈을 주었다(주삼환 외, 2015: 46). 그럼에도 불구하고 인간관계론은 비공식집단이나 조직 구성원들의 사회적 · 심리적 측면만을 강조한 나머지, 조직 운영의 보다 근본적인 문제를 다루는 데는 실패하였다는 지적도 제기되고 있다(박세훈 외, 2012: 42; Bennett, 1991: 28-29).

3) 행동과학론

과학적 관리론과 인간관계론은 모두 관리자의 입장에서 조직의 목적을 달성하기 위해 노동자를 효율화해야 한다는 입장을 견지하여 인간을 그 자체의 목적보다는 수단으로 취급하였다. 이에 1950년대에 이르러 사회과학자들에 의해 행동과학적 접근이 이루어졌고, 사회학, 심리학, 정치학, 행정학, 경영학 등의 이론을 바탕으로 개인과 조직의 문제를 복합적으로 연구하였다(윤정일 외, 2016: 53).

현대에 만연된 행동과학적 접근은 공식적 조직과 비공식적 조직에 대한 인식에 균형을 갖게 하였다. 행동과학적 관점은 부분적으로 앞의 두 가지 시각의 종합인 바, 그 분석은 현대 행동과학과 사회과학의 방법을 이용하고 있다. 즉, 행동과학은 인간 행동에 관한 전문적 지식의 발달, 인간 행동 연구를 위한 연구방법의 발달, 조직행위에 있어서 인간들이 추구하는 바로서의 예리한 통찰력을 제공하는 이론적 개념의 발달을 가져온 것이다.

1950년대와 1960년대에 걸쳐 조직의 구조와 조직 내 개인을 동시에 강조하면서 조직구성원의 행동을 분석하고자 한 이론적 경향을 교육행정의 '이론화 운동(theory movement)' 또는 '새로운 운동(new movement)'이라고 한다. 이 운동은 실제적 처방 중심의 교육행정학을 다른 사회과학처럼 이론 중심의 학문으로 발전시키기 위한 노력이었다. 이론화 운동은 결국 교육행정을 바라보는 두 가지 관점인 '조직의 구조'를 강조하는 관점과 '조직의 개인'을 강조하는 관점을 종합하기 위한 시도였으며, 실증주의의 패러다임을 바탕으로 한 과학적 연구방법과 해석학적 패러다임을 바탕으로 한 현상학적 연구방법이 대결하는 장이기도 했다(신현석 외, 2016: 72-73).

4) 체제이론

체제(system)의 의미는 '어떤 목적을 달성하기 위하여 상호작용하는 여러 부분으로 이루어진 요소들 간의 통합체'라고 할 수 있다. 체제 개념은 원래 세포로 구성된 유기체를 지칭하는 자연과학의 개념이었으나 사회과학에 수용되면서 체제이론으로 발전하였다(박병량 외, 2012: 42).

체제에는 생존을 위하여 환경 또는 다른 체제와 자유로운 상호작용을 하는 '개방체제(open system)'와 상호작용 관계가 없는 '폐쇄체제(closed system)'가 있다. 개방체제는 체제 환경과 상호작용을 한다. 즉, 투입과 산출이 있으며, 재투입 과정을 통해 과정과 산출을 효율화한다. 그러나 사실상 상호작용이 전혀 없는 체제는 없으며, 폐쇄체제란 환경의 변화를 수용하지 않으려는 체제로 볼 수 있다. 일반적으로 학교사회는 국가와 사회의 정치, 경제, 사회, 문화 등 다른 체제와 긴밀한 관계 속에서 교육활동이 이루어지기 때문에 대표적인 개방체제로 볼 수 있다(윤정일 외, 2016: 59).

1950년대 이래 행동과학적 단계는 조직 연구 분야가 점점 논쟁적이고 복잡하게 되어 가면서 계속 변화하고 발전하게 되었다. 그 복잡성은 조직과 관리과정에 대한 통합적 접근으로서 세 가지로 구분되는 체제적 관점, 즉 합리적, 자연적, 개방적 체제 접근을 들 수 있다(김희규 외, 2012: 358-360).

첫째, 합리적 체제의 시각은 조직을 특정 목적을 성취하기 위하여 설계된 공식적 도구로 본다. 합리성은 일단의 행위가 미리 결정된 목적이 최대의 효과성을 가지고 성취되도록 조직되고 이행되는 정도이다. 또한 이 접근은 조직에 관한 과학적 관리자들의 고전적 사고에 그 뿌리를 두고 있다. 따라서 조직의 행동은 유목적적이고 규율적이며 합리적인 것으로 파악된다. 합리적 체제 이론가들의 관심사와 개념은 '정보' '효율성' '최적화' '이행' '합리성'과 같은 용어로 전달된다. 뿐만 아니라 조직의 맥락 속에 있는 개인 의사결정자의 한계성이 제기된다. 즉, 공식적 권위, 규칙과 규정, 순종, 목표, 사명, 협동 등의 개념이 합리성의 핵심 요소이다. 합리적 체제의 시각에 서 있는 사람들은 조직행동을 결정하는 것으로 목적과 공식적 구조의 중요성에 초점을 맞추고 있다.

둘째, 자연적 체제의 시각은 조직에 대한 합리적 체제의 시각과 대비되는 또 다른 관점을 마련해 주고 있다. 자연적 시각은 1930년대 인간관계적 접근에 뿌리를 두고 있다. 이 시각은 주로 과학적 관리자들과 합리적 체제 모델의 부적절성에 대한 인식에 대응하여 반작용으로 발전되었다. 합리적 체제의 지지자들은 조직을 특정한 목적을 달성하기 위해 의도적으로 만들어진 구조적 조정으로 인식하는 데 반해, 자연적 체제의 지지자들은 조직을 기본적으로 특정 상황에 적응하고 또 그 속에서 살아남으려고 노력하는 사회적 집단으로 본다. 이들은 일반적으로 조직의 중요한 속성으로서 목적을 무시하는 것처럼, 또한 목적을 성취하기 위해 구축된 공식적 구조를 중요하지 않게 생각한다.

셋째, 개방적 체제의 시각은 조직행동이 외부의 힘과는 무관하게 별개일 수 있다는 비현실적인 가정에 대한 반작용으로 조직이 환경의 영향을 받을 뿐만 아니라 의존하고 있다고 본다. 조직은 환경에서 투입(input)을 받아 이를 변형(transformation)하고 산출(output)한다. 따라서 이러한 시각은 구조와 과정에 관심을 두는 역동적인 체제로서 역할과 관계성에 관심을 갖는다. 생존하기 위해서 조직은 적응해야 하며, 적응하기 위해서 조직은 변해야 한다. 따라서 조직과 그 환경의 상호의존성은 결정적으로 중대하다.

체제적 관점을 요약 정리하면, 합리적 체제를 지지하는 사람들은 조직행동을 결정하는 것을 목적으로 공식적 구조의 중요성에 초점을 둔 반면, 자연적 체제 분석가들은 다른 모든 사회집단들과 마찬가지로 조직들도 생존이라는 기본 목적에 의해 일차적으로 움직인다고 주장한다. 다시 말해서, 합리적 체제 관점은 개인 위에 있는 것으로 구조의 중요성을 강조한 반면, 자연적 체제 시각은 구조 위에 있는 것으로 개인을 강조한다. 다음으로 개방적 체제 시각은 조직이 환경의 영향을 받을 뿐만 아니라 조직이 환경에 의존하고 있다는 것을 인정한다. 오늘날 학교와 같은 조직은 상호 의존적 관계로 묶여진 상호작용하는 인성들로 구성되어 있는 사회체제이다.

이상과 같이 교육행정이론의 발달과정은 고전이론, 인간관계론, 행동과학론, 체제이론, 대안이론으로 전개되었다. 즉, 교육행정의 고전이론으로서의 조직의 구조와 과업을 중시하는 고전이론으로 분류되는 과학적 관리론 및 관료제론, 조직의 구성원을 강조하는 인간관계론, 개념을 조작하고 실증적 자료로 이론적 가설을 검증하여 일반화하려는 행동과학론, 이론 및 조직구성원과 환경의 역동적인 상호작용을 강조하는 체제이론, 교육현상에 대한 새로운 패러다임인 대안적 이론 등으로 구분할 수 있다. 이처럼 교육행정이론은 교육조직 내에서 인간 행위의 규칙성을 체계적으로 기술하고 설명해 주는 근거를 제공하고자 한다.

3. 교육조직 구조론

1) 조직의 개념 및 원리

조직은 둘 이상의 구성원들이 공동의 목표를 달성하기 위해 규칙과 규정에 따라 과업, 역할, 권한 등을 구조화한 사회체제로서 다음과 같은 속성을 지니고 있다(윤정일 외, 2016: 211).

첫째, 조직은 크든 작든 특정의 목적 또는 목표를 지니고 있다. 둘째, 조직은 사람들로 구성되기는 하나 개개 구성원의 존재와는 다른 특유의 실체를 형성한다. 셋째, 조직 속에는 통합과 분화라는 흐름을 가진 공식적인 구조와 과정이 있으며, 반드시 자생적인 비공식적 관계가 형성된다. 넷째, 조직이 놓여 있는 환경과 조직은 서로 영향을 주고받으면서 상호작용하며, 조직이 유지되기 위해서는 규모가 크고 그 구성이 복잡하여도 어느 정도 합리성의 지배를 받는다.

학교는 교육목표 달성을 위해 다양한 구성요소들 간의 관계 속에서 형성된다. 더구나 학교는 성격상 개방체제로서 외부의 환경으로부터 많은 영향을 받으며, 외부환경과의 상호작용 속에서 존재하고 있다. 따라서 학교는 교육목표를 달성하기 위하여 다른 모든 조직에서 요구되는 인적 및 물적 자원뿐만 아니라, 보다 구체적인 기술적 요소를 고려해야 할 것이다.

또한 조직은 효과적인 업무수행을 위해 공통된 기본 원리를 다음과 같이 지니고 있다. 첫째, 분업의 원리(principle of division of work)로서 **'전문화의 원리'**라고 하며 업무수행의 효율을 높이기 위하여 업무를 특성별로 각자에게 분담시키는 원리이다. 둘째, 계층제의 원리(principle of hierarchy)로서 권한과 책임의 정도에 따라 직무를 등급화하여 상 · 하 조직단위 사이에 직무상 지휘 · 감독 관계를 유지하는 것을 의미한다. 셋째, 통솔 범위의 원리(principle of span of control)로서 한 사람의 상급자가 효과적으로 다스릴 수 있는 직접적인 구성원의 수에는 제한이 있다는 원리이다. 넷째, 명령통일의 원리(principle of unity of command)로서 계층의 질서 확립과 능률적인 업무처리 및 책임소재를 위해 일인 상급자에게서만 명령 및 보고가 이루어지는 원리이다. 다섯째, 조정의 원리(principle of coordination)로서 조직의 공통된 목적을 달성하기 위하여 행동의 통일과 집단적 노력을 질서 있게 결합·배정하여 조화를 이루게 하는 원리이다. 여섯째, 적도집권의 원리(principle of optimum centralization)로서 집권과 분권 사이에 적절한 권한의 균형을 유지하고자 하는 원리이다.

2) 조직의 유형

학교를 포함한 모든 조직은 그 형태가 조금씩 다르다. 조직의 목표를 달성하기 위해 맡고 있는 개인과 집단이 어떻게 연결되느냐에 따라 조직의 형태와 구조가 달라지는데, 가장 기본적인 형태로 공식조직과 비공식조직, 계선조직과 참모조직으로 대별할 수 있다.

(1) 공식조직과 비공식조직

공식조직(formal organization)이란 과학적인 합리성에 근거해 인위적으로 제도화한 조직으로, 그 행정적인 기능이 세분화되어 수직·수평적으로 전문화되어 있다. 공식조직은 직무, 책임과 권한을 중심으로 작업집단을 분류하고, 목표를 효과적으로 달성하기 위하여 체계를 가지게 된다. 공식화된 명확한 역할과 권한의 계층, 공식적인 의사소통의 경로, 분업의 계통과 인원의 배치가 설정되어 있어서 외면적이며 가시적이다. 또한 공식조직은 능률이나 비용의 논리에 의해 구성·운영된다. 그리하여 이 공식조직을 '형식조직'이라고도 하며, 이 조직을 좀 더 깊이 이해하기 위해서는 과학적 관리론의 관점을 필요로 한다.

이에 반해 **비공식조직**(informal organization)이란 인간관계나 행동, 태도 등을 중심으로 구성원들 사이의 소속감과 정서적 유대 등에 의해 만들어지는 자연발생적 조직으로, 혈연, 지연, 학연, 취미, 종교, 이해관계 등으로 얽힌 소집단이며, 내면적이고 비가시적이다. 또한 감정의 논리에 의해 구성·운영된다. 이에 비공식조직을 '자생조직'이라고도 하며, 이 조직을 좀 더 깊이 이해하기 위해서는 인간관계론의 관점을 필요로 한다(주삼환 외, 2015).

이러한 공식조직과 비공식조직이 서로 조화를 이루게 되면 조직의 의사소통이 원활하게 이루어지게 되고, 구성원 개인의 정체성을 높여 주어 조직의 효율성도 높아지게 된다. 하지만 그렇지 못할 경우에는 의사소통의 왜곡과 단절이 생기기 쉬워서 의사결정에 어려움이 생기기도 한다.

현대의 조직구조를 이해하기 위해서는 비공식조직의 중요성 인식과 효과

표 5-1 공식조직과 비공식조직의 특성

구분	공식조직	비공식조직
발생	인위적 · 의식적	자연발생적
가시성	외면적 · 가시적	내면적 · 비가시적
생성조건	조직 기구와 직제에 의해 문서화	구성원들의 행동이나 태도 속에서 생성
논리 근거	기계적 · 비인정적 능률의 논리	감정적 논리
질서	마땅히 따라야 하는 전체적 질서	인식하고 있어야 하는 부분적 질서
지도자의 권위	상부에 의해 주어짐	구성원 사이의 동의에 의한 추대
강조점	조직 · 체계적 측면 중시	사회 · 심리적 측면 중시
성격	공적(公的) 성격	사적(私的) 성격
형태	논리성 · 합리성에 의한 대규모	대면적인 인간관계에 의한 소규모
규모의 변동	규모의 확대현상이 가능	현실적 · 친밀한 관계의 소집단 유지

출처: 주삼환 외(2015), p. 73.

적인 활용 여부가 무엇보다도 중요하게 되었다(김창걸, 1994; 이찬교, 김재웅, 2005). 이상과 같이 공식조직과 비공식조직의 특성을 정리하면 〈표 5-1〉과 같다.

(2) 계선조직과 참모조직

계선조직(系線組織, line organization)이란 행정의 명령, 집행, 결정 등의 수직적인 지휘 · 명령계통의 목적을 이루기 위해 직접적으로 기여하는 일차적 조직을 말한다. 이는 행정조직의 최고 책임자를 정점으로 하여 하위단계의 국장, 과장, 계장, 계원에 이르는 명령복종의 관계를 가진 수직적인 집행조직 형태로서, 명령적 · 집행적 기능을 갖는다. 즉, 명령계통을 세우기 위한 수직적 권한 관계를 가지고 업무를 수행한다.

참모조직(參謀組織, staff organization)은 막료조직이라고도 하며, 계선조직이 원활하게 그 기능을 수행하여 조직의 존립목적을 달성할 수 있도록 지원 · 보조하는 부차적 조직이다. 그러므로 지휘 · 명령계통에서 벗어난 측면적 조직이다. 이에 참모는 명령, 집행, 결정을 행할 수 있는 독자적인 권한을 갖고 있지는 않지만 조직의 장에게 업무 집행에 관한 전문적인 지원을 하게 되므로 조직의 목적을 달성하는 데 간접적으로 기여하게 된다. 현대에 이르러서는 복잡하고 다양해진 조직의 업무 진행을 원활하게 하기 위한 참모의

표 5-2 계선조직과 참모조직의 특성

구분	계선조직	참모조직
형태 면	계층적 구조 또는 수직적 조직	횡적 지원을 하는 측면 조직
기능 면	실제 집행하는 기능	지원 · 보조하는 기능
능력 면	일에 대한 권한과 책임	지식, 기술, 경험 등의 전문성
태도 면	현실적 · 실제적/보수적	이상적 · 이론적 비판/개혁적
핵심 용어	결정, 명령, 지휘, 집행, 실시	권고 · 조언 · 지원/보조

출처: 주삼환 외(2015), p. 73.

직무의 경우 그 중요성이 점점 커지고 있다. 따라서 계선조직과 참모조직의 특성은 〈표 5-2〉와 같다.

3) 학교조직의 특성

학교는 관료조직처럼 여러 가지 특징을 지니고 있는 공식적 조직이다. 더구나 베버(Weber)의 모형이 가지고 있는 특징을 기반으로 아주 발전된 형태의 관료조직이라 할 수 있다. 특히 교육활동의 효과성은 학교조직의 운영 형태에 따라 좌우된다. 학교조직에서는 그 조직을 어떻게 구성하느냐, 아울러 그것을 어떻게 운영하며, 구성원으로 하여금 그 조직에 어떻게 참여하게 할 것인지가 학교조직 운영의 중요한 과제일 것이다. 교육에 대한 책무성이 강조됨에 따라 학교가 사회의 기대에 부응하기 위하여 학교조직의 효과적인 운영을 고려하지 않을 수 없다(이윤식 외, 2007).

또한 학교교직의 독자성은 교육의 목표, 과정, 성과 등의 측면과 조직 구성원들의 특성 등 여러 측면에서 찾을 수 있다. 특히 학교는 일반 조직과는 다른 독특한 측면을 몇 가지 지니고 있다. 첫째, 학교는 전문적 관료제이다. 학교는 관료조직이지만 고도의 전문적인 교육을 받은 교사들로 구성되어 있다는 점에서 다른 관료제와는 다르다. 이러한 전문적 집단으로서의 교사들에 대한 감독이나 직무수행의 표준을 찾기 힘들고 상당한 재량권이 교사들에게 주어지고 있다. 학교에서의 의사결정은 다른 조직보다 훨씬 더 많이 교사들의 참여에 의하여 이루어져, 흔히 관료적 가치와 전문적 가치 사이에 갈등을 유발하기도 한다. 학교조직에서의 관료적 성향과 전문적 성향을 나타내면 〈표 5-3〉과 같다.

둘째, 코헨 등(Cohen, March, & Olsen, 1972: 17)은 학교조직을 '조직화된 무정부 조직'이라고 개념화하여 불분명한 목표, 불확실한 기술, 유동적인 참여 등과 같은 특성을 제시하였다. 따라서 의사결정이 모호할 수 있고 목표를 명

표 5-3 학교조직에서의 관료적 및 전문적 성향

구분	구체적 내용
관료적 성향	• 교사들은 교장에게 순종하고 존경하며 충성해야 한다. • 학교를 위한 최선의 것이 교육을 위한 최선의 것이다. • 봉급은 경험과 관련되어야 한다. • 교사들의 출퇴근 시간이 엄격하게 지켜지도록 요청된다. • 유능한 교사는 지역사회의 기준에 일치하는 사람이다.
전문적 성향	• 교사는 전문적인 잡지를 열심히 구독한다. • 교사는 주로 자신이 담당하고 있는 교과목에 대한 지식과 그 전달 능력으로 평가되어야 한다. • 주요한 교육적 결정에 대한 궁극적 권위는 전문적인 교사들에 의해 행사되어야 한다.

세화하거나 이들 목표의 실천을 가져오게 하는 기술이 무엇인가를 확인하기 어렵다. 목표와 기술이 불확실하기 때문에 행정의 성공 여부도 모호하다. 말하자면, 조직이 효율적으로 운영되고 있는지 확인하기가 쉽지 않다.

셋째, 학교조직은 이완결합조직으로서의 성격을 갖고 있다(Weick, 1982). 이완결합조직은 전체를 이루고 있는 각 부분이 느슨하게 연결 또는 결합되어 있어 각 부분들은 정체성과 독립성을 보유하고 있다. 이완결합의 시각은 관료적 이론들과 구조 이론들을 보완해 주고 있다. 이 관점은 관료제 이론의 여러 가지 가정에 의문을 제기하며, 관료제와 구조적 이완성이 특수하게 결합된(제도적 구조가 수업활동과 분리되어 있는) 곳으로 학교를 묘사하고 있다. 더구나 교직은 공식적이고 수직적인 통제, 명문화된 규정과 명령과 복종 등을 특징으로 하는 관료조직임과 동시에 본질적으로 각각의 전문적 요소들이 결합된 조직이지만 각자의 독자성과 정체성을 갖는 느슨하게 결합된 전문가 조직이기도 하다(Hoy & Miskel, 2013; Weick, 1982).

요컨대, 학교조직은 조직의 구조적 특성을 확보하고 있으나 업무수행의 전문성에 기반한 자율성과 재량권이 부여되어 있기에 이완결합적 속성을 지니고 있다. 또한 조직목표 및 기술의 불명료성과 구성원의 유동적인 참여에 기인하여 조직화된 무질서조직의 특성을 갖고 있으며, 관료적 성향과 전문적 성향을 동시에 갖고 있다. 이처럼 학교조직은 일반 조직과는 달리 고유한 특성을 지니고 있으며, 학교 교육목표 달성을 위해 다양한 구성요소들 간의 관계 속에서 형성되고 있다.

4) 학교조직의 실제

학교의 기본적인 조직구조는 법제적으로 정해져 있으나 교육활동의 수행을 중심으로 하는 실제적인 학교경영에 있어서 그 업무가 요구하는 바, 학교조직을 구성하는 일은 학교행정가의 권한과 책임으로 이루어지는 자유재량의 영역에 속해 있다. 학교가 교육목표 달성을 위해 수행해야 할 업무에는 학생에게 직접 적용하는 교육활동과 그 수행을 위해서 필요한 사무활동 및 그에 대한 원활한 진행을 위한 운영활동이 있다. 교육활동은 보통 학년이나 학급담임 또는 교과담임의 조직에서 이루어지며, 사무활동은 보통 업무분장조직에서, 운영활동은 직원회의를 비롯하여 각종 위원회 조직에서 이루어진다(최희선, 2004: 190-199).

(1) 학생교육을 위한 인적 조직

학생교육을 위한 인적 조직은 학생들의 교육을 직접 담당하기 위하여 여러 가지 인적 조직을 구성할 수 있는데, 여기서는 다음과 같은 대표적인 조직을 제시하고자 한다. 우선, 학급담임제(class teacher system)는 한 사람의 교사가 한 학급의 전 교과 또는 대부분의 교과를 담당하고 학생을 지도하는 조직이다. 일반적으로 초등학교에서 채택되고 있으며, 그에 대한 장단점을 살펴보면 다음과 같다.

첫째, 학습지도 면에서 학급담임제는 한 사람의 교사가 많은 교과를 담당하게 되므로 충분한 연구가 되지 못해서 각 교과의 학습이 철저하지 못하게 되기 쉽다. 그러나 각 교과 면의 연관이 쉽기 때문에 학습내용이 통합된다는 장점도 있다.

둘째, 생활지도 면에서 보면, 학급담임제는 교사가 동일한 학급의 학생을 지도하게 되므로 각 개인의 개성을 파악하고 또 가정환경이나 사회환경에 걸쳐서 철저한 생활지도 내지 진로 및 직업지도를 할 수 있다는 장점을 가지고 있다. 그러나 학생의 입장에서 보면, 교사 한 사람의 감화력이 커서 개성을 지각하는 기회를 놓치기 쉽다는 단점을 가지고 있다. 특히 학급담임의 소양이 얕은 경우에는 이 폐단이 크게 나타난다. 이와 같은 장단점을 고려해서 초등학교에서도 학급담임제와 교과담임제를 절충하려는 경향도 없지 않다.

또한 교과담임제(department system)는 한 교과 또는 상호 간에 관련이 깊은 교과 몇 개를 각 교사가 담당하고 학생의 지도를 보살피는 조직으로 일반적으로 중・고등학교에서 채택되고 있다. 그에 대한 장단점을 살펴보면 다음과 같다(김희규 외, 2019: 348-350).

첫째, 학습지도의 입장에서 보면, 교과담임제는 각 교사가 전문교과를 지도하게 되므로 학습내용이 깊고 학습이 철저하게 진행된다는 장점을 가지고 있다. 그러나 각 교과목 간의 연계가 불충분하여 학습내용이 통합되기 힘들다는 단점을 가지고 있다.

둘째, 생활지도 면에서는 교사의 지도가 특정 시간 내에서만 이루어질 뿐만 아니라 그 지도도 교과의 학습이 주가 되기 때문에 생활지도가 불충분해진다는 결점을 지니고 있다. 그러나 학생의 입장에서는 여러 사람의 교사와 접촉하게 되므로 자기의 개성을 자각하고 신장할 수 있는 기회를 갖게 되는 장점도 있다.

(2) 교무운영을 위한 기구조직

교무운영조직이 교육과정을 효율적으로 운영하자면 교육과정운영을 간접적으로 뒷받침하여 주기 위한 사무적 처리가 따르게 마련이므로 사무분장 기구가 마련되어야 한다. 학교에서 사무분장조직은 학교의 교무를 수행하기 위한 일종의 사무조직이다. 사무분장조직은 학교의 교육과정운영을 지원하는 조직으로서 교장-교감-보직교사(부장교사)-평교사로 이어지는 조직계통을 갖는다. 이 조직은 상하 위계에 따라 권한이 배분되어 있는 수직적인 관료조직이다.

교무(校務)는 학교경영상 필요한 전반적인 사무로서 학교의 교육목표 달성을 위하여 교원과 직원을 중심으로 한 조직구성원들이 수행하는 교육활동 및 사무활동 전반을 지칭하는 것이다. 이를 위한 계선조직은 교장, 교감, 보직교사, 교사와 이들을 지원하는 직원으로 구성되어 있다. 사무분장은 학교경영의 전체 구조 가운데 중추적 역할을 수행하며 학교에서 업무처리를 원활하게 하기 위해 부장교사, 교사, 사무직원 및 기타 직원에게 분담되어 있다. **사무분장**은 학생관리, 교과지도, 학생생활지도, 학교보건위생, 문서관리, 재무관리, 시설설비관리 등에 관한 사항을 기준으로 이루어지는데, 관할청이 정하도록 되어 있는 보직교사의 명칭과 교장이 정하는 보직교사의 종류 및 그 업무분장이 조직 구성의 기본 틀이 된다.

교사의 사무분장을 위한 배정원칙은 다음과 같이 정리할 수 있다.

- 교무의 내용을 영역별로 분류 · 정리하여 직무분석에 의한 일의 내용과 양, 범위, 난이도 등을 확정한 다음, 인력을 배치하는 과업위주의 조직이어야 한다.
- 그 사무를 책임 있게 수행할 수 있는 권한을 위임해야 한다.
- 조직은 탄력적이며 간소화해야 한다.
- 학교 사무를 모든 직원에게 공정, 공평하게 배분하여 일부 교직원에게

편중되지 않도록 해야 한다.

- 사무를 배정하는 과정에서 교원 의사를 존중하고 적재적소에 인력을 배치해야 한다.

(3) 교직원회의 및 교무회의

교직원회의는 자문성격을 띤 교원들의 조직이다. 물론 법령상 교직원회의는 교원들로만 구성되지 않고 직원까지 포함된다는 점에서 완전한 의미의 교원조직으로 볼 수는 없겠으나, 현실적으로는 교원들이 중요한 구성원으로 참여하고 영향력을 행사하고 있는 것이 사실이다. 하지만 현재 법령에서 교직원회의의 법적 성격, 권한과 역할, 기능 등을 자세하게 규정하고 있지 않고, 다만 학교운영위원회 교원위원의 대표성을 확보하는 데 그 의의를 두고 있다.

또한 **교무회의**는 기획위원회의 성격을 띠며 법령상의 근거는 없으나 실제 학교운영에 있어서 관례적으로 존재하고 있다. 운영 방식은 일반적으로 일주일에 1~2회, 교무실에서 학교장의 주재 또는 교감 및 부장교사들의 진행으로 업무 보고 및 의견 교환이 이루어진다. 교무회의는 학교장의 리더십 행위나 학교 사정에 따라 약간씩 운영 방법의 차이는 있으나 대체로 학년부장을 포함한 사무분장조직상의 각 부장교사들이 중심이 되는 경우가 많고 부장회의를 거쳐 교무회의의 안건들이 처리되고 있다. 법령상의 교직원회의와 관습상의 임의기구인 교무회의는 그 법적 성격 및 기능에 약간 차이가 있으나, 대체로 학교장의 자문 또는 보조 기구로서의 성격이 강하며 실제적으로는 거의 동일한 형태로 운영되고 있다.

(4) 교과 및 학년 협의회

현재 법령상으로 평교사들로만 구성되는 전체 대의기구로서의 교사회는 존재하지 않고, 학년 또는 교과 중심의 협의회가 공식적 또는 비공식적 자생조직 형태로 운영되고 있다. 운영 방식은 주로 교과협의회 또는 학년협의회 수준의 교사들의 모임체로 교사의 전문성 신장을 위한 자율연수 차원에서 이루어지고 있다. 각종 협의회는 교내뿐만 아니라, 교육청 단위에서는 학습조직 형태로 다양한 활동을 전개하고 있다.

이 외에 학교 내에서 위원회 성격의 별도 자문기구를 구성하여 민주적 의사결정에 직간접적으로 기여하고 있다. 주로 교육과정위원회, 인사위원회, 예산결산위원회, 학업성적 관리위원회, 학생선도위원회 등 다양한 형태로 구성·운영되고 있다(김희규 외, 2012: 383-390).

(5) 교육공동체 구축을 위한 학교운영위원회

학교운영위원회는 교육의 주민자치 정신을 구현하고 학교의 자율성 확대를 통한 학교교육의 효과를 극대화하기 위하여 국·공립 및 사립의 초등학교·중학교·고등학교·특수학교에 설치하여 학부모와 교원, 지역인사 등이 참여하는 심의·자문기구이다. 또한 학교운영과 관련된 중요한 의사결정에 학부모, 교원, 지역인사가 참여함으로써 학교 정책결정의 민주성·합리성·효과성을 확보하여 학교교육 목표 달성에 기여하기 위한 집단 의사결정 기구이다.

학교운영위원회 도입을 통해 학교조직은 보다 개방적·수평적 구조, 상호신뢰 및 협동 문화 등이 조성되었다(김성열, 2006). 학교운영위원회는 단위학교 운영의 자율성을 보장하는 한편, 다양한 학교 구성원들의 참여기회를 보장하는 방식으로서 도입 당시 학교장 중심의 독점적인 학교운영체제를 민주적인 학교운영체제로 전환하기 위한 기제로 작동할 것이라는 기대가 높았다. 이러한 학교운영위원회는 1999년 사립학교까지 의무 설치하도록 규정하였으며 학교발전기금에 대해서는 심의·의결 기능을 가지게 되었다. 또한 운영위원회 선출방식과 위원 정수, 학교운영위원회 심의 영역 대부분에 변화들이 있었지만 대체로 1996년 도입될 당시의 골격을 유지해 오고 있다. 그러나 단위학교 의사결정은 학부모들의 전문성 부족 등으로 인한 전문성 침해 논란과 함께 학부모의 소극적인 참여와 열의 부족 등으로 형식적이고 명목적으로 운영되고 있다는 지적도 있다(정수연 외, 2008).

1995년 12월 「지방교육자치에 관한 법률」의 개정에 따라 설치 근거가 마련된 뒤, 이듬해 각 시 · 도의회에서 학교운영위원회에 관한 조례가 제정되면서 국립 초 · 중등학교에서 전면적으로 실시되었다. 법률적 근거는 「초 · 중등교육법」 제31~34조에 규정되어 있는데, 「초 · 중등교육법」 제31조에서 초 · 중 · 고등학교 및 특수학교에 학교운영위원회 설치, 제32조에서 학교운영위원회의 기능 및 심의사항, 그리고 제33조 학교발전기금 조성 등에 관한 사항을 규정하고 있다.

비공개적이고 폐쇄적인 학교운영을 지양하고, 교육 소비자의 요구를 체계적으로 반영함으로써 개방적이고 투명한 학교를 운영할 목적으로 도입되었다. 즉, 학교운영의 자율성을 높이고, 지역의 실정과 특성에 맞는 다양한 교육을 창의적으로 실시하는 데 목적이 있다.

또한 개정된 「초 · 중등교육법 시행령」 제60조 제1항 "국 · 공립학교의 장은 운영위원회의 심의결과를 최대한 존중해야 하며, 그 심의결과와 다르게 시행하고자 하는 경우에는 이를 운영위원회와 관할청에 서면으로 보고하여야 한다."라는 규정에 따라 학교운영위원회가 심의기구임을 분명히 밝히고 있을 뿐만 아니라, 학교장은 가능한 학교에서 운영하는 대부분의 사항에 대해서 운영위원회의 심의 및 절차를 거치도록 되어 있다(국가법령정보센터, 2019).

실제적 측면에서 학교는 조직 목표 달성을 위하여 학교급별의 특성에 따라 학급담임제와 교과담임제의 이원화체제를 운영하고 있으며, 효율적인 업무수행을 위해 사무분장조직 등 다양한 제도를 운영하고 있다. 대표적으로 학교운영위원회는 학교에서 유일하게 법정기구로 운영되고 있다.

토론 과제

1. 교사들은 교육행정에 대해 왜 부정적인 생각을 할까? 교육행정은 교육활동을 위한 목적인가? 아니면 수단인가? 미래지향적 관점에서 '교육을 위한 행정'으로 정립되기 위해서는 교육행정을 어떤 관점으로 접근해야 할까?
2. 일선 학교에서 과학적 관리론과 인간관계론의 사례를 찾아보고, 이러한 사례가 학교에 남아 있는 이유를 설명해 보자.
3. 우리는 교육의 특수성을 강조하고 있다. 학생교육을 담당하고 있는 학교조직의 특징은 무엇이며, 일반 조직과 어떤 차이점이 있는가?
4. 현재 학교조직 구조는 사무분장 조직체계를 따르고 있다. 교육의 본질적 기능을 수행하는 학생의 교육활동조직보다 사무적 업무를 수행하는 지원조직이 더 강조되는 이유는 무엇일까?

용어 설명

적도집권의 원리 중앙집권과 지방분권의 적절한 균형을 이루어야 함을 의미한다.

적응성의 원리 교육행정의 변화에 능동적으로 대응할 수 있는 능력을 의미한다.

안정성의 원리 적응성과 다소 상이한 개념으로 교육활동의 변화에 일관성과 계속성을 유지해야 한다는 것이다.

계선조직 행정의 명령, 집행, 결정 등의 수직적인 지휘명령계통의 목적을 이루기 위해 직접적으로 기여하는 일차적 조직이다.

참모조직 계선조직이 원활하게 그 기능을 수행하여 조직의 존립목적을 달성할 수 있도록 지원・보조하는 부차적 조직이다.

조직화된 무정부 조직 불분명한 목표, 불확실한 기술, 유동적인 참여 등의 특징으로 조직이 효율적으로 운영되고 있는지 확인하기가 쉽지 않은 조직이다.

이완결합조직 전체를 이루고 있는 각 부분이 느슨하게 연결 또는 결합되어 있어

각 부분들은 정체성과 독립성을 보유하고 있는 조직이다.

학급담임제 한 교사가 한 학급의 전 교과 또는 대부분의 교과를 담당하고 학생을 지도하는 조직이다.

교과담임제 한 교과 또는 상호 간에 관련이 깊은 교과 몇 개를 각 교사가 담당하고 학생의 지도를 보살피는 조직이다.

참고문헌

국가법령정보센터(2019). 초중등교육법 및 초중등교육법시행령. http://www.law.go.kr/

김성열(2006). 학교운영위원회의 법제화의 성과와 전망. **교육법학연구, 18**(1).

김윤태(1986). **교육행정・경영신논**. 서울: 배영사.

김종철(1982). **교육행정의 이론과 실제**. 서울: 교육과학사.

김창걸(1994). **종합교육학신강**. 서울: 박문각.

김희규, 강기수, 이규은, 차춘희(2012). **최신 교육학 개론**. 서울: 동문사.

김희규, 김순미, 김효숙, 안성주, 최상영(2019). **교육행정 및 교육경영**. 서울: 학지사.

박병량, 주철안(2012). **교육행정 및 교육경영**. 서울: 학지사.

박세훈, 권인탁, 고명석, 유평수, 정재균(2012). **교육행정 및 교육경영**. 서울: 학지사.

신현석, 안선회, 김동석, 김보엽, 박균열, 박정주, 반상진, 변기용, 양성관, 엄준용, 이강, 이경호, 이일권, 이정진, 전상훈, 조홍순(2016). **학습사회의 교육행정 및 교육경영(제4판)**. 서울: 학지사.

유평수, 문선향, 김유화, 이원, 황연우, 김윤정, 정세민(2014). **교육행정 및 교육경영**. 경기: 공동체.

윤정일, 송기창, 조동섭, 김병주(2016). **교육행정학 원론(6판)**. 서울: 학지사.

이윤식, 김병찬, 김정휘, 박남기, 박영숙, 송광용, 이성은, 전제상, 정명수, 정일환, 조동섭, 진동섭, 최상근, 허병기(2009). **교직과 교사**. 한국교원교육학회 편. 서울: 학지사.

이찬교, 김재웅(2005). **교육행정**. 서울: 한국방송통신대학교출판부.

정수연, 박상완, 김수연(2008). 학교운영위원회의 운영 성과에 대한 인식 조사. **초등교육연구**. 23(3).

주삼환, 천세영, 김택균, 신봉섭, 이석열, 김용남, 이미라, 이선호, 정일화, 김미정, 조성만(2015). **교육행정 및 교육경영**. 서울: 학지사.

진동섭, 이윤식, 김재웅(2016). **교육행정 및 학교경영의 이해**. 경기: 교육과학사.

최희선(2004). **학교 · 학급경영**. 경기: 형설출판사.

Bennett, R. (1991). *Organizational Behavior*. London: Pitman Publishing.

Campbell, R. E., Corbally, J. E. & Nystrand, R. O. (1983). *Instruction to Educational Administration*. Boston: Allyn & Bacon.

Cohen, M. D., March, J. G., & Olsen, J. P. (1972). A Garbage Can Model of Organizational Choice, *Administrational Science Quarterly*, 17.

Hoy, W. K., & Miskel, C. G. (2013). *Educational Administration: Theory, Research and Practice* (9th ed.). New York: McGraw-Hill Education.

Taylor, F. W. (1911). *The Principles of Scientific Management*. New York: Harper & Brothers.

Weber, M. (1947). *The Theory of Social and Economic Organization*. translated by A. M. Henderson and T. Parsons. New York: The Free Press.

Weick, K. E. (1982). Administering Education in Loosely Coupled Schools. *Phi Delta Kappan, 27*(2).

제 6 장

교육과정의 이해

학습목표

1. 교육과정의 어원과 유형을 이해한다.
2. 대표적인 교육과정 개발모형을 분석해 본다.
3. 최근 교육과정 개정의 주요 성격과 특징을 파악한다.
4. 교육과정 연구와 이론의 최신 동향을 탐구한다.

학생들이 새로운 분야의 학문을 처음으로 접할 때 그 학문의 성격을 이해하는 일은 용이하지 않다. 예컨대, 교육학의 하위 분야인 '교육과정'이라는 용어는 그 분야에 입문하는 학생들에게 생소할 수밖에 없다. 사실상 지식을 다루는 교육과정이라는 학문 분야는 교육학에서 가장 중요한 분야라고 할 수 있다. 영국의 철학자 스펜서(Spencer)가 1860년에 저술한 그의 저서 『교육론: 지육, 덕육, 체육』의 1장은 '어떤 지식이 가장 가치로운가?'로 시작한다. 사실상 이제까지 이 말이 교육과정 분야의 화두였다고 할 수 있다. 그 후 1970년대에 마이클 애플(Michael Apple)은 교육과정을 계층적 관점에서 조명하여 이제는 '누구의 지식이 가장 가치로운가?'로 바뀌었다고 주장하였다. 미국의 어느 학자가 연구해 본 결과, 교육과정의 정의는 약 120여 가지로 학자에 따라 다양한 관점을 가지고 있는 것을 확인할 수 있다.

인공지능이 인간의 역할을 상당 부분 대체하는 포스트휴먼 시대가 도래하면서 교육과정의 역할은 이러한 시대를 살아갈 학생들을 인공지능이 할 수 없는 창의적이고 융합적인 사고를 겸비한 인재로 육성하는 일이다. 이를 위해 교육과정에 종사하는 우리들은 급격히 변화하는 새로운 시대에 대비하는 집단지성을 발휘해야 할 중차대한 임무를 안고 있다.

1. 교육과정의 정의와 개념

교육과정(curriculum)이라는 용어가 문헌에 나타나기 시작한 것은 16세기부터라고 한다. 교육과정이라는 용어는 라틴어에서 유래하며, '달리다(to run)'라는 의미의 고대 프랑스 동사 쿠레레(currere: 미국식 발음은 큐레레)를 통해 우리에게 알려져 있다. 관련 용어로는 흐름(current), 유통(currency), 밀사(courier) 등이 있다. 영어로 번역하면 교육과정은 대체로 '경주로(race course)'를 의미한다. 시간이 지나면서 학교에서 사용할 용도로 교육과정은 '교수요목(course of study)'을 의미하게 되었다. 이 용어는 스코틀랜드의 고등교육 문헌, 특히 17세기 글래스고우 대학에서 영어로 최초로 사용되었다(Ellis, 2004).

미국에서 교육과정이라는 용어가 학문적으로 사용된 것으로 알려진 저서는 1918년에 출판된 존 프랭클린 바빗(John Franklin Bobbitt)의 『**교육과정**(The Curriculum)』이다. 바빗은 그의 책에서 교육과정을 '목표(objective)'를 달성하기 위하여 아동이 가져야만 하는 일련의 경험이라고 정의하였다. 교육과정 분야의 연구자들은 교육과정을 다양하게 정의하고 있다. 교육과정 정의의 다양성은 교육과정을 정의하는 사람의 세계관과 가치관 또는 교육과정에 대한 접근방식, 즉 교육과정 구성과 실행방안의 차이에 있다고 할 수 있다.

2. 교육과정의 유형

대부분의 교육과정 관련 서적에서 교육과정의 유형은 다음과 같이 분류된다.

1) 공식적 교육과정

공식적 교육과정은 공적인 문서 속에 담긴 교육계획을 말한다. 우리나라의 경우 국가수준의 교육과정, 시·도 교육청의 교육과정 편성 및 운영지침, 교육지원청의 장학자료, 학교교육과정 등이 공식적 교육과정에 포함된다.

2) 실제적 교육과정

공식적 교육과정이 문서화된 교육과정인 반면에, 실제적 교육과정은 가르친 교육과정, 학습된 교육과정, 평가된 교육과정으로 나눌 수 있다(Glatthorn, 1987). 가르친 교육과정은 교사들이 교실에서 실제로 가르친 교육내용을 의미하며, 학습된 교육과정은 학생들이 실제로 학습한 교육내용을 말한다. 평가된 교육과정은 중간고사, 기말고사, 지필평가나 관찰평가, 서술식 평가나 객관식 평가, 자격고사나 선발고사 등의 평가를 통하여 사정되는 교육내용을 가리킨다. 평가된 교육과정은 공식적 교육과정보다 가르친 교육과정과 학습된 교육과정에 큰 영향을 줄 수 있다.

3) 영 교육과정

영 교육과정은 교육적으로 학습할 만한 가치가 있는 내용이면서 학습자의 발달 수준에 적합하고 학교가 설정한 교육목적에 부합하는 데도 불구하고, 학생들이 배울 기회를 갖지 못하는 내용을 말한다.

4) 잠재적 교육과정

잠재적 교육과정은 공식적인 문서에 명시되지 않은 교육과정을 말한다.

다시 말하면, 잠재적 교육과정은 의도되지는 않았지만 학교에서의 교육실천과 교육환경 등이 학생들의 삶에 미치는 영향을 의미한다. 보통 학교에서 계획하거나 의도하지 않았음에도 불구하고 학생들은 학교생활을 통하여 많은 것을 경험하게 된다.

3. 교육과정 활동

1) 교육과정 개발

교육과정 개발(development)은 흔히 교육목적과 교육내용의 체계, 그리고 이를 효과적으로 전달하기 위하여 교육방법, 교육평가, 교육운영 등에 대한 종합적인 계획을 수립하는 활동을 말한다.

2) 교육과정 개발 수준

(1) 국가수준 교육과정

국가수준 교육과정은 의사결정 수준에서 국가의 의도를 담은 전국적인 학교교육에 대한 목적, 목표, 내용 등을 기술한 일련의 문서 내용을 말한다. 다시 말하면, 한 국가의 교육에 대한 전반적인 설계도이면서 종합적인 교육계획을 말한다. 현재 우리나라에서 이 문서는 교육부(2015) 장관이 결정 및 고시하는데, 「초 · 중등교육법」 제23조 제2항에 근거하여 전국의 모든 학교에 적용되는 교육과정을 말한다. 이 교육과정은 초 · 중등학교의 교육목적과 교육목표를 달성하기 위한 국가수준의 교육과정이며, 초 · 중등학교에서 편성 및 운영하여야 할 학교교육과정의 공통적이고 일반적인 기준을 제시하고 있다.

국가수준 교육과정의 총론은 교육과정 총론과 교과 교육과정의 지침으로 구분된다. 교육과정 총론은 국가수준, 지역수준, 학교수준, 교실수준에서 교육의 일반목표, 학교급별 교육목표, 교과 교육과정의 비교 이해 및 조정, 교과 편제, 시간 및 단위 배당, 편성과 운영지침, 교육과정 주체의 역할 분담과 협조 등을 담고 있다. 교과 및 교과 외 교육과정에는 교과의 성격, 목표 또는 성취기준, 내용체제, 내용과 활동기준, 교수-학습방법 기준, 교육환경 또는 시설 · 설비 기준, 평가 기준 등을 담고 있다.

국가수준 교육과정의 성격은 다음과 같다. 첫째, 국가수준의 공통성과 지역, 학교, 개인 수준의 다양성을 동시에 추구하는 교육과정이다. 둘째, 학습자의 자율성과 창의성을 신장하기 위한 학생 중심의 교육과정이다. 셋째, 학교와 교육청, 지역사회, 교원, 학생, 학부모가 함께 실현해 가는 교육과정이다. 넷째, 학교교육 체제를 교육과정 중심으로 구현하기 위한 교육과정이다. 다섯째, 학교교육의 질적 수준을 관리하고 개선하기 위한 교육과정이다(한국교육과정학회 편, 2017: 179).

국가수준 교육과정은 교육과정의 표준화로 인해 학교교육의 질 관리, 교육과정의 일관성, 연속성, 장점이 있는 반면에, 각 지역이나 학교의 특성을 반영하지 못하거나 너무 구체적으로 기술되면 지역이나 학교의 자율성과 교사의 전문성을 약화시킨다(김대현, 2017).

(2) 지역수준 교육과정

지역수준 교육과정은 교육에 대한 지역의 의도를 담은 문서 내용을 말하며, 국가수준의 기준과 학교의 교육과정을 연결하는 교량 역할을 한다. 다시 말하면, 지역수준 교육과정은 각 시 · 도와 지역의 특성, 필요, 요구, 교육기반, 여건 등의 제 요인을 조사 및 분석하여 전국 공통의 일반적 기준인 국가수준 교육과정을 조정하고 보완하며, 그 결과를 학교교육과정에 반영하는 데 그 목적이 있다.

지역수준 교육과정의 개발과 운영은 지역의 특수성을 반영하며, 지역 교육청(시· 도 교육청과 시 · 군 교육지원청)의 교육문제 해결 능력을 신장하고, 교육 관련 전문성을 기를 수 있다는 장점을 가진다. 반면에 시간, 인력, 비용 등의 부족으로 질이 낮아지고, 지역 간의 교육격차가 심화될 수 있다는 위험도 갖는다.

우리나라의 지역수준 교육과정은 「지방교육 자치에 관한 법률」 제20조로 규정하고 있으며, 대개 국가수준 교육과정으로부터 위임받은 사항의 수행과 관련된다. 시 · 도 교육청에서는 교육과정 편성 및 운영지침을 작성하며, 시 · 군 · 구 교육지원청에서는 장학자료를 개발하여 학교교육과정을 안내하고 통제한다.

(3) 학교수준 교육과정

학교수준 교육과정은 학교의 실태를 반영하며 학부모와 학생들의 특성과 요구를 고려하여 교육에 대한 학교의 의도를 담은 문서 내용을 말한다.

3) 타일러의 교육과정 개발 모형

흔히 교육과정 개발 모형은 기술 · 절차 모형, 숙의 모형, 구성주의 모형으로 나눈다. 그러나 여기서는 기술 절차 모형의 대표적인 **타일러**(Tyler)**의 논리**(rationale)를 중심으로 논의한다.

타일러(1949)는 자신의 저서 『교육과정과 수업의 기본 원리(Basic Principles of Curriculum and Instruction)』에서 제시된 타일러의 논리는 교육과정 개발 및 적용에 대한 대표적인 모형이라고 할 수 있다. 흔히 이 모형은 고전모형 또는 목표모형이라고도 한다. 그는 이 책에서 교육과정을 개발하고 수업계획을 수립할 때 반드시 고려해야 하는 네 가지 질문을 통해 합리적인 모형을 제시하였다. 그 네 가지 질문은 다음과 같다.

- 학교는 어떤 교육목적을 달성하기 위해 노력해야 하는가? (교육목표의 설정)
- 이러한 교육목표의 달성을 위해 유용한 학습 경험은 어떻게 선정될 수 있는 가? (학습 경험)
- 효과적인 수업을 위해서 여러 학습 경험은 어떻게 조직될 수 있는가? (학습경 험의 조직)
- 이러한 교육목표의 달성 여부를 어떻게 평가할 것인가? (평가)

타일러의 논리는 과학적이고 합리적인 교육과정의 개발 절차뿐만 아니라, 이미 개발된 교육과정의 평가 및 개선 절차에 관해 설명을 해 준다. 우선 학습자, 학교 밖의 사회, 교과를 원천으로 삼아 교육목표를 설정하고, 그 후에 교육목표 달성에 적합한 학습 경험을 선정하고, 이를 교실에서 실제로 적용해 본 후 그 결과를 적절하게 평가해야 한다(한국교육과정학회 편, 2017: 558-559).

1950년대 중반에 한국에 소개된 타일러의 논리는 우리나라의 교육과정 개발과 운영에 대한 실제적인 지침이 되었다. 먼저, 교육목적을 설정하고, 학습 경험을 선정 및 조직하여 실제로 학습지도를 하고, 그 결과를 평가한 후에 그것을 기초로 하여 다음의 교육목적을 설정하는 일련의 과정을 통해, 인간 행동의 계획적인 변화를 가져오는 교육과정의 개발 논리는 과학적이고 합리적인 교육과정 개발의 실마리를 제공하였다.

그러나 타일러의 논리는 몇 가지 점에서 비판을 받고 있다. 첫째는 앞에서 언급한 네 가지 교육과정 개발 절차가 순차적 또는 단계적이라는 점이며, 또 다른 비판은 교육과정 개발이 이해 당사자들의 합의보다는 갈등, 협상, 타협 등 권력이 작용하는 정치적 과정 속에서 이루어지는 경우가 많다는 점을 간과했다는 것이다.

4) 교육과정 운영

교육과정 운영은 개발된 교육과정을 학교와 교실에서 실천에 옮기는 과정을 의미한다. 교육과정 운영을 보는 세 가지 관점을 살펴보면 다음과 같다.

(1) 충실한 운영

이 관점은 교육과정 개발자의 의도가 현장에서 그대로 반영될 수 있도록 운영하는 것을 말한다. 학교 외부에서 개발한 교육과정은 개발의 의도가 훼손되지 않도록 전파와 보급의 과정을 거친 다음, 학교와 교실에서 학교관계자와 교사의 의해 실현되어야 한다. 충실한 운영을 위해서는 개발자와 보급자가 교육과정을 운영하는 지침을 결정하며, 학교관계자와 교사는 개발자의 의도를 충실하게 구현하는 전달자의 역할을 한다. 충실한 운영에서 교육과정의 성패는 개발자의 의도가 학교와 교실 현장에서 얼마나 구현되었는가에 따라 결정된다.

(2) 상황에 따른 조정

개발된 교육과정이 운영의 실제 환경 속에서 조정을 거치면서 운영된다고 보기는 어렵다. 실제로 개발된 교육과정이 개발자들의 의도 그대로 현장에서 운영되기는 어렵다. 왜냐하면 교육과정을 운영하는 사람들의 관심, 이해관계, 운영환경의 다양한 영향 속에서 개발된 교육과정은 조정을 거치면서 운영된다.

그러므로 이 관점은 개발된 교육과정 속에 들어 있거나 운영하는 사람들의 정치 · 경제 이데올로기에 따라 교육과정 운영이 달라질 수 있다는 데에도 관심을 갖는다.

(3) 교육경험의 창조

이 관점은 교육과정을 교사와 학생이 함께 만들어 가는 교육 경험으로 본다. 교육 경험의 창조 관점에서는 '외부에서 개발한 교육과정이 없다거나 필요 없다'고 보지 않는다. 외부에서 개발된 교육과정과 교과서, 수업자료 등은 교실 장면에서 교육경험을 만들어 가는 데 필요한 중요한 수단으로 간주된다. 교사와 학생은 교육과정의 수용자가 아니라 창조자의 역할을 하며, 그들의 발달 정도가 교육과정 성패의 중요한 열쇠가 된다.

5) 교육과정 평가

교육과정 평가는 교육과정을 대상으로 이루어지는 평가를 말한다. 교육과정 평가의 목적은 교육과정 자체가 목적한 바를 적절하게 달성하였는지, 계획된 운영 또는 실행이 제대로 수행되었는지 여부 등을 포함하는 교육과정의 양적 · 질적 측면의 총체적인 확인 및 점검이다. 교육과정 평가는 평가의 기준 설정에 따라 교육과정의 일관성과 통합성 측면에서 이루어지는 내적 평가와 외부 기준에 의해 이루어지는 외적 평가로 구분된다. 또한 평가 기간 측면에서 단기적 평가와 장기적 평가로 구분된다.

교육과정 평가의 대표적인 모형으로 타일러의 목표중심모형이 있다. 타일러의 교육과정 평가 모형은 설정된 교육목표의 달성을 점검하는 전형적인 모형으로 소개되는데, 그 이후에 타일러 모형의 대안으로 다양한 교육과정 평가 모형이 소개되었다. 대표적인 대안적 모형으로 의사결정중심모형(CIPP 모형), 탈목표모형, 반응모형, 감식안 모형 등이 있다.

4. 교과서의 개념과 제도

일반적으로 교과서는 좁은 의미로 교과서, 지도서 및 인정도서를 말한다. 그리고 넓은 의미로는 학교에서 학생의 교육을 위하여 사용되는 학생용의 주된 교재와 그 교재를 보완하는 음반, 영상, 전자 저작물 등을 말한다. 그러나 근래에는 교과서의 개념이 교재로부터 학습재로 변화하고 있다는 점이다.

교과서는 「초・중등교육법」 제29조의 규정에 의해 국정, 검정, 인정 교과서로 구분된다. 국정 교과서는 교육부 장관이 저작권을 가진 도서를 말한다. 검정 교과서는 교육부 장관의 검정을 받은 교과서를 말한다. 인정 교과서는 국정 교과서나 검정 교과서가 없는 경우 또는 이를 사용하기 곤란하거나 보충할 필요가 있는 경우에 사용하기 위하여 교육부 장관의 인정을 받은 교과서를 말한다.

5. 최근 교육과정의 주요 성격과 특징

우리나라의 교육과정은 긴급조치기부터 2015 개정 교육과정까지의 교육과정의 역사를 가지고 있다. 여기서는 2015 개정 교육과정의 주요 성격과 특징만을 기술한다.

- 학교교육의 전 과정을 통하여 길러야 할 핵심역량을 제시하고 있다.
- 인문・사회・과학기술 기초 소양을 균형 있게 학습한다는 내용이다.
- 2009 개정 교육과정과 마찬가지로, 초등학교 1~3학년까지를 공통 교육과정으로 운영한다. 동시에 학년군제와 교과군제를 유지하고, 창의적 체험활동을 계승하되 부분적으로 개선하였다.
- 초・중등교육에서 소프트웨어 교육을 강화하여, 중학교의 경우에 과학/기술・가정/정보로 고치고 이 영역에 34시간을 추가로 배정하였으며, 고등학교의 경우 정보를 일반 선택 과목으로 분류하고 내용을 소프트웨어 중심으로 개편하였다.
- 안전교육을 강화하였다.

- 범교과 학습 주제를 교과와 창의적 체험활동 등 교육활동 전반에 걸쳐 통합적으로 다루고, 지역사회 및 가정과 연계하여 지도하도록 하고, 주제 수를 선택과 통합을 통하여 대폭 줄였다.
- 중학교에서는 자유학기제를 도입하고 이에 따른 교육과정 편성 · 운영의 단위학교 자율성을 강조하였다.
- 통합적인 접근과 융복합적 사고를 길러 주기 위하여 통합과목을 신설하였다. 고등학교에서 사회현상에 대한 통합적인 접근과 이해가 가능하도록 '통합사회' 과목을 신설하고 자연현상에 대한 통합적인 접근과 융복합적인 사고를 길러 주기 위하여 '통합과학' 과목을 신설하였다.

6. 교육과정의 연구와 이론의 동향

1) 교육과정학의 위기

1960년대에 들어서면서 바빗과 타일러를 중심으로 풍미했던 전통주의적 교육과정에 대한 비판적 견해가 제기되기 시작했다. 이 당시의 교육과정 이론의 변화 양상은 자연과학의 경험론적 발전을 바탕으로 과학적 논리에 근거한 경험론적 방법을 교육과정 실제에 적용해야 한다는 주장이 등장했는데 이것이 바로 개념적 경험주의였다. 이는 기존의 처방적 접근과 효율성 중심의 통제적 교육과정과는 다르게, 과학 탐구의 방법론을 따라 교육과정 이론을 정립시키려는 노력이었다.

예컨대, 맥도날드와 리퍼(Macdonald & Leeper, 1965)는 교육과정, 교수, 학습, 수업의 네 가지 요소는 서로 독자적인 영역이 아니며, 상호작용하는 가운데에서 중첩되는 부분이 교육에서 기대할 수 있는 부분이라고 주장하였다. 1960년대에 등장한 학문중심 교육과정이론도 기존 타일러 식의 전통주의적 교육과정의 틀에서 크게 벗어나지 못하였다. 이러한 점에 비판적인 시각을 제시한 학자가 바로 조셉 슈왑(Joseph Schwab)이었는데, 그는 "교육과정 분야가 죽어 가고 있다"라는 충격적인 선언을 하게 된다.

이러한 와중에서 파이너(Pinar)도 "교육과정 개발의 시대가 끝났다"고 선언하면서 교육과정 개발에서 교육과정 이해로의 근본적인 변화를 역설하였다. 이러한 파이너의 이해에 중점을 두는 관점은 실존주의와 정신분석학에 근거를 둔 것으로서 학교교육으로 인한 비인간화 현상과 정신적 황폐화 현상 등을 지적하면서, 교육과정이 학교교육의 올바른 방향을 제시하는 역할을 해야 한다고 보았다. 이것이 바로 재개념주의(reconceptualism)의 출발점이라고 할 수 있다.

2) 재개념주의자들의 연구 영역

파이너에 의하면 1980년대 이후 재개념주의자들의 관심과 연구 영역은 여섯 가지로 구분해 볼 수 있다. 예컨대, 이 여섯 가지 연구 영역은 교육과정에 대한 역사적 연구, 이론과 실제의 의미와 그 관련성에 대한 연구, 정치적 관점에서의 교육과정 연구, 미학적 관점에서의 교육과정 연구, 현상학적 관점에서의 교육과정 연구, 페미니즘 관점에서의 사회적 불평등 문제 연구 등이었다(박승배, 2019: 187-190).

(1) 교육과정에 대한 역사적 연구

이 분야에 주된 관심을 가진 학자들은 기술공학적이고 행동주의적인 교육과정의 연구모형에 대한 역사적인 비판을 통하여 전통적 관점이 갖는 탈역사성과 가치중립성의 허구를 지적하고, 그 문제점을 부각시키는 데 역점을 두었다.

(2) 이론과 실제의 의미와 그 관련성에 대한 연구

이 분야에 주된 관심을 가진 학자들은 글자 그대로 이론과 실제의 의미를 탐구하고 이론과 실제 간의 관련성을 파악하는 데 주안점을 두었다.

(3) 정치적 관점에서의 교육과정 연구

이 분야에 종사하는 학자들의 관심사는 마르크스(Marx)의 사상을 토대로 교육과정을 정치적 · 사회적 · 경제적 배경에서 분석하고 비판하는 데 관심을 두었다.

(4) 미학적 관점에서의 교육과정 연구

이 분야를 전공하는 학자들은 교수와 학습의 과정이 단순히 목표와 방법을 연결하는 기계적이고 공학적인 관계가 아니라, 개인적인 의미의 형성을 통한 보다 실존적이고 창조적인 과정이라는 점에 관심이 있다.

(5) 현상학적 관점에서의 교육과정 연구

이 분야는 주로 캐나다의 앨버타 대학을 중심으로 연구가 이루어지고 있으며, 이 분야의 학자들은 교육과정에 대한 현상학적 · 해석학적 탐구에 관심을 두고 있다.

(6) 페미니즘 관점에서의 사회적 불평등 문제 연구

이 분야의 학자들은 정치적 · 사회적 관점에서 교육과정을 분석하는 데 관심을 두고 있지만, 특히 여성학자들이 대부분을 차지하며 남녀 간의 사회적 불평등에 초점을 두고 있다.

토론 과제

1. 교육과정의 어원에 대해 탐색해 보자.
2. 교육과정의 유형에 대해 논의해 보자.
3. 전통적 교육과정 개발모형에서 가장 대표적인 타일러의 논리에 대해 논의해 보자.
4. 2015 개정 교육과정의 주요 성격과 특징에 대해 논의해 보자.
5. 1970년대에 새롭게 등장한 교육과정의 연구와 이론에 대해 논의해 보자.

용어 설명

쿠레레 curriculum이라는 영어의 어원으로 널리 알려져 있는 라틴어이다. 그러나 미국의 대표적인 재개념주의를 표방하는 학자 William Pinar에 의하면, 일반적으로 사용되던 경주로라는 명사적인 뜻과는 달리 어원인 currere는 원래 '달리다'라는 뜻의 동사원형, 즉 부정형(不定形) 동사로서 '미리 정하여져 있지 않은 무한한 가능성'을 암시한다는 점에서 교육과정 분야에 새로운 관점을 제시하고 있다. 다시 말하면 그의 주장은 학생들이 전통적으로 정해진 내용이나 목표나 성과를 경험하기보다는 교육의 과정(process)에서 생기는 다양한 개인의 독특한 경험을 강조한다고 볼 수 있다.

재개념주의 William Pinar는 1970년대 초에는 교육과정의 개념을 새롭게 정립한다는 의미인 재개념화(reconceptualization)라는 용어를 주창하였으나 후에 재개념주의(reconceptualism)라는 용어를 사용하였다. 그러나 그는 1980년대 후반부터 재개념주의의 이론적 배경이 너무나 다양하여 '재개념주의'라는 용어도 더 이상 사용할 수 없다고 주장하였다.

참고문헌

교육부(2015). 초 · 중등학교 교육과정.

김대현(2017). **교육과정의 이해**. 서울: 학지사.

박승배(2019). **교육과정학의 이해(2판)**. 서울: 학지사.

한국교육과정학회 편(2017). **교육과정학 용어 대사전**. 서울: 학지사.

Bobbitt, J. F. (1918). *The curriculum*. New York: Houghton Mifflin Company.

Ellis, A. K. (2004). *Exemplars of curriculum theory*. Larchmont, N.Y.: Eye on Education.

Glatthorn, A. A. (1987). *Curriculum renewal*. Alexandria, VA: ASCD.

Macdonald, J. B., & Leeper, R. R. (1965). *Theories of instruction*. Washington, DC: Association for Supervision and Curriculum Development.

Tyler, R. W. (1949). *Basic principles of curriculum and instruction*. Chicago: University of Chicago Press.

제 7 장

교육방법 및 교육공학의 이해

학습목표

1. 교육방법 및 교육공학의 개념과 내용을 알 수 있다.
2. 교수자중심과 학습자중심 교육방법의 비교를 통해 교육방법의 유형을 이해한다.
3. 교육공학의 정의와 영역을 이해하고 수업설계의 개념과 모형을 적용할 수 있다.
4. 교수매체의 특징과 유형, 선정 및 활용방법을 이해하고 적용할 수 있다.

A학생은 사범대학 3학년 재학 중인 예비교사이다. 교직과정을 이수하면서 가장 중요하고 관심 있는 과목이 교육방법과 교육공학이라고 생각되어 수강 신청을 하였다. 그는 다양한 교육방법에 관심을 가지고 자신의 초중고 시절 가르쳤던 선생님들의 교수법을 기억하면서 좋은 수업이 무엇인지, 좋은 수업을 어떻게 설계하는지 궁금해졌다. 특히 4학년에 있을 현장실습에 대하여 수업을 잘하는 교사가 되고 싶은 마음으로 수업설계 모형와 수업매체에 관심을 가지고 공부하면서 준비하고 있다.

B교사는 교원임용 2년차인 신임교사이다. '교사의 생명의 수업이다'라는 나름대로의 교직철학을 가지고 교사로서 최선을 다하고 있다. 그런데 최근에 사범대 학생 시절에 배웠고 생각했던 학습자중심 수업을 현장에서 잘하고 있는지 의문이 들며 고민에 빠졌다. 특히 그는 학습자중심 수업의 필요성과 중요성을 누구보다 잘 알고 있는데, 자신도 모르게 교사중심의 교육방법을 선정하고 학습자의 특성, 교육내용과 무관한 교수매체를 활용하는 자신의 수업을 진단하면서 좋은 수업에 대해 다시 한번 고민을 하고 있다.

1. 교육의 방법과 공학

1) 교육에서의 만남

교육은 만남으로 시작된다. 교육에서의 만남은 가르치는 교수자와 배우는 학습자 간의 인격적인 만남[1]을 말한다. 일반적으로 교육의 3요소를 교사, 학생, 그리고 내용이라고 한다. 교육이라는 활동은 가르치고 배워야 할 내용으로 선정된 것을 교사와 학생이 만나서 소통하면서 이루어진다. 가르치고 배우는 활동에는 여러 가지 교육방법과 교육적인 매체가 필요하다. 잘 가르치고 잘 배우기 위해서는 학습자의 특성과 내용에 적합한 교육방법과 체계적인 교육공학적 수업설계가 요구된다. 이러한 교육의 절차를 통해 이루어지는 교육에는 변화가 주어진다.

수업에서 교사의 역할은 안내자이자 **촉진자**(facilitator)이며, 학습자는 **창의적 사고**(creative thinking), **비평적 사고**(critical thinking), 그리고 **배려적 사고**(caring thinking)를 가져야 한다. 수업은 교육목표 달성을 위하여 교사가 학습자들에게 일방적인 지식의 전달이 아니라 **상호작용**(interaction)을 하는 활동이다. 이 상호작용 과정에는 교사와 학습자, 학습자와 학습자 간의 의사소통을 가능하게 하는 교육매체가 포함된다. 따라서 상호작용은 교사와 학습자 간의 상호작용, 학습자와 학습자 간의 상호작용, 교육내용 또는 매체 간의 상호작용을 의미한다.

1 교육현장에서의 교사와 학습자의 만남은 의례적이고 사무적인 만남(meeting)이 아니라 사람과 사람간의 인격적인 만남(encounter)을 의미한다.

2) 교육방법의 개념

교육방법(educational method)이란 교육을 하는 방법이다. 교육방법의 사전적 의미는 교육활동을 효과적이고 능률적으로 수행하기 위한 방법을 의미하며, 어떻게 가르칠 것인가를 포함하는 개념인 교수방법(instructional method)이라고도 한다.

교육의 핵심은 '무엇을 어떻게 가르치느냐?'에 달려 있기 때문에 교육방법은 교육의 목적을 실현하는 데 요구되는 모든 수단적 · 방법적 조건을 통칭하는 것이다(황정규 외, 1998).

교육방법의 협의적 개념에서는 수업방법, 교수방법, 교수전략, 수업설계 등을 포함하고 광의적 개념에서는 교육의 과정(process of education)을 의미한다.

다른 표현으로 설명하자면, 좁은 의미에서 교육방법은 교육목표를 성공적으로 달성하기 위하여 선정된 교육내용을 학습자에게 효과적으로 전달하기 위한 수단으로서, 교사 또는 학습자에게 학습과제를 가르치는 방법을 의미한다. 그리고 넓은 의미에서 교육방법의 개념은 교육의 과정을 의미하는데, 교육목적의 탐구, 교육과정의 구성, 수업, 학습지도, 교육의 평가, 생활지도의 영역까지도 포함한다(이화여대 교육공학과, 2007).

교육방법은 교육목표를 달성하기 위하여 주어진 수단들을 조직하고 운영하며 관리하는 일련의 과정으로 정의할 수 있으며, 설정된 교육목표를 성공적으로 달성하기 위하여 선정된 교육내용을 학습자에게 효과적으로 전달하기 위한 수단이다.

3) 교육공학의 개념

교육공학(educational technology)은 교육과 공학이라는 두 단어가 결합된 복합어이다. 교육공학은 20세기 초반에 대두되었고 1960년대 이후에 비로소 학문으로서 정립되기 시작하였다. 교육공학과 함께 자주 혼용되는 용어는 **교수공학**(instructional technology)이다. 일반적으로 교육(education)이 교수(instruction)보다 상위 개념이므로 교육공학은 교수공학보다 포괄적인 의미를 지니고 있다.[2]

교육공학의 개념은 교육 현장에서 가르치고 배우는 일련의 과정에서 발생하는 교육적인 문제를 해결하기 위하여 관련된 과학적 지식이나 조직화된 내용을 체계적으로 적용하는 영역이다.

교육공학은 학습자의 창조적 사고와 학습효과의 극대화를 위해 공학의 원리와 기법이 교육과 훈련 분야에 적용되는 모든 경우를 총칭하며, 문제해결을 위해 학습과정과 자원의 설계, 개발, 활용, 관리, 평가를 학문적 접근을 통해 총체적으로 연구 · 개발하는 실천적 응용학문이다(권성호, 1998).

교육공학이 교수와 학습이 이루어지는 수업을 설계하고 실행하는 포괄적인 영역과 여러 문제를 고려하는 체제적인 접근을 요구하고 유지하고 있기 때문에 교육방법과 교육공학은 별도로 구분하여 생각할 수 없는 불가분의 관계라 할 수 있다.

2. 교육방법의 이해

어떻게 가르칠 것인가? 어떻게 가르치는 것이 가장 잘 가르치는 것일까?

2 미국교육공학회(AECT)에서 1977년 교육공학을 정의하면서 교육공학과 교수공학의 차이점을 분명하게 구분하면서 교육공학을 교수공학의 상위 개념으로 규정하였다. 하지만 1994년 AECT에서 다시 정리한 교육공학의 정의를 보면, 교육공학과 교수공학을 동의어로 간주하여 두 용어는 동의어로 쓰이기도 한다. 우리나라에서는 학교교육의 영향으로 교육공학이라는 용어가 보편화되어 있다.

이러한 질문은 교육 현장에서 가르치는 모든 자에게는 보편적인 의문이다. 잘 가르치기 위한 여러 조건 중에서 가장 중요한 것은 좋은 교육방법일 것이다. 교육방법은 어떻게 가르칠 것인가를 탐구하는 것이며, 교육 현장에서 가장 중요한 부분의 하나이다.

1) 교육방법의 특성

교육방법은 교육에 참여하는 자와 논의의 맥락에 따라 매우 다양하게 이해되고 있다. 일반적으로 학생이나 교사들이 사용할 때의 교육방법은 교수(teaching) 행위와 관련된 것이며, 주로 교실에서 이루어지는 상황에 관한 것이다. 그들의 관심은 교사의 교수행위 이상의 것도 포괄적으로 다루고 있음을 볼 수 있다. 교육방법의 주요 변인들로서 수업의 질을 결정짓기도 한다. 교육방법은 결국 교사, 학생, 교육내용 간의 관계를 맺어 주는 작용이라 볼 수 있다. 즉, 제시된 교육목표를 합리적이고 능률적으로 달성하기 위한 교사, 학생, 교육내용 간의 상호작용 체제로 볼 수 있다(변영계, 이상수, 2003).

교육은 교육목적, 교육내용, 교수자, 학습자, 교육방법, 교육환경, 교육매체 등 다양한 구성요소가 상호 관련이 있는 하나의 체제(system)로 구축되어 있다. 교육방법의 본질과 의미를 이해하기 위해서는 교수–학습이 이루어지는 교육현상 안에서 살펴보는 것이 중요하다. 왜냐하면 교육방법은 교수–학습의 전체 과정에서 중요한 부분이기 때문이다. 이러한 교수–학습의 과정에서 중요한 요소들의 관계를 살펴보면 교육방법에 대한 특성과 의미를 이해하기 쉽다.

예를 들면, 목적은 교수자에게는 가르치는 목적이고, 학습자에게는 배우는 목적이다. 또 방법은 교수자에게는 가르치는 방법이고, 학습자에게는 배우는 방법이다. 따라서 교수자가 갖고 있는 목적과 교수자가 선택하는 방법은 학습자가 갖고 있는 목적과 학습자가 선택하여 활용하는 방법에 합치되어야 한다. 또한 가르치고 배우는 목적에 따라 내용은 달라져야 하고, 내용이 어떤 것이냐에 따라 그것을 가르치고 배우는 방법이 달라진다. 따라서 교육의 목적, 내용, 방법의 세 가지 요소는 논리적이고 체계적인 관계이어야 한다(유승우 외, 2018; 이성호, 1999).

2) 교육방법의 분류

교육방법은 교육의 과정에서 교수-학습에 대한 철학이 무엇인가, 교수-학습과정을 누가 통제하는가, 추구하는 학습의 성과가 지식습득인가 아니면 문제해결인가, 교수-학습이 개별적 혹은 집단적으로 이루어지는가, 학습내용의 제시형태가 무엇인가에 따라 다양한 유형으로 분류된다(강명희 외, 2017; 이신동 외, 2016; 한정선 외, 2008; Borich, 2000).

또한 케뮤니케이션 형태에 따라 교육방법은 강의형, 토론형, 실험형, 개인교수형, 자율학습형으로 〈표 7-1〉과 같이 나누기도 한다(신재한, 2017에서 재구성; 이신동 외, 2016; 이화여대 교육공학과, 2007).

표 7-1 교육방법의 분류

분류	구체적인 교육방법
강의형	강의법, 시범, 질문법, 동료학습
토론형	배심토의, 버즈훈련, 브레인스토밍, 원탁토의, 심포지움, 세미나
실험형	역할극, 사례연구, 서류함기법, 감수성훈련, 모의실험, 현장실습
개인교수형	프로그램학습, 코칭, 인터십, OJT(On th Job Training)
자율학습형	문제해결법, 자기주도학습법, 구안법, 독학

3) 교육방법 선정 기준

좋은 교육방법은 왜 필요한가? 좋은 교육방법의 필요성은 교수자와 학습자가 효율적이고 효과적이며 안전하게 교수-학습 활동을 한다면 학습자가 지적 영역의 학습에 필요한 시간을 최대한 줄일 수 있다는 가설을 바탕으로 하고 있다. 훌륭한 교사라면 좋은 교육방법을 선정할 때 주먹구구식으로 선정하는 않을 것이다. 교사 나름대로의 개인의 특성과 경험에 의하여 가장 적절한 교육방법을 선정할 것이다. 교육방법을 선정할 때 다음의 몇 가지 기준을 고려해야 할 것이다(이정기 외, 2008; 이화여대 교육공학과, 2007).

(1) 교육내용

- 교육내용의 성격이 지식(인지적 영역), 운동기능(신체적 영역), 태도(정의적 영역) 중 어느 것인지를 고려해야 한다.
- 교육내용이 정확한 답을 요구하는 것인지, 아니면 논쟁의 여지가 있는지 혹은 교육의 목적이 기준을 명확히 잡는 것인지, 아니면 보다 나은 해결책을 찾는 것인지를 고려해야 한다.
- 교육내용이 일반적인 수준의 학습만 하면 되는 것인지, 아니면 자세히 학습해야 하는 것인지를 고려해야 한다.

(2) 교육대상으로서 학습자

- 개인차로서의 학습자의 학습 스타일이 적극적인지 논리적인지 고려해야 한다.
- 교육내용에 대한 학습자의 학습경험이 어느 정도인지 또는 학습자의 수준(연령, 학년, 학업성취도 등)은 어느 정도인지 고려해야 한다.
- 학습자의 수와 학습자의 위치를 고려해야 한다.
- 학습자가 학습으로부터 얻고자 하는 기대의 정도를 고려해야 한다.

(3) 교육자원 및 환경

- 교육 기술과 경험을 갖춘 사람을 교수자로 요청할 수 있는지 고려해야 한다.
- 교육을 위하여 활용할 수 있는 교수매체의 종류에는 어떤 것이 있는지 고려해야 한다.
- 교육을 실시할 장소가 있는지, 있다면 어디인지, 어떤 교육 기자재를 갖추고 있는지, 몇 명의 학습자를 수용할 수 있는지 등 기본적인 교육환경적인 요인을 고려해야 한다.

물론 앞의 세 가지 선정 기준이 교육방법 선정에 있어서 다른 모든 고려사항에 우선하는 절대적인 기준의 근거는 아니다. 교수자의 교육적 신념이나 교수-학습 관점, 또는 교육방법에 대한 경험과 지식에 바탕을 두고 선호하는 교육방법이나 교수매체에 따라서도 교육방법 선정의 고려사항이 달라질 수 있다.

4) 교육방법의 유형

교육에서의 가르치는 수단인 교육방법은 교육철학과 교수-학습이론에 따라 **교수자중심**(teacher-centered)과 **학습자중심**(learner-centered)으로 나누어진다. 이러한 구분은 학습자 특성, 학습목표, 학습내용, 학습환경에 따라 적절하고도 효과적인 교육방법의 선정과 활용이 가능하며, 교육의 결과에 중요한 영향을 미치는 요인이 된다.

교수-학습의 과정에서 그 주체가 어느 쪽이 되느냐에 따라 교수법의 유형은 두 가지로 나눌 수가 있다. 첫째, 교수자중심형이다. 교수자중심형 교육방법의 특징은 교수-학습의 과정이 교사를 중심으로 하여 이루어진다는 것이다. 교사는 교과의 전문가로서 교육내용을 선정하고 교육방법을 채택하는 권한을 가진다. 학습자는 근본적으로 능동적인 참여자가 아니고, 교사가 하는 대로 따라서 순응하고 적응하기만 하면 되는 수동적인 수용자가 된다. 따라서 교육방법은 기본적으로 교수자가 주도하는 일방적인 강의가 주가 된다. 둘째, 학습자중심형이다. 여기에서는 교수-학습과정에서 학습자의 흥미 · 욕구 · 능력이 중시된다. 가르치고 배우는 내용의 선택이나 방법 · 절차 등은 교사와 학습자의 협동적 계획에 의해 정해진다. 이러한 교수법에서는 근본적으로 학습자들의 자발적인 참여가 교수학습과정의 필수적인 요소가 된다.

교육목표를 달성하기 위해서는 가르치는 자와 배우는 자가 상호작용하여 교수-학습이 이루어진다. 교육방법에 있어서 가르치는 자를 중심으로 하느냐, 아니면 배우는 자를 교육의 중심에 두느냐에 따라 교육방법에 있어서 현격한 차이를 가져오고 있다. 교수-학습의 일련의 과정(process) 중 학습의

표 7-2 교수자중심과 학습자중심 교육방법의 차이

구분	교수자중심	학습자중심
가르침의 목적	• 학습자에게 지식과 기능 전수 • 교수자가 설정한 목표에의 변화	• 학습자의 생활과 학습 스타일에 중시 • 학습자의 자아개발 및 질적 향상
특징	• 학습목표 설정 및 결과 중시 • 교수자가 학습자의 인지구조 정리	• 사례를 통한 문제해결 능력 • 사고력, 지식의 통합 강조
교수 접근방법	• 목표 성취 지향적인 관계 • 실체적 지식, 태도, 기능 강조	• 교수자와 학습자 간의 인간관계 형성 중시
장점	• 행정적으로 편리 • 시간과 시설의 효율적 운영	• 학습자 스스로 효과적인 학습능력 배양 • 학습자의 개인차 고려한 학습의 진도
단점	• 교수자의 능력에 지나치게 의존 • 개인차 인정치 않고 수동적 학습	• 예산과 학습에 소요되는 시간의 과다 • 다양하고 주제에 적당한 학습자료 준비 • 교사의 역할 변화에 대한 인식의 전환
교육방법 사례	강의법, 이야기법, 질문법	협동학습, 프로젝트 학습법, 팀기반학습 등

주체가 누구에게 있느냐에 따라 교수자중심 교육방법과 학습자중심 교육방법으로 나누어진다. 교수자중심과 학습자중심 교육방법에서의 차이는 〈표 7-2〉와 같다.[3]

(1) 교수자중심 교육방법

① 강의법

강의법(lecture)은 기독교 교육 현장에서 가장 넓게 사용되고 있는 교육방법 중 하나이다. 강의법은 교사 주도의 일방적인 수업방법이기 때문에 학습자가 교수자가 전달하는 학습내용을 수동적으로 받아들이는 단점도 있지만 대규모의 학습자를 대상으로 할 때에는 매우 효과적인 방법이며, 교사들이 발전시킬 수 있는 가장 효과적인 방법 중 하나이다.

가. 강의법의 장점

- 모임의 크기가 어떠하든지 강의를 통해 효과적으로 가르칠 수 있다.
- 새로운 단원 도입 시 효과적이며 전체적인 전망을 설명할 때 효과적이다.
- 시간을 절약하고, 비교적 짧은 시간에 충분한 정보를 제공할 수 있다.

나. 강의법의 단점

- 학습자의 능동적인 활동의 기회가 줄어들고 수동적인 학습형태로 발표력을 저하시킨다.
- 학생의 이력이나 학습능력은 측정하기 불가능하다는 것이다.
- 주의집중이 떨어진다.

---

3 여기에 소개되는 교육방법의 여러 가지 유형들은 다음의 자료들을 참고하여 작성하였다. 강명희 외, 2017; 박성익 외, 2015; 유승우 외, 2018; 이신동 외, 2016; 이정기 외, 2008; 한정선 외, 2008.

다. 강의법의 유의사항

- 철저하게 준비한다. 일정 기간의 강의계획과 자료 수집 및 분석이 요구된다.
- 학습자가 수동적인 자세가 되지 않도록 문제점을 제시하면서 수업을 진행한다.
- 질문할 수 있는 기회를 주고 요점을 정리하여 학습자의 이해 정도를 살펴야 한다.

② 이야기법

이야기법은 스토리텔링(storytelling)이라고도 하는데, 이는 '스토리(story)+텔링(telling)'의 합성어로서 상대방에게 알리고자 하는 바를 재미있고 생생한 이야기로 설득력 있게 전달하는 강력한 교육적 도구이다. 스토리텔링은 사전적 의미로 '이야기를 들려주는 활동'이다. 스토리텔링은 우리나라에서 흔히 '구연'이라는 용어로 많이 쓰이는데 구연이라는 말의 사전적 의미를 살펴보면 '문서에 의하지 않고 입으로 사연을 말하는 것'을 뜻한다. 전달되고 적절히 사용된 이야기는 학습자들의 관심을 끌어내고 상상력을 불러일으키며 마음을 어떤 특정한 교훈에 집중시키고 또한 정서적으로 다른 사람들과 가까워지게 해 준다.

가. 이야기법의 기본 원리

- 가급적 읽지 말고 대화 형식으로 해야 하며, 많은 연습이 필요하다.
- 학생들 스스로 결론을 내리도록 유도한다(이야기의 연결점 발견).
- 적절한 음향이나 시각효과 자료(음성, 몸짓)를 이용한다.

나. 이야기법의 장점

- 학습자의 집중력을 높이는 데 효과적이다.

- 글을 모르는 유아 · 특수 아동에게도 사용할 수 있다.
- 상상력을 일으키는 데 효과적이다.

다. 이야기법의 단점

- 교수자의 준비가 부실할 경우 진행이 지루할 수 있다.
- 교수자의 설명에 의존하므로 경우에 따라 학습자에게 학습효과가 없을 수 있다.
- 적용 가능한 교과가 제한적이다(국어, 영어, 도덕 과목 등에 적절).

③ 질문법

질문법(questioning)은 일명 문답법, 발문법, 대화법, 반문법 등 다양한 명칭으로 사용되고 있다. 질문법은 강의법과 더불어 오랜 역사를 가진 교수법으로 교수자와 학습자 사이의 상호작용을 전제로 교수자의 질문에 학습자가 답변하고 학습자의 질문에 교수자가 답변하는 교수-학습과정을 통해 학습에 대한 주의를 집중시킬 수 있는 방법이다.

가. 질문법의 기본 원리

- 질문은 학습자가 이해하기 쉽도록 간결하고 명료하게 제시해야 한다.
- 질문은 수업목표와 연관된 명확한 목적을 지닌 것이어야 한다.
- 질문은 학습자의 지적 활동을 계발하며 사고 작용을 자극하도록 전개되어야 한다.
- 질문은 학습자 각 개인의 능력이나 흥미에 맞도록 해야 한다.

나. 질문법의 장점

- 학습내용의 정리에 효과적이며, 학습에 자극을 주어 적극적인 학습활동을 하게 한다.

- 학습자 스스로 생각하게 하고 해결할 수 있는 기회를 제공함으로써 학습자의 주체적인 학습이 가능하다.
- 교사와 학습자 간의 의사소통 기회가 많고 학습자에게 학습동기와 참여를 고무시킨다.

다. 질문법의 단점

- 교사중심으로 되기 쉽고 질문자의 관심에 따라 대답하려는 경향이 있다.
- 우수 학습자중심의 수업이 되기 쉽고 그 외 학습자들에게 좌절감을 줄 가능성이 있다.
- 학습자들은 질문의 내용을 충분히 생각하지 않고 대답할 수도 있다.

(2) 학습자중심 교육방법

① 협동학습

협동(cooperation)이란 공통된 목표들을 성취하기 위하여 함께 일하는 것이다(Johnson & Johnson, 1987). 협동학습(cooperation learning)은 이질적인 소집단으로 구성된 학생들이 함께 공통된 학습의 목표나 과제를 해결해 나가는 과정에 있어서 협동적인 사회적 기술을 배워나가는 것이다. 각 학습자들은 서로 각기 다른 학습할 내용에 대하여 집단을 위하여 책임을 맡아야 한다. 개인 혼자 그 자신의 과제를 마칠 수는 없으며 자신이 속해 있는 집단 내의 다른 구성원들에게 의존해야 한다.

협동학습에서는 학습자들이 팀을 이룬 프로젝트형 수업에서 함께 과제를 수행하는 과정에서 학습자 서로 간에 배울 수 있다. 협동적 집단은 특정한 주제에 대한 학습을 촉진시키며, 긍정적인 상호작용을 촉진시킴으로써 학습자 집단의 상호의존성을 키울 목적으로 그리고 사회성 및 의사소통 기술을 가르칠 목적으로 사용될 수 있다. 뿐만 아니라 개별 학습자들에게 책무성(accountability)을 가르치기 위한 목적으로도 협동학습을 사용할 수 있다(Slavin, 1990).

가. 협동학습의 기본 요소

- 긍정적인 상호의존성: 집단 구성원은 상호의존감을 가지고 과제를 수행하고 함께 협력하여 동일한 목표를 달성한다.
- 개별적 책무감: 집단 구성원이 각자에게 부여된 학습자료를 학습하는 동시에 다른 구성원이 학습하는 것을 도와주기 위해 지속적으로 책임감을 갖는다.
- 대인관계 기술: 집단 구성원의 원만한 인간관계를 지적 측면과 정의적 측면에 긍정적이며 대인관계 기술이 협동학습을 하는 동안 학습된다.

나. 협동학습의 장점

- 상호작용을 통한 문제해결 능력과 의사결정 능력이 향상된다.
- 다른 사람을 배려하는 태도가 향상되고 인간관계, 자아효능감 등 정의적 영역에서도 효과적이다.
- 학습자가 각자 자신의 자원(시간, 에너지, 능력) 등을 스스로 관리하고 통제하는 방법을 배우게 된다.

다. 협동학습의 단점

- 집단구성원의 물리적, 심리적 갈등이 있을 경우에 학습효과와 효율성이 저하된다.
- 집단구성원 중에서 상대적으로 학습능력이 낮은 학생은 상호작용의 기회를 상실할 수 있다.
- 학습과정이나 학습목표보다는 집단과정만을 더 소중히 하는 경향을 초래할 수 있고, 놀이집단으로 변질될 우려가 있다(신재한, 2017; 유승우 외,

2018; 이신동 외, 2016).

② 프로젝트 학습법

프로젝트 학습법(project method)이란 학습자가 배울 만한 가치가 있는 주제를 심층적으로 연구 조사하는 과정에서 학습자 스스로 지식을 찾아 조직하고 기록할 때 자기 자신의 학습방법을 발달시킬 수 있고, 공통적인 주제에 대하여 상호작용하면서 작업하는 것을 허용하는 교과에 대한 통합적인 접근법이다(강명희 외, 2017; 한정선 외, 2008).

가. 프로젝트 학습법의 기본 원리

- 학습활동에 대하여 확실한 내적 동기를 갖는다.
- 교육 프로그램을 평가하는 데 유용한 행동을 제시 및 표현할 수 있다.
- 학습자들 간에 개인적 차이 및 장점들을 고려하여 지도할 수 있다.
- 연구해야 할 내용과 과정에 대한 유용성과 현실성에 도움을 준다.

나. 프로젝트 학습법의 장점

- 학습활동에 대하여 확실한 동기를 갖는다.
- 활동에 대한 주도성과 책임성을 훈련하는 데 중요하다.
- 창조적이고 구성적 태도를 함양시키는 데 효과적이다.
- 학습에 융통성 있는 동기 유발을 일으키고 독창성과 책임감을 심어 준다.

다 프로젝트 학습법의 단점

- 능력이 부족한 학습자는 시간과 노력 낭비로 끝날 수 있다.
- 해결하는 데 필요한 다수 자료의 입수 곤란으로 성공하지 못할 경우가 있다.
- 교재의 논리적 체계가 무시될 수 있다.

- 학급 내에서는 학습활동이 일부 우수아에 독점되는 경향이 나타날 수 있다.

③ 팀기반학습

팀기반학습(team-based learning)이란 문제 상황 속에서 개인의 선행학습과 팀구성원 간 상호작용을 통해 개인과 팀의 성과를 극대화하기 위한 구조화된 교수전략이다. 부연하면, 팀기반학습은 팀워크를 바탕으로 팀 목표 달성을 위해서 구성원 각자가 지니고 있는 다양한 경험과 아이디어를 공유하면서 주어진 문제를 해결해 나가는 집단학습이다(이신동 외, 2016).

팀기반학습은 구성원들의 집단을 구성하고 상호작용을 촉진하여 특정 문제를 해결하여 성과를 도모한다는 점에서 문제기반학습, 협동학습과 유사한 교육방법(혹은 교수전략)으로 간주되기도 한다.

가. 팀기반학습의 특징

- 학생들이 이해할 필요가 있고 팀 활동을 통해 질의와 응답을 하고 문제를 해결할 필요가 있으며 학습해야 할 정보의 양이 상당할 경우 효과적이다.
- 학습자가 많은 대규모 수업에서 강의식 수업의 대안적 방법이 될 수 있다.
- 학습은 수업 중에 구성되는 팀 단위의 상호작용 활동을 통해 이루어지므로 교수자는 촉진자의 역할을 충실히 해야 한다.

나. 팀기반학습의 유의사항

- 동일한 문제(과제)를 개별 테스트, 팀 테스트에 활용해야 한다.
- 구체적인 선택이 가능한 문제형태를 사용해야 한다.

(3) 최신 교육방법

① 플립 러닝

플립 러닝(flipped learning)은 **'거꾸로 학습' '거꾸로 교실' '뒤집힌 교실' '반전 학습' '역진행 수업 방식'**이라 하며, 전통적인 학교 공부방법과 다르게 사전에 온라인으로 수업내용을 학습한 뒤 학교 수업에서는 문제해결 및 토론식 수업을 사용하며 상호작용 중심으로 이뤄지는 융합학습법의 의미를 지니고 있다. 즉, 수업에 앞서 교사가 미리 제공한 자료를 학생들이 가정에서 온라인으로 학습의 내용을 미리 습득하고, 수업에서는 질의응답, 토론, 과제풀이, 협력의 과정을 통해 지식을 심화시키는 교육방법이다(신재한, 2017; 유승우 외, 2018).

가. 플립 러닝의 필요성

플립 러닝은 일방적인 지식 전달식의 전통적인 교육체계에서 창의적이고 상호작용이 있는 미래지향적인 교육체계로의 변화에 따라 대두된 새로운 형태의 교육방법이다.

- 단순히 공부의 순서만 바꾸는 것이 아니라 교실 수업 방식을 새로이 혁신하는 것이다.
- 수업시간에 교사의 일방적인 지식 전달이 아닌 교사와 학생의 상호작용이 가능하다.
- 활동중심의 수업과정에서 협동, 배려 등의 인성적 요소가 활발하게 함양된다.
- 스스로 찾아서 공부하는 방법과 학습에 학생이 흥미와 재미를 느낀다.

나. 플립 러닝의 특성

플립 러닝의 특성을 비교하면 다음과 같다(신재한, 2017; 유승우 외, 2018에서 재구성).

표 7-3 플립 러닝과 전통적인 교실 수업의 특성 비교

전통적인 교실 수업	비교 기준	플립 러닝(거꾸로) 수업
교사의 강의, 교과지식 전달, 교실 안에서 수업시간에 진행	수업방법과 수업내용	내용의 사전 이해와 상호작용 수업시간 전에 교실밖에서 진행
지식 전달자, 통제적 훈육자, 수업진행	교수자 역할	학습촉진자, 안내자, 학습지원
수동적 참여	학습자 책임	적극적 참여, 주도적 활동
교사와 학생 간, 학생과 학생 간 제한적 상호작용	수업구성원 상호작용	조별 또는 개별적으로 상호작용 활동, 또래학습 촉진
통제적이고 수동적인 학생들의 행동	교실 수업분위기	자율적이고 학생들의 적극적인 참여 활동
행동주의, 인지주의	철학적 기반	구성주의

플립 러닝은 학습자들을 수동적 학습자에서 능동적 학습자로 변모시키고, 수업시간과 과제를 하는 시간 개념을 변화시킨다는 특성을 가지고 있다. 또한 오프라인 수업시간은 학생들에게 단순히 교육을 받는 시간이 아니라 고차원적인 문제해결을 위한 시간이 된다는 특성을 가지고 있기도 하다(이정기, 2015).

다. 플립 러닝의 장점(Rivero, 2013: 이정기, 2015에서 재인용).

- 플립 러닝 과정에서 학습자는 사전 학습을 하게 되고, 이 과정은 본 수업에서의 자신감을 형성하는 데 도움을 준다.
- 수업은 학습자 활동 중심으로 이루어지므로 강의는 지루하지 않고 흥미

롭게 진행된다.

- 교수자는 기본 지식의 전달이 아니라 고차원적 사고를 촉진하는 질문으로 학습을 촉진하게 되므로 본질적 학습이 가능해진다.
- 실험, 탐구, 학습자 간 상호작용을 촉진해 역동적인 학습을 가능케 한다.

② 블랜디드 러닝

블랜디드 러닝(blended learning)은 온라인과 오프라인 학습을 결합한 혼합형 학습을 의미한다. 온라인과 오프라인 강좌를 융합해 온라인과 오프라인 강좌의 장점을 취하려는 의도에서 2000년 후반부터 미국의 일부 온라인 교육학자들이 사용하기 시작하였다. 학업성취도 제고라는 교육적 목적, 교육의 행·재정적 비용 절감이라는 경제적 목적을 동시에 달성하고자 고안된 최신 교육방법론 중 하나다.

블랜디드 러닝은 스마트 미디어 환경에서 이러닝(e-learning)의 장점인 시간 활용의 자유, 반복 수강 가능성, 수업 후 질문이나 회신의 용이성을 확보함으로써 오프라인 교육이 가진 문제점을 보완하고자 도입되었다.

가. 블랜디드 러닝의 필요성

- 오프라인 교육과정에서 발생할 수 있는 비용을 절감하는 것이다.
- 학습자의 시간을 절약하는 것이다.
- 온라인 교육을 통해 오프라인 교육의 문제점을 보완하고 교육효과를 제고하는 것이다.
- 학업성취도 제고라는 교육적 목적과 교육행정 비용 절감 등 경제적 목적을 달성한다.

나. 블랜디드 러닝의 방법

블랜디드 러닝의 온·오프라인 통합 방식은 다음과 같다.

- 학습공간의 통합: 온라인과 오프라인 학습의 물리적 통합을 의미한다.
- 학습형태의 통합: 자기조절학습과 협동학습의 통합을 의미한다.
- 학습유형의 통합: 구조화된 학습과 비구조화된 학습의 통합을 의미한다.
- 학습내용의 통합: 기성형 콘텐츠와 주문형 콘텐츠의 통합을 의미한다.

블랜디드 러닝은 다음과 같은 매우 다양한 접근 방식을 가지고 있다(이정기, 2014; 정원진, 2009; 주영주, 2006).

- 학습자 영역: 자기주도학습, 그룹기반학습의 통합 과정으로 접근될 수 있다.
- 시간 영역: 실시간, 비실시간 학습의 통합과정으로 접근될 수 있다.
- 공간 영역: 온라인과 오프라인 학습의 통합과정으로 접근될 수 있다.
- 콘텐츠 영역: 구조화된 학습과 비구조화된 학습의 통합과정으로 접근될 수 있다.

③ 문제기반학습

문제기반학습(problem-based learning)은 실제 생활과 연계된 문제를 제시하고 이를 해결해 가는 과정을 통해서 문제해결 능력이 향상되는 교육방법이다. 구체적인 문제를 통해 관련된 개념이나 원리, 법칙 등을 학습하며 종전의 교수자중심의 강의법을 탈피하고 제기된 문제를 중심으로 해결해 나가는 과정을 통해 학습이 이루어지는 방법이다(강인애, 2003; 박숙희, 염명숙, 2007; 신재한, 2017; 윤광보 외, 2003; 이신동 외, 2016; 조연순, 2006; 한정선 외, 2008).

가. 문제기반학습의 특징

- 실제 상황과 관련된 사례 중심으로 형성된 문제를 통한 수업을 진행하여 학습자의 학습을 도모한다.

- 학습자중심의 자기주도학습(self-directed learning)이다. 학습자는 문제를 규명하고 문제에 대한 해결안이 도출될 때까지 타당성을 증명하므로 학습 과정과 결과에 대한 책임을 가지고 자기주도적으로 이루어진다.
- 협력적 학습(collaborative learning)을 강조한다. 기존의 주입식 교육과 달리 주제를 제시하나 지식을 전달하지는 않는다.
- 교수자는 조력자(facilitator)로서 학습을 촉진하고 안내하는 역할을 수행한다.

나. 문제기반학습의 장점

- 학습자들은 실제 생활의 경험에 능동적으로 몰입할 수 있다.
- 학습자의 비판적 사고를 위한 기회가 마련된다.
- 학습주제에 대한 본질적인 흥미와 자기조절 학습능력이 향상된다.

다. 문제기반학습의 단점

- 교수자는 문제기반에 적합한 양질의 문제를 창출하기가 쉽지 않다.
- 문제에 대한 해결책 모색에 어려움을 느낄 수 있다는 제한점이 있다.
- 많은 시간이 소요될 수 있다.

3. 교육공학의 이해

1) 교육공학의 의미

교육공학을 어원적 의미로 이해하면, 인간의 잠재력인 지성, 감성, 사회성 등을 효과적으로 계발하기 위하여 과학적이고 조직적인 지식을 체계적으로 활용하는 학문으로 이해할 수 있다. 교육공학은 최상의 교육성과의 창출을 위한 효과적이고 효율적인 교수-학습 체제 분석이며, 이와 관련한 이론과 실천 전략을 포함하는 학문이다(강명희 외, 2017).

교육공학은 인간이 배우고 가르치는 일련의 과정과 관련된 교육 문제를 해결하기 위하여 과학적 지식 또는 조직화된 지식을 체계적으로 적용하는 영역이다. 또한 교육공학은 교육의 방법론적 문제를 해결하기 위하여 학습이론, 교수이론, 인지심리학, 커뮤니케이션이론 등 다양한 학문분야의 과학적 지식들을 활용한다(백영균 외, 2015; 유승우 외, 2018).

2) 교육공학의 정의

하나의 학문분야로서 교육공학은 본래 시청각 교육의 전통에서 출발하여 1963년 처음으로 교육공학에 대한 정의를 제시한 이후 미국교육공학회(Association for Educational Communication and Technology: AECT)의 주도로 1972년, 1977년, 1994년, 2002년, 2004년 등 여러 번에 걸쳐 교육공학에 대한 정의를 하면서 학문적 영역을 구축하게 되었다. 그중에서 1994년 제시된 교육공학의 정의가 대표적이라 할 수 있다.

미국교육공학회에서 1994년에 교육공학(educational technology)의 개념을 "학습을 위한 과정과 자원을 설계, 개발, 활용, 관리, 평가하는 이론과 실제"라고 정의하였다(Seels & Richey, 1994).

2004년에 교육공학정의연구위원회에서는 시대의 변천으로 교육공학의 정의를 새롭게 정립할 필요성에 따라 연구와 논의를 바탕으로 다음과 같은 정의를 제시하였다. 교육공학은 "적절한 공학적 과정 및 자원을 창출, 활용, 관리함으로써 학습을 촉진하고 수행을 개선하는 연구와 윤리적으로 실천하는 학문"이다(AECT Definition and Terminology Committee, 2004; 한정선 외, 2008).

교육공학에 대한 1994년의 정의는 다음과 같은 몇 가지 특징을 내포한다. 첫째, 교육공학은 인간의 학습 활동과 결과에 영향을 주는 것을 목적으로 한다. 둘째, 교육공학은 과정과 자원을 모두 포함한다. 셋째, 교육공학은 설계, 개발, 활용, 관리, 평가의 연구영역을 갖는다. 넷째, 교육공학은 이론과 실제를 모두 포함한다.

3) 교육공학의 영역

미국교육공학회가 1994년에 제시한 교육공학의 정의를 기준으로 교육공학의 연구영역을 일반적으로 설계, 개발, 활용, 관리 그리고 평가의 다섯 영역으로 나뉜다. 이들 영역은 서로 보완적 관계이며 세부 하위 영역의 관련요소와 밀접한 관련을 갖는다. 교육공학의 5대 영역을 살펴보면 다음과 같다.

(1) 설계영역

설계영역의 하위 과제들은 교수체제 설계, 메시지 디자인, 교수전략, 학습자 특성 등으로 구성되어 있다. 이는 학습 경험을 어떻게 안내할 것인가에 관한 미시적 활동과 수업의 전체 과정을 기획하는 거시적 활동을 포함한다.

(2) 개발영역

개발영역에서는 인쇄기술, 시청각기술, 컴퓨터기반 기술, 그리고 통합기술 등을 활용한다. 개발영역에서는 이러한 네 가지의 하위 기술들을 통하여 교수자료나 교수매체의 개발을 실행하는 데 필요한 지식과 실제를 제공한다.

(3) 활용영역

활용영역은 설계영역과 개발영역을 통하여 개발된 교육용 프로그램이나 매체를 어떻게 하면 효과적으로 활용할 수 있도록 하겠는가에 관심을 두고 있는 영역으로서 매체의 활용, 혁신의 보급, 수행과 제도화, 정책과 규제 등을 다룬다.

(4) 관리영역

관리영역은 프로젝트 관리, 자원관리, 전달체제 관리, 정보관리를 체계적으로 지원하려는 데 관심을 두고 있는 연구 분야이다.

(5) 평가영역

평가영역에서는 개발 과정 및 절차, 개발된 프로그램 및 자료 등이 적절성과 타당성을 가지고 있는지를 심사, 평가하게 된다. 개발 과정 및 절차, 개발된 프로그램 및 자료 등의 평가를 위하여 요구분석, 준거지향 평가, 형성평가, 총괄평가를 실행하게 된다.

4) 수업설계 이론과 모형

(1) 수업설계의 개념

수업(instruction)에 대한 정의는 학자들마다 의견들이 다양하다. 대표적인 의견을 소개하면, 수업이란 학습이 촉진되도록 학습자들에게 영향을 미치는 모든 일련의 의도된 사건들을 말한다(Gagne, Briggs, & Wager, 1992). 수업이란 개인으로 하여금 특정한 조건 및 상황에 대한 반응으로서 특정 행동을 나타내도록 학습시키거나 또는 그 특정 행동에 참여할 수 있도록 개인을 둘러싼 환경을 계획적으로 조작하는 과정이다(Corey, 1967). 수업은 처음부터 어떤 행동을 일으키고자 하는 명확한 목표를 전제로 해야 하며 동시에 계획적으로 행동을 조작하는 것으로서 항상 계획적인 활동이어야 한다.

설계(design)라는 용어는 무엇을 만든다거나, 문제를 해결하기 위한 방법을 수행하기 전에 체계적인 계획을 세우는 과정을 의미한다. 수업설계(Instructional Design: ID)란 교수자가 수업목표를 달성하고 수업을 보다 일관성 있고 신뢰감 있게 진행하기 위한 체계적인 교수-학습을 계획하는 과정이다. 따라서 수업설계는 수업목표 달성을 위한 가장 최적의 교육환경을 계획

한다는 점에서 매우 가치 있는 교육의 준비과정이다.

(2) 수업설계의 원리

교수-학습과정이 따른 수업설계에 적용할 수 있는 원리는 다음과 같다(변영계 외, 2003).

- 수업목표의 명확한 제시
- 학습동기의 유발
- 학습결손의 발견 및 처치
- 학습내용의 제시
- 연습
- 형성평가와 피드백(환류)
- 전이 및 일반화

(3) 수업설계의 장점

수업설계의 체계성이 주는 장점은 다음과 같다(변영계, 이상수, 2003). 첫째, 많은 학생이 학습목표를 성취하는 데 도움이 된다. 둘째, 학습 소요시간을 단축하고 경제적 비용이 감소되어 효율적이다. 셋째, 학습자의 흥미를 유발하고 유지하는 데 도움이 될 정도로 매력적이다. 넷째, 수업목적, 수업방법, 그리고 수업평가 등이 기대하는 목표 수준을 성취하는 데 최적의 교수-학습과정이 가능할 정도로 일관적이다.

(4) 수업설계 모형

① ADDIE 모형

ADDIE 모형은 분석(Analysis), 설계(Design), 개발(Development), 실행

(Implementation), 평가(Evaluation)의 5단계로 구성되며, 각 단계를 나타내는 영어 단어의 첫 글자를 따서 ADDIE라고 부르게 되었다. 각 단계가 선형적으로 이루어지기도 하고, 순환적으로 이루어지기도 한다. ADDIE 모형은 전형적인 수업설계 모형으로 대부분의 현존하는 다른 수업설계 모형은 ADDIE 모형에서 파생된 것이거나 이를 변형시킨 모형이다.

가. 분석(Analysis) 단계

학습과 관련된 요인들을 분석하는 단계로, 학습에 들어가기 전에 반드시 선행되어야 한다. 학습자가 누구인지 현재 어느 수준인지 학습자의 특성을 파악하고, 학습자가 필요로 하는 것과 기대하는 것이 무엇인지 학습자의 요구를 분석한다. 교육 실제에 사용할 수 있는 물적 자원과 학습공간의 물리적 환경을 분석한다.

나. 설계(Design) 단계

분석과정에서 나온 결과를 토대로 교육 제반 사항에 대해 설계하는 단계이다. 수행목표를 행동적인 용어로 명확히 하며, 그 목표가 제대로 이루어지는지 평가 도구를 선정한다. 학습자에게 효율적인 프로그램이 되도록 계열화하며 어떻게 가르칠 것인지 교수전략을 수립한다. 또한 학습활동을 촉진시킬 수 있는 적절한 교수매체를 선정한다.

다. 개발(Development) 단계

수업에 사용될 교수자료를 실제로 개발하고 제작하는 단계이다. 개발과정에는 먼저 교수자료의 초안 또는 시제품을 개발하여 형성평가를 실시하고 프로그램을 수정한 뒤에 마지막으로 최종 산출물, 즉 완제품을 제작하는 일이 포함된다.

라. 실행(Implementation) 단계

실행과정에서 설계되고 개발된 교육 프로그램을 실제의 현장에 사용하고 이를 교육과정에 설치하며 계속적으로 유지하고 변화, 관리하는 단계이다. 설정된 목적이 달성되도록 프로그램이나 수업 자료의 실행에 필요한 지원체계를 구축하는 것이 중요하다.

마. 평가(Evaluation) 단계

수업설계의 효율성을 평가하고 수업내용이 효과적으로 전달되었는지 등 실행과정에서의 모든 결과를 평가하는 단계이다. 설계 및 개발한 교수자료와 프로그램, 교수매체의 적합성과 효율성, 그 과정을 계속 이어 나가도 될지에 대한 지속성 여부, 문제점이 발생했다면 어떻게 수정해서 재적용할 것인지에 대한 수정사항 등을 평가한다. 평가에는 형성평가와 총괄평가가 있다.

② 딕과 캐리 모형

딕과 캐리 모형(Dick and Carey Model)은 체제 접근에 입각하여 효과적인 교수 프로그램을 개발하는 데 필요한 일련의 단계를 제시한 대표적인 수업설계 모형이다. 이 모형은 ADDIE 모형의 5단계를 좀 더 세분화하여 만든 모형으로 단계별로 보면 요구분석과 목표설정, 수업분석, 학습자 상황분석, 수행목표 진술, 평가 도구 개발, 수업전략 개발, 수업자료 개발 및 선정, 형성평가 설계와 실시, 수업 프로그램 수정, 총괄평가의 10단계로 이루어져 있다.

가. 요구분석과 목표설정 단계

수업이 끝난 후 학습자가 무엇을 할 수 있는지를 규명하는 단계로 이때 수업목적은 학습자의 요구사정과 교육과정 분석에 의해 파악 · 설정된다.

나. 수업분석 단계

수업에 포함되어야 하는 지식과 기능 등을 규명하는 것을 목표로 하는 단계이다. 교수목표에는 최종 학습목적의 성취를 위해 학습자가 배워야 할 학습유형을 결정하는 목적분석과, 학습자가 학습을 하는 데 필요한 하위 기능 및 학습절차를 분석, 결정하는 하위 기능 분석이 있다.

다. 학습자 상황분석 단계

수업을 시작할 때, 수업에 필요한 학습을 위해 학습자가 반드시 갖추고 있어야 할 선수지식과 교수활동을 설계하는 데 중요하게 고려해야 될 학습자의 특성을 분석하는 단계이다.

라. 수행목표 진술 단계

학습과제와 학습자 특성의 분석결과를 바탕으로 하여 학습자들이 수업이 끝났을 때 성취해야 할 학습목표들을 구체적으로 진술하는 단계이다. 학습목표는 평가를 위한 준거기준이 되므로 명확히 진술해야 하고, 성공 여부를 판단할 수 있는 준거를 포함해야 한다.

마. 평가 도구 개발 단계

학습자의 학습목표 달성 정도를 측정할 수 있는 평가 도구와 문항을 개발하는 단계로 개발한 문항은 학습목표에서의 성취행동과 반드시 일치해야 한다.

바. 수업전략 개발 단계

최종 학습목표를 달성하기 위한 수업 전달방법과 절차 및 사용할 교수매체의 활용전략을 계획하며 결정하는 단계로 동기 유발, 학습내용 제시 전략, 연습, 피드백 등이 고려된다. 수업전략은 학습에 대한 연구결과들과 학습과정에 대한 현재의 지식, 가르쳐야 할 내용, 학습자 특성을 고려하여 개발되어야 한다.

사. 수업자료 개발 및 선정 단계

수업과정에 필요한 각종 자료들이 개발되는 단계이며, 각종 자료들은 학습목표와 내용, 학습자의 특성을 고려해 개발된다.

아. 형성평가 단계

앞 단계까지 개발이 완료된 교수 프로그램에 대해 일대일평가, 소집단평가, 현장평가와 같은 평가방법을 통해 그 결과를 검토하고 문제점이 발견될 경우 수정 · 보완하는 단계이다.

자. 수업 프로그램 수정 단계

형성평가 결과를 토대로 학습목표 달성에서의 어려움을 확인하고 수업상 잘못된 점을 수정하며, 학습과제 분석의 타당성과 학습자의 출발점 행동, 학습자 특성에 대한 가정을 재검토하는 단계이다. 학습목표 진술의 적절성, 평가문항 개발의 타당성, 교수전략의 효과를 통합적으로 검토 · 수정하여 더 효과적인 교수 프로그램을 개발한다.

차. 총괄평가 단계

충분히 수정 · 보완된 교수 프로그램의 효과를 검증하는 단계이다. 총괄평가는 외부 평가자에 의해 실시되므로 교수설계 전 과정 밖에 있다고 볼 수 있다.

③ 켈러 동기설계 이론

켈러(Keller)는 학습자의 동기 유발 전략을 체제적으로 제공하기 위한 모형을 제시하였다. 켈러에 의하면 학습동기에 영향을 미치는 요소는 주의집중(Attention), 관련성(Relevance), 자신감(Confidence), 만족감(Satisfaction)이고, 이러한 네 가지 요소를 충족시킬 때 가장 효과적으로 학습자의 동기를 유발할 수 있다. 이 모형은 4요소의 첫 자를 따서 ARCS 모형이라고 불린다.

ARCS 모형은 다양한 교수자료의 동기적 측면을 향상시키기 위한 체계적 방법으로 제시된 것이다. 특히 이 이론은 교수–학습상황에서 동기를 유발시키고 유지시키기 위한 구체적이고 처방적인 방략들을 제시하고 있고 또한 교수설계 모형들과 병행하여 활용될 수 있는 동기설계의 체제적 과정을 제시하고 있다.

가. 주의집중(attention)

학습자의 관심을 학습자극에 집중시키는 것으로서 특히 지적 호기심의 유발에 관심을 둔다. 주의를 촉진시키기 위하여 지각적 주의환기, 탐구적 주의환기, 그리고 주의집중을 지속시킬 변화에 관심을 둔다.

나. 관련성(relation)

학습자들이 공부를 해야 하는 이유나 개인적 필요를 지각시키는 것을 말한다. 관련성과 관련된 처방방안으로는 친밀성, 목적지향성, 그리고 학습자의 학습양식과 개인적 흥미에 언제, 어떻게 연결시킬 수 있는지 등 모티브 일치의 요소를 지닌다.

다. 자신감(confidence)

성공의 기회가 있다는 것을 인식시키는 것이다. 자신감과 관련된 처방방안으로는 학습의 필요조건 제시, 성공의 기회 제시, 개인적 통제력 등이 있다.

라. 만족감(satisfaction)

학습자의 노력의 결과와 성취기대가 일치하게 되면 학습동기가 유지되는 것을 말한다. 만족감과 관련된 처방방안으로는 학습 경험에 대한 학습자들의 내재적 즐거움을 격려하고 지원 강화, 성과에 대한 외재적 보상 제공, 그리고 공정성 강조 등이 있다.

4. 교수매체 선정 및 활용

1) 교수매체의 개념

매체(media)는 의사소통과정에서 송신자(sender)와 수신자(receiver) 사이를 연결하는 매개체 혹은 전달체이다. 매체들이 수업내용을 전달하는 데 사용될 때 교수매체라고 말한다.

교수매체(instructional media)는 매체의 개념을 교수-학습 상황에 접목한 것으로 송신자인 교사와 수신자인 학습자 사이를 연결하는 매개역할을 담당한다. 즉, 교수매체는 교사가 교육내용을 학습자들에게 전달하는 모든 형태의 채널 혹은 교사가 학습자와의 의사소통을 촉진할 때 사용하는 수단이나 방법을 의미한다. 교수매체란 교육목표를 효과적이고 효율적인 방법으로 달성하기 위해 교수자와 학습자, 학습자와 학습자 사이에 필요한 의사소통을 도와주는 다양한 형태의 매개수단이라고 정의할 수 있다.

2) 교수매체의 교육적 기능

첫째, 매개적 보조 기능은 교수-학습 상황에서 매체를 활용하여 학습자들의 흥미를 유발시키고 주의를 집중시켜 학습동기를 유발하는 기능이다.

둘째, 정보전달 기능은 교수매체를 활용하여 다수의 학습자들에게 정보를 효율적으로 전달할 수 있는 기능이다.

셋째, 학습 경험 구성 기능은 교수-학습 상황에서 교수매체를 활용함으로써 학습자들이 자신의 경험이나 지식을 스스로 구성할 수 있는 기능이다.

넷째, 교수 기능은 교수-학습 상황에서 교수매체의 정보전달 기능을 통하여 학습내용을 효과적으로 전달해 학습자들의 인지적 사고활동을 촉진시킬 수 있는 기능을 의미한다(강명희 외, 2017).

3) 교수매체의 유형

기술의 발달과 변화에 따라 교수-학습 상황에서 활용되는 교수매체의 종류는 매우 다양하게 구체적이다. 교수매체 유형을 분류하는 기준이 학자들의 견해 또는 목적에 따라 다양하지만 가장 일반적으로 사용하는 상징체계에 따른 유형 분류 기준을 정리한다. 상징체계에 따른 유형 분류는 매체가 교육내용을 전달하기 위해 주로 의존하는 상징체계가 무엇이냐에 따라 달라진다. 매체의 유형은 시각매체, 청각매체, 시청각매체, 상호작용 매체로 분류할 수 있다(신재한, 2017; 유승우 외, 2018에서 재구성).

표 7-4 상징체계에 따른 교수매체 유형

구분		유형
시각매체	투사매체	OHP, 실물화상기, 슬라이드, PPT
	비투사매체	실물, 차트, 모형, 그래프, 사진, 칠판, 만화, 그림자료
청각매체		CD, LD(레코드판), 라디오, 녹음기, 카세트, MP3 플레이어
시청각매체		TV, VTR, 영화, 멀티미디어 CD-ROM, DVD, 슬라이드
상호작용 매체		CAI(컴퓨터보조학습), 쌍방향 TV, 멀티미디어, 상호작용 비디오

4) 교수매체의 선정과 활용

(1) 교수매체 선정 기준

교수매체 선정 시 고려해야 할 요인이 많이 있겠지만, 일반적으로 매체 선정을 영향을 미치는 요인을 학습내용, 인적요인, 그리고 매체의 속성으로 나누어 볼 수 있다(강명희 외, 2018; 신재한, 2017 재구성).

표 7-5 교수매체 선정 기준

고려사항		평가 기준 사항
수업형태	수업집단	대집단 또는 소집단 수업 등 고려
	수업전략	교사중심 수업 또는 학습자중심 수업 등 고려
학습내용	학습목표 적절성	매체에서 제시되는 내용과 학습목표와의 일치 여부
	학습동기 유발	매체 사용에서 학습동기 유발 가능성 정도
인적요인	학습자 특성	학습자의 일반적인 특성(연령, 태도, 적성 등) 고려
	교수자 특성	교사의 매체에 대한 태도, 사용능력 정도
환경요인	수업장소, 시설	매체를 효율적으로 활용 가능한 공간 여부
매체의 속성	물리적 기능	매체의 물리적 속성(시각, 청각, 크기, 색채 등)과 기능 정도
	가격의 적정성	매체 구입 관련 비용 및 사용 후 효과 정도

(2) ASSURE 모형

ASSURE 모형은 교수매체와 자료를 효과적이고 체계적으로 활용하기 위한 절차적 모형이다. ASSURE 모형의 내용 체계는 '학습자 분석(Analyze learners)' '목표 진술(State objectives)' '수업방법, 매체 및 자료선정(Select method, media & materials)' '매체와 자료의 활용(Utilize media & materials)' '학습자 참여요구(Require learner participation)' '평가와 수정(Evaluate & revise)'으로 되어 있다.

ASSURE 모형의 특징은 다음과 같다. 첫째, 교수–학습과정에서 교수매체를 활용하기 위해 필요한 학습자 분석, 목표 진술, 학습자료의 선택과 활용, 학습자 행동 분석과 평가 등이 체계적으로 이루어져 있는 모형이다. 둘째, 교실 수업에서 매체의 활용계획을 수립할 때 사용하기 위한 것으로 학습자 분석, 목표 진술, 수업방법, 매체 및 자료의 선정, 매체와 자료의 활용, 학습자 참여 요구, 평가와 수정의 6단계로 구성된다. 셋째, 초보교사들도 교육 현장에서 쉽게 활용할 수 있는 실천적 모형이다.

표 7-6 ASSURE 모형의 6단계

① 학습자 분석 (Analyze learners)	• 학습자의 특성을 분석하기 위해 고려해야 할 사항은 학습자의 일반적인 특성, 구체적인 출발점 행동, 학습양식 등이다. • 일반적 특성은 학습자의 연령, 지적 특성, 사회경제적 배경을 의미한다. • 출발점 행동은 새로운 학습을 시작하기 전에 학습자가 이미 가지고 있는 지식, 기술, 태도이다. • 학습양식은 학습자가 학습환경에서 어떻게 지각하고 상호작용하고 반응하는지에 대한 심리학적 특징이며, 감각적 선호도, 정보처리 습관, 동기요인 등에 의해 영향을 받는다.
② 목표 진술 (State objectives)	• 학습자가 달성해야 할 학습목표를 구체적으로 설정하고 학습의 결과로 습득하게 될 새로운 지식과 경험을 명확하게 진술한다. • 목표 진술은 교사가 무엇을 가르치느냐의 관점에서가 아닌, 수업이 끝난 후에 학습자가 무엇을 할 수 있느냐의 관점에서 진술한다. • 구체적 목표 진술에 포함해야 할 요소는 학습 대상자, 행동, 학습조건, 평가 수준이다.
③ 수업방법, 매체 및 자료의 선정(Select method, media & materials)	• 학습자의 특성이 분석되고 도달해야 할 구체적인 목표가 확인되었으면 이 두 과정을 연결하기 위한 구체적인 계획을 세워야 한다. • 어떤 수업방법을 선택할 것인지, 어떤 매체를 사용할 것인지, 매체와 교수방법을 실행하기 위하여 어떤 교재를 활용할 것인지를 결정하는 단계이다. • 교수방법이나 교수매체의 선택은 수업의 내용이나 목표에 따라서, 학습 대상자에 따라서, 교사의 교육관에 따라서, 그리고 수업이 실시되는 환경에 따라서 이루어진다.

④ 매체와 자료의 활용 (Utilize media & materials)	• 사용할 매체와 자료가 선택된 후 수업에서 그 자료를 어떻게 활용할 것인지 계획해야 한다. • 교수매체를 효과적으로 제시하기 위해서는 수업 전에 미리 시연해 볼 필요가 있으며, 자료를 사용하기 위한 매체 및 수업환경을 정비해야 한다. • 학습자들의 주의를 집중시키기 위해 제시할 내용의 소개, 학습할 주제와의 관련성, 사용할 교수매체에 대한 정보나 특별한 용어에 대해 미리 설명하여 학습자들의 동기를 유발한다.
⑤ 학습자 참여 요구 (Require learners participation)	• 학습은 학습자가 학습과정에 능동적으로 참여할 때 효과적으로 이루어질 수 있으므로 학습자의 적극적인 참여를 이끌어 내는 것이 무엇보다 중요하다. • 학습자 참여는 학습자의 반응을 이끌어 낼 수 있는 자료 제공, 연습 기회 제공, 반응에 대한 피드백 제공 등으로 유도할 수 있다.
⑥ 평가와 수정 (Evaluate & revise)	• 사전에 진술된 학습목표를 학습자가 얼마나 잘 달성했는지에 대한 평가가 이루어진다. 또 사용한 교수매체와 교수방법에 대한 평가, 교수–학습과정에 대한 평가도 이루어진다. • 교수매체와 교수방법에 대한 평가는 사용한 특정 매체가 학습자의 목표 달성에 도움이 되었는지, 학습자의 흥미를 유발시키는 데 효과적이었는지, 학습자의 참여를 유도하였는지 등을 평가한다. • 교수–학습과정에 대한 평가는 교수의 전 과정에 대해 수시로 이루어지며 만족스럽지 않은 부분에 대해 자료나 활용 계획 등을 수정한다.

(3) 교수매체의 활용 원칙

- 자료를 사전에 교사가 검사하고 사용해 보아야 한다.
- 교사가 매체에 익숙하고 매체를 사용할 줄 알아야 한다.
- 학습자들에게 미리 매체에 대한 정보를 주어야 한다.

- 학습자들의 참여를 최대화할 수 있도록 매체를 활용하여야 한다.
- 어느 매체이든지 매체활용 시간을 제한하고 절제해서 활용해야 한다.
- 학생들의 고등사고력을 길러 주는 학습이 되게끔 활용하는 것이 중요하다.

토론 과제

1. 예비교사로서 내가 좋아하는 교육방법 유형을 말하고, 그 방법의 현장 적용 시 교사가 유의해야 할 사항에 대해 의견을 제시해 보자.
2. 교수자중심과 학습자중심 교육방법을 비교 설명하고, 최신 교육방법 중 하나를 선정하여 특징과 장단점, 현장 적용 가능성을 토의해 보자.
3. 교실 수업에서 교육공학의 필요성을 설명하고, 교수설계 모형의 현장 적용 사례를 조사하고 그 교육적 효과성에 대해 논의해 보자.
4. 교수매체 선정 시 학습자의 특성을 우선적으로 고려하는지 아니면 교사의 특성을 고려하는지 의견을 제시해 보자. 그리고 예비교사로서 가장 선호하는 교수매체를 하나를 선정하고 그 이유를 이야기해 보자.

용어 설명

교육방법 교육목적을 달성하기 위하여 선정된 교육내용을 학습자들에 효과적으로 전달하는 수단이자 제반 활동을 말한다.

교육공학 교수-학습에 관한 문제를 해결하기 위하여 과학적 지식 등을 체계적으로 응용하는 학문이다.

교수-학습 교사가 학생들에게 지식과 기술 따위를 가르치며 익히도록 하는 일이다.

요구분석 요구를 규명하고 규명된 요구에 우선순위를 부여하며 요구를 일으킨 원인을 분석하고 해결 대안을 마련하는 일련의 과정을 말한다.

수업설계 수업의 효과를 증진·개선시키기 위하여 교수-학습 과정을 최적의 조건으로 구성하는 교수-학습의 계획을 말한다.

교수매체 교수-학습과정에서 교사와 학습자 사이에 정보를 전달하는 매개체이다.

참고문헌

강명희, 정재삼, 조일현, 이정민, 임규연, 소효정(2017). **교육방법 및 교육공학**. 경기: 교육과학사.

강인애(2003). **PBL의 이론과 실제**. 서울: 문음사.

권성연, 김혜정, 노혜란, 박선희, 박양주, 서희전, 양유정, 오상철, 오정숙, 윤현, 이동엽, 정효정, 최미나(2018). **교육방법 및 교육공학**. 경기: 교육과학사.

권성호(1998). **교육공학의 탐구**. 서울: 양서원.

권성호(2011). **교육공학의 탐구(제3판)**. 경기: 양서원.

김광현(2018). **교육방법 및 교육공학(좋은 수업을 위한)**. 경기: 어가.

김보경(2018). **교육방법 및 교육공학(학교수업 설계를 위한)**. 서울: 학지사.

박성익, 임철일, 이재경, 최정임(2015). **교육방법의 교육공학적 이해**. 경기: 교육과학사.

박성익, 임철일, 이재경, 최정임, 임정훈, 정현미, 송해덕, 장수정, 장경원, 이지연, 이지은(2012). **교육공학의 원리와 적용**. 경기: 교육과학사.

박숙희, 염명숙(2007). **교수-학습과 교육공학**. 서울: 학지사.

백영균, 박주성, 한승록, 김정겸, 최명숙, 변호승, 박정환, 강신천, 김보경(2010). **유비쿼터스 시대의 교육방법 및 교육공학**. 서울: 학지사.

백영균, 한승록, 박주성, 김정겸, 최명숙, 변호승, 박정환, 강신천, 윤성철(2015). **스마트 시대의 교육방법 및 교육공학**. 서울: 학지사.

변영계, 김영환, 손미(2000). **교육방법 및 교육공학**. 서울: 학지사.

변영계, 이상수(2003). **수업설계**. 서울: 학지사.

서울대학교 교육연구소(1994). **교육학용어사전**. 서울: 하우.

신재한(2017). **교육방법 및 교육공학**. 서울: 이모션북스.

유승우, 임형택, 권충훈, 이성주, 이순덕, 전희정(2018). **교육방법 및 교육공학**. 경기: 양서원.

윤광보, 김용욱, 최병옥(2003). **교육방법과 교육공학의 이해**. 서울: 양서원.

이성호(1999). **교수방법의 탐구**. 서울: 양서원.

이신동, 조형정, 장선영, 정종원(2016). **알기 쉬운 교육방법 및 교육공학**. 경기: 양서원.

이정기(2014). **한양대학교 ERICA 캠퍼스 플립 러닝, 블렌디드 러닝 가이드북**. 경기: 한양대학교 교수학습지원팀.

이정기(2015). **플립 러닝의 개념**. 온라인 대학 교육.

이정기, 강용원, 임창호, 조성국, 김성수, 류혜옥(2008). **기독교교육학개론**. 생명의양식.

이화여대 교육공학과(2007). **21세기 교육방법 및 교육공학**. 경기: 교육과학사.

정원진(2009). 브랜디드 러닝이 초등학생의 체력 향상에 미치는 영향. 진주교육대학교 대학원 석사학위논문.

조연순(2006). **문제중심학습의 이론과 실제**. 서울:학지사.

주영주(2006). 면대면과 e-러닝이 만나 효과 극대화. **에듀넷, 가을호**, 12~15.

한국교육공학회(2005). **교육공학 용어사전**. 경기: 교육과학사.

한정선, 김영수, 주영주, 강명희, 정재삼, 박성희(2008). **미래사회를 위한 교육방법 및 교육공학**. 경기: 교육과학사.

황정규, 이돈희, 김신일(1998). **교육학개론**. 서울: 교육과학사.

AECT (1994). *Instructional Technology: The definition and Domains of the Field*. Washington, D.C.: Association for Educational Communication & Teaching.

AECT Definition and Terminology Committee (2004). The meaning of educational technology. http://www.indiana.edu/~molpage/publications.html

Borich, C. D. (2000). *Effective teaching methods* (4th ed). Upper Saddle River, NJ: Merrill.

Corey, S. M. (1967). The nature of instruction. In M. D. Merrill (ed.), *Instructional design: Reading*. N.J.: Englewood Cliffs, Prentice-Hall.

Dick, W., Carey, L., & Carey, J. O. (2003). 체제적 교수 설계(제5판)(*The systemic design of instruction,* 5th ed.). (최수영, 백영균, 설양환 공역). 서울: 아카데미프레스. (원전은 2001년에 출판).

Gagne, R. M. (1975). *Essentials of Learning for Instruction* (Expanded Rd.). Hinsdale, IL: The Dryden Press.

Gagne, R., Briggs, L., & Wager, W. (1992). *Principle of instruction design* (4th ed.). Fort Worth, TX: Jovanovich.

Johnson, D. W., & Johnson, R. (1987). *Learning together and alone: Cooperative, competitive, and individualistic learning*. Englewood Cliff, NJ: Prentice Hall Inc.

Marquardt, M. J. (2004). 액션러닝의 힘(*Optimizing the power of action learning : solving problems and building leaders in real time*). (이태복 역). 서울: 패러다임컨설팅.

Seels, B. B., & Richey, R. C. (1994). *Instructional Technology: The definition and domains of the field.* Washington. DC: AECT.

Slavin, R. E. (1990). *Cooperative learning: Theory, research, and practice*. Englewood Cliff, NJ: Prentice Hall Inc.

제 8 장

교육평가의 이해

학습목표

1. 교육평가의 개념을 정의하고, 학교교육에서의 교육평가 기능을 설명할 수 있다.
2. 규준 참조평가와 준거 참조평가의 강조점, 교육 신념, 목적 등을 비교·설명할 수 있다.
3. 진단평가, 형성평가, 총합평가를 시기, 목적, 기능별로 비교·설명할 수 있다.
4. 타당도와 신뢰도의 개념을 정의하고, 그 검증방법들을 설명할 수 있다.
5. 평가 문항 제작의 절차를 익히고, 평가 문항을 제작할 수 있다.

누구나 한 번 정도는 피아노, 운동, 미술, 무용 등을 레슨 받은 경험이 있을 것이다. 레슨 과정에서 공통적인 장면이 있다. "선생님! 코치님! 저 좀 한번 봐 주세요. 이만하면 되나요? 아니면 뭐가 잘못되었죠?" 선생님은 즉시 잘못된 부분을 알려 주고 바로잡아 주는 피드백을 주신다. 학생은 계속되는 피드백을 통해서 완벽한 박자, 자세, 구도를 잡게 된다.

학교 교실에서는 어떠한가? 대부분 학생은 "평가든 시험이든 싫어요. 그냥 넘어가요."

심지어는 "몰라도 돼요."라는 반응과 함께 자신이 부족한 부분을 드러내기 싫어하면서 선생님의 도움을 구하지 않으려 한다. 왜 그럴까? 선생님을 못 믿어서일까? 이유는 하나이다. '잘못된 행동, 모르는 것, 부족한 부분' 그 자체가 자신을 평가한 결과이고, 점수로 평가될 뿐 적절하고 원하는 피드백이 주어지지 않기 때문이다.

피드백이 없는 평가나 모든 과정이 끝난 후의 평가는 의미가 없다. 의미있는 평가의 조건은 학생에게 도움이 되는 피드백에 있다. 평가는 교육이 시작되는 시점에서 학생의 현재 상태를 확인하고, 그에 따른 적절한 피드백 및 처치가 주어져 학생의 처지나 수준이 고려되는 교육이 이루어지고, 서서히 완성해가면서 중간 중간의 피드백(부족한 부분에 대한 도움)이 주어지도록 하는 것이다. 한마디로 '평가는 피드백이다.'라고 해도 과언이 아니다.

1. 교육평가의 개념과 교육평가의 기능

1) 교육평가의 개념

교육은 기본적으로 교육목표 설정, 목표 달성을 위한 교육과정, 교육과정 전달을 위한 교육방법, 교육의 효과성을 검증하는 교육평가 등의 절차를 따르는 **교육의 과정**(Process of education)을 통해서 이루어진다. 한편, 교육의 전(全) 과정이 교육의 결과에 영향을 미치기 때문에 교육의 전(全) 과정에 대한 평가를 통해서 교육의 질을 향상시키는 피드백 정보를 수집 · 제공할 필요가 있다.

R. W. Tyler
(1902~1994)

타일러(Ralph W. Tyler)는 그의 유명한 저서인 『교육과정과 수업의 기본 원리(Basic Principle of Curriculum and Instruction)』에서 교육평가에 대하여 다음과 같이 언급하고 있다. "평가의 과정이란 본질적으로 교육과정 및 수업 프로그램에 의하여 교육목표가 어느 정도 실현되었는지를 결정하는 과정이다." 이 개념은 일차적으로 교육목표 달성에 초점을 두고 있지만, 교육의 도구적 성격을 지닌 교육과정이나 수업 프로그램의 질에 따라서 교육목표 달성이 달라진다는 의미를 포함하고 있다.

이상의 교육평가 의미를 정리하여 교육평가의 개념을 다음과 같이 정의할 수 있다.

교육평가란 "교육의 결과로서의 효과성 검증뿐만 아니라 교육의 과정상에서 교육성취에 관련된 교육목표, 교육과정 및 수업 프로그램, 교육방법 등의 모든 교육활동의 정보를 수집 · 활용하여 교정적 처치를 유도하는 활동, 즉 피드백을 수반하는 교육적 활동"이다(최철용 외, 2018에서 재인용 및 참조).

2) 학교교육에서의 교육평가 기능

대부분 교육평가는 학교교육과정 속에서 이루어지고 있다. 학교교육에서의 교육평가는 다음과 같은 기능을 가지고 있다(박도순, 홍후조, 2008 참조).

첫째, 진단의 기능이다. 진단의 목적은 학생들의 현재 능력이나 적성, 또는 정의적 행동에 대한 정보를 수집 · 파악하여 효과적인 수업 설계 · 전략 · 방법 또는 진로 방향 등을 모색하는 데에 있다.

둘째, 교수-학습활동을 개선하는 기능이다. 이 기능의 목적은 수업이 진행되는 과정에서 교수-학습의 진전 상황에 관한 정보를 수집 · 분석함으로써 교수-학습활동을 촉진하고 개선하는 데에 있다.

셋째, 학생의 학습결과에 대한 학업성취도를 평가하는 기능이다. 성취도 평가의 목적은 교수-학습을 통해서 주어진 목표를 얼마나 달성했는지를 가늠하는 데에 있다.

넷째, 교육과정, 수업자료, 수업절차 등의 교육적 효과성을 평가하는 기능이다. 이 기능의 목적은 교육 프로그램을 평가하는 것으로 발전된 교육 프로그램을 위한 프로그램 요소를 보완하여 교육의 질적 향상을 도모하는 데에 있다.

다섯째, 교육의 제 문제에 관한 현장연구, 분석 및 평가를 통해서 교육정책 수립에 활용하는 기능이다.

2. 교육평가의 유형

1) 규준 참조평가와 준거 참조평가

교육평가의 유형은 참조(reference)를 어디에 두느냐에 따라 크게 규준 참조평가와 준거 참조평가로 구분할 수 있다.

여러 학자의 연구결과를 바탕으로 평가 유형의 특징, 방법, 적용에 대해서 알아보면 다음과 같다(김대현, 김석우, 2011; 박도순, 원효헌, 이원석, 2011; 박도순, 권순달, 김명화, 2012; 성태제, 2019; 최철용, 김환남, 2018; Oosterhof, 2001).

수업자료

1) 핀란드의 교육평가 https://www.youtube.com/watch?v=-I_sqEzIASI(YouTube)

2) 공부 못하는 나라? 독일 https://www.youtube.com/watch?v=egV1ZFNZIps(YouTube)

(1) 규준 참조평가

규준 참조평가(norm-referenced evaluation)는 평가결과에 대한 해석의 기준을 규준집단 내의 상대적 위치에서 구하는 평가방법으로 **상대평가**라고도 한다. 상대적 위치를 결정짓는 기준은 '평균'이 된다. 개인의 점수는 어디까지나 그가 속하는 집단의 평균(Mean: M)과 표준편차(Standard Deviation: SD)에 비추어 결정되고 해석된다. 이 평가체제 전체 점수분포는 정상분포를 이룬다는 것을 전제로 하고 있으며, 그 분포 안에서 개인의 상대적 위치를 비교한다.

규준 참조평가의 특징, 이점, 문제점을 제시하면 다음과 같다.

① 특징

- 학습자 간의 개인차를 변별하고, 선발하는 기능을 강조한다.
- 검사의 신뢰도를 강조한다.
- 검사 점수분포는 정상분포를 전제로 한다.

② 이점

- 엄밀한 개인차의 변별이 가능하다.
- 경쟁을 통하여 학생들의 외적 동기 유발이 쉽다.

③ 문제점

- 목표 달성이 안 된 경우, 그 평가결과를 비교하는 것은 무의미하다.
- 학생 스스로 행동을 유발하는 내적 동기보다는 외적 보상을 받기 위한 외적 동기만을 유발할 가능성이 크다.
- 경쟁의식의 심화는 학생들의 정신건강에 해가 될 우려가 있다.

(2) 준거 참조평가

준거 참조평가(criterion-referenced evaluation)는 일정한 기준선(준거)에 도달했는지를 판단하는 것으로 **절대평가**라고도 한다. 이 평가체제는 '평가의 준거를 교육을 통해 달성하고자 하는 학습목표에 두고, 교수-학습활동 촉진 · 개선에 초점을 둔다. 준거 참조평가의 특징 및 이점을 제시하면 다음과 같다.

- 인간의 무한한 가능성과 교육의 효과에 대한 신념을 가진다.
- 학생들의 성취 분포가 **부적 편포**될 것으로 기대한다([그림 8-1]). 즉, 대부분 학습자를 목표 도달점으로 이끌어 가는 것이 이 평가체제의 목적이다.
- 준거 참조평가의 결과로 얻어진 점수는 그 점수 자체로서 중요한 의미

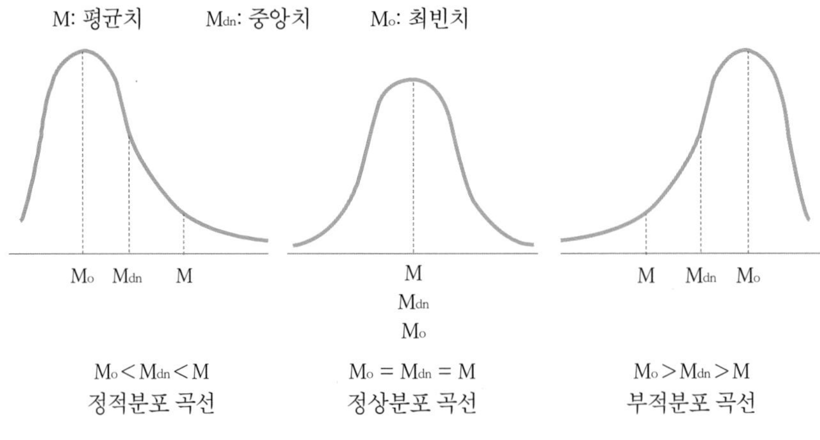

그림 8-1 정적분포, 정상분포, 부적분포의 관계

를 지닌다. 즉, 현재 획득한 점수가 현재의 목표 달성 수준이 된다.

- 준거 참조평가에서는 타당도의 개념을 강조한다. 즉, 교육내용 및 목표에 대한 교수-학습활동의 결과를 중시한다.
- 학생들 사이의 경쟁심을 제거하고 협동적인 학습을 가능하게 해 준다.
- 학생들에게 더 많은 성취감 또는 성공감을 갖게 해 준다.
- 성취수준에 대한 효과적인 강화를 가능하게 해 준다.

규준 참조평가와 준거 참조평가를 비교 · 정리하면 〈표 8-1〉과 같다.

표 8-1 규준 참조평가와 준거 참조평가의 비교

구분 내용	규준 참조평가	준거 참조평가
강조점	상대적인 서열	일정 목표 성취
교육 신념	개인차 인정(정상분포)	완전학습(부적 분포)
비교 대상	개인과 개인	준거와 수행
목적 적용	분류, 선별, 배치, 행정적 기능 강조	자격 부여, 교수적 기능 강조

2) 진단·형성·총합 평가

평가 시점이 수업(교육) 전이면 진단평가, 수업(교육) 진행 중이면 형성평가, 수업(교육) 후이면 총합평가가 적용된다.

여러 학자의 연구결과를 바탕으로 평가 시점에 따른 진단평가, 형성평가, 총합평가를 알아보면 다음과 같다(박도순, 홍후조, 2008; 성태제, 2019; 허형, 1990; 황정규, 2004; Airasian, 1994; Black & William, 2004; Bloom, Hastings, & Madaus, 1971; Linn & Gronlund, 2000; Scriven, 1967).

(1) 진단평가

진단평가(diagnostic evaluation)는 수업이 시작되기 전에 새로운 학습과제에 관한 선수학습이나 학습 흥미, 학습동기, 학습준비도 등의 심리적 특성을 진단하고, 새로운 학습과제의 수행을 촉진하는 효과적인 교수-학습전략을 모색하는 데에 목적을 둔다.

진단평가의 기능 및 평가 활동은 다음과 같다.

첫째, 수업 내적 요인을 진단하는 기능이다. 평가 활동은 선수학습 수준, 지능이나 적성과 관련되는 기초능력, 학습동기, 학습 흥미 등을 확인하고 그에 따른 최적의 수업전략을 모색하는 것이다.

둘째, 학습실패의 수업 외적 원인을 진단하는 기능이다. 평가 활동은 학습실패의 수업 외적인 영향 변인을 신체적, 심리적, 환경적인 측면에서 접근하고 그 원인을 찾아 처치하는 것이다.

(2) 형성평가

형성평가(formative evaluation)의 목적은 수업 진행 과정에서 학생들의 학습진전도를 확인하고, 그에 따른 적절한 피드백을 주기 위한 교수-학습방법을 개선하는 데에 있다. 형성평가의 기능 및 평가 활동은 다음과 같다.

첫째, 학습 진행속도 조절 기능이다. 학생들의 성취 및 이해 수준에 따라 학습 진행속도를 조절한다.

둘째, 피드백 기능이다. 교수-학습과정에서 학생이 당면하는 학습곤란점을 즉시 밝혀 교정 또는 보충하는 기회를 제공한다.

셋째, 학습활동을 강화하는 기능이다. 작은 성취에 대해 즉각적인 강화를 한다.

넷째, 교수-학습방법 개선의 기능이다. 학생의 실패를 직면하면 그 원인을 학생에게서 찾기보다는 교수방법에서 문제점을 찾고, 필요하다면 새로운 교수방법을 적용한다.

(3) 종합평가

종합평가(summative evaluation)의 목적은 수업이 종결된 후에 학생들의 학업성취도를 종합적으로 평가하여 성적, 평점, 등급 등을 부여하는 것에 있다.

종합평가의 기능 및 평가 활동을 제시하면 다음과 같다.

첫째, 성적, 평점, 등급 등을 부여하는 기능이다. 학생의 최종 성취수준 및 위치를 결정해 주는 것이 주된 평가 활동이다.

둘째, 장래 성적을 예측하는 기능이다. 종합평가 결과를 토대로 상급 학교 진학이나 다음의 학습지도에 참고한다.

셋째, 집단성과를 비교하는 기능이다. 집단성과의 비교를 통해서 교육과정 및 교육정책의 효과성을 판단하고 교육정책에 반영한다.

넷째, 프로그램 및 학습지도의 장기적인 질 관리의 기능이다. 성취도에 따라 학습지도 방법의 효과성 정도에 따라 유지나 개선을 판단한다.

진단 · 형성 · 종합평가는 평가의 시기, 목적, 기능, 방법, 주체, 기준 등에 따라 달리 적용된다. 구분에 따라 진단평가, 형성평가, 종합평가를 비교 · 정리하면 〈표 8-2〉와 같다.

표 8-2 진단평가, 형성평가, 총합평가의 비교

구분 \ 유형	진단평가	형성평가	총합평가
평가 시기	수업(교육) 시작 전	수업(교육) 진행 중	수업(교육) 후
평가 목적	• 출발점 행동 진단 • 효과적인 교수-학습 전략 모색	• 학습진전도 확인 • 교수방법 개선	• 성적, 평점, 등급 부여 • 책무성 차원의 교육 및 수업 활동의 효과성 및 효율성 판단
주요 기능	• 수업 내적 예진 활동 진단 및 처치 • 수업 외적 실패 요인 진단 및 처치	• 학습 진행속도 조절 • 피드백 • 학습활동 강화 • 교수방법 개선	• 성적, 평점, 등급 부여 • 장래 성적 예측 • 집단성과 비교 • 프로그램 및 학습지도의 장기적 질 관리
평가 방법	• 비형식적 · 형식적 평가	• 수시, 비형식적 평가	• 형식적 평가
평가 주체	• 교사 • 교육내용전문가 (표준화 진단 검사)	• 교사	• 교육내용 전문가 (표준화 학력검사) • 교사 • 평가 전문가
평가 기준	• 준거 참조	• 준거 참조	• 규준 참조 • 준거 참조

3. 평가 도구의 타당도와 신뢰도

평가는 평가 도구에 의한 결과를 의미적으로 해석하고 판단하는 것이다. 따라서 평가의 의미적 해석이 수용되기 위해서는 평가 도구의 질이 우수해야 한다.

평가 도구의 질은 평가하고자 하는 평가 내용과 관련된 **타당도**와 평가 절차 및 과정에 관련된 **신뢰도**로 판단될 수 있다. 따라서 타당도와 신뢰도는 평가 도구의 필수적인 조건이 된다.

여러 학자의 연구결과를 바탕으로 타당도와 신뢰도에 대해서 알아보면 다음과 같다(강봉규, 2017; 박도순, 홍후조, 2008; 성태제, 2002; AERA, APA, & NCME, 1999, 2014).

1) 타당도

타당도(validity)는 평가 도구가 재고자 하는 내용(능력, 특성)을 충분히 측정하고 있느냐의 정도를 말한다. 예를 들어, 과학과 시험에서 특정 문항의 지문을 너무 어렵게 진술해 놓아 묻는 뜻을 잘못 이해하여 해당 문제를 틀렸다면, 이는 어쩌면 과학 능력이 측정되기보다는 독해력이 측정되고 있는 것일지도 모른다. 2019년 수능 국어 31번 문항은 과학적 지식에 의해 해결될 수 있다는 비난이 컸던 사실도 문항의 타당도와 관계 지을 수 있다.

타당도를 추정하는 주요 방법으로는 AERA, APA, & NCME[1](1999, 2014)의 「교육 및 심리검사와 요강작성 지침서(Standard for educational and psychological test and manuals)」에서 제시하고 있는 내용 타당도, 예언 타당도, 공인 타당도, 구인타당도 등이 있다.

(1) 내용 타당도

내용 타당도(content validity)는 평가 도구가 정의된 내용의 속성을 어느 정도로 잘 측정하고 있느냐를 논리적으로 판단(논리적 타당도)하는 것이다. 대표적인 내용 타당도 검증방법은 측정하고자 하는 내용의 속성에 대하여 관련 전문가의 판단과 검토를 받는 것이다.

1 AERA: American Educational Research Association
APA: American Philological Association
NCME: National Council on Measurement in Education

학교에서 내용 타당도 수준은 주로 교수–학습과정에서 설정했던 교수목표를 평가 도구가 얼마나 충실히 측정하고 있는지를 판단(목표 타당도, 교과 타당도)하는 정도가 된다.

(2) 예언 타당도

예언 타당도(predictive validity)는 평가 도구에 의한 검사결과가 준거가 되는 피험자의 미래 행동특성을 어느 정도로 예언하는지에 의해 결정된다. 준거는 미래 행동특성으로 상급 학교에서의 학점, 직업에서의 성공, 개인적 · 사회적 적응의 정도 등이 될 수 있다.

예를 들어, 예언 타당도는 '대학입학시험'에서의 각종 전형요소 반영비율 결정에 적용될 수 있다. 대학입학시험(검사 X)의 목적이 대학에서의 수학능력(검사 Y)을 예언하는 것에 있다면 대학에서의 수학능력(학점, 학교 및 학과 생활, 각종 진로 준비 및 자격 취득 등)을 분석하여 입학 당시의 전형 요소(현재)와 대학에서의 수학능력(미래)과의 상관관계를 밝혀 입학 전형요소의 반영비율을 정할 수 있을 것이다.

(3) 공인 타당도

공인 타당도(concurrent validity)는 현재의 검사 X와 현재의 다른 준거 변인 Y 간의 상관 정도를 말한다. 따라서 평가 도구 간에 공통된 요인이 있는지 없는지를 따지는 것이다. 한 검사와 준거 변인(검사) 간의 공통적인 요인이 얼마나 공유되고 있는지를 따져 준거 검사 대신에 검사를 사용하는 타당성을 제시하는 것이다.

예를 들어, '받아쓰기'로 '철자법 4지 선다형 시험'을 대체하기 위해서 두 검사의 상관계수를 산출하고 그 결과 관계 정도(상관계수)가 높으면 다른 준거 검사 Y(철자법 4지 선다형 시험)를 검사 X(받아쓰기)로 대체하여 사용함으로써 시험 문항 제작 및 시험의 효율성을 가질 수도 있다.

(4) 구인 타당도

구인 타당도(construct validity)는 한 검사가 어떤 심리학적 특성을 측정하고 있는지에 대한 모든 증거의 확보 수준이다. **구인**(construct)이란 한 검사에 반영되어 있다고 짐작되는 인간의 어떤 가정적 속성을 말한다. 인간이 가지는 특성은 대부분 그 속성이 모호하고 불명료하다. 그러므로 이들 인간 특성들을 더 정확히 이해하고 정의하기 위해서는 인간 특성에 대한 과학적인 개념화를 위한 증거들을 수집 · 축적 · 분석 · 정리할 필요가 있다. 이러한 과정을 통해서 한 인간 특성의 타당한 속성(구인)들이 밝혀지고 정의된다. 즉, 이렇게 밝혀진 구인의 정도를 구인 타당도라고 할 수 있다.

구인 타당도는 검사에 대한 요인분석이나 문항 분석과 같은 통계적 방법은 물론, 인간 특성에 관한 심리학적 제 이론을 배경으로 하는 연구 등의 다양한 증거들을 통한 합리적인 판단으로 결정될 수도 있다(최철용, 김환남, 2018에서 재인용).

2) 신뢰도

신뢰도(reliability)는 한 평가 도구가 '얼마나 오차 없이', 그리고 '얼마나 일관성 있게' 측정하고 있는지의 정도를 따지는 것이다. 신뢰도를 추정하는 방법으로는 검사-재검사 신뢰도, 동형검사 신뢰도, 반분 신뢰도, 문항 내적 합치도(Cronbach α 계수) 등이 있다.

(1) 검사-재검사 신뢰도

검사-재검사 신뢰도(test-retest reliability)는 한 개의 검사를 같은 집단에 일정한 간격을 두고 두 번 실시해서, 검사 결과 전후 점수 간의 상관계수로 산출하는 방법이다. 즉, 전과 후의 점수 사이에 어느 정도 안정성(stability)이 있느냐를 보는 것이다.

검사-재검사 신뢰도 추정방법의 적용은 다음과 같은 문제점 및 유의점을 고려해야 한다.

첫째, 재검사의 시기가 너무 빠르면 이전의 검사로 인한 기억이나 연습효과의 영향을 받기 쉽고, 재검사의 시기가 너무 지연되었을 때는 그동안의 성장이나 환경적 영향을 제거하기 어려운 문제가 따른다.

둘째, 전후의 검사 실시에 있어서 여러 가지 조건(최초 검사 상황의 동기 상태, 환경, 수검 태도, 검사 지시, 검사시간 등)을 똑같이 통제하기가 어렵다.

(2) 동형검사 신뢰도

동형검사 신뢰도(equivalent-form reliability)는 예시 등의 표면적인 내용은 서로 다르지만 문항의 난이도, 형식, 문항 수 등이 같은 동질적인 내용으로 구성된 두 개의 동형검사를 같은 피험자에게 실시하여 얻어진 각 검사 점수 간의 신뢰도 계수를 산출하는 방법이다.

이 방법은 재검사 신뢰도의 문제점인 기억 효과나 연습효과 등의 검사조건을 어느 정도 통제할 수 있다.

(3) 반분 신뢰도

반분 신뢰도(split-half reliability)는 한 집단을 대상으로 하나의 검사를 실시한 다음, 그 검사를 양분하여 각기 독립적인 검사로 간주하여 양분된 검사 점수 간의 상관계수를 산출하는 방법이다.

검사를 두 부분으로 나누는 방법으로는 전후 반분, 기우 반분, 무선표집 반분, 동형 반분 등이 있다.

반분으로 산출된 신뢰도 계수는 반쪽의 결과이므로 두 부분을 합쳤을 때의 검사 전체의 신뢰도를 계산해 주는 스피어만-브라운(Spearman-Brown) 공식을 사용하여 교정해야 한다.

스피어만-브라운 공식은 다음과 같다.

$$\gamma_{tt} = \frac{2\gamma_{hh}}{1+\gamma_{hh}}$$

γ_{tt} : 전체 검사의 교정된 신뢰도 계수

γ_{hh}: 반분된 검사 점수 간의 상관계수

(4) 문항 내적 합치도(Cronbach α 계수)

문항 내적 합치도(inter-item consistency)는 하나의 검사 내의 모든 문항을 독립된 하나하나의 검사 단위로 간주해서 각 문항 간의 합치성, 동질성, 일치성을 종합하는 신뢰도 추정방법이다.

최근에는 양분되는 연속 변인 문항 모두에 사용할 수 있는 Cronbach α 계수로써 신뢰도를 산출하고 있다. Cronbach α 계수는 하나의 검사를 한 집단에서 실시한 후, 오차변량을 제거하고 순수한 진 변량을 추정하기 위하여 Fisher의 변량 분석을 기초로 하여 개발되었다. Cronbach α 계수는 가장 측정학적인 결함이 적은 신뢰도 추정방법으로 인정받고 있다.

Cronbach α 계수 산출 공식은 다음과 같다(Cronbach, 1990).

$$\alpha = \frac{n}{n-1}[1-\frac{\Sigma s_i^2}{s_x^2}]$$

n: 검사의 문항 수

s_i^2: 각 단일 문항의 변량

s_x^2: 전체 검사 점수의 변량

4. 평가 문항 제작의 조건과 절차

1) 평가 문항 제작의 조건 및 제작자의 소양

(1) 좋은 평가 문항 제작의 조건

여러 학자의 주장 및 연구결과를 바탕으로 좋은 평가 문항 조건을 정리하면 다음과 같다(박도순, 원효헌, 이원석, 2011; 진영은, 조인진, 김봉석, 2002; 최철용, 김환남, 2018; DeVellis, 1991).

- 교육목표와 평가 문항 내용을 일치시켜야 한다.
- 응답자의 독해력이나 어휘력 수준을 고려하고, 문항의 질문을 모호하지 않고 명료하게 진술해야 한다.
- 평가과정도 하나의 학습으로써 학습동기를 유발해야 한다.
- 응답자에게 미칠 수 있는 부정적 영향을 최소화해야 한다.
- 평가 문항은 참신성(novelty)을 지녀야 한다.
- 평가 문항은 적절히 복잡성(complexity)을 지녀야 한다.
- 평가 문항은 가능한 고등정신 능력을 측정하는 것이어야 한다.

(2) 평가 문항 제작자의 소양

평가 문항 제작자의 소양을 살펴보면 다음과 같다.

- 교과내용을 담고 있는 교육과정을 충분히 이해하고 있어야 한다.
- 측정 및 평가에 관한 학문적 소양이 필요하다.
- 교육심리학적 소양을 갖추어야 한다.
- 충분한 언어력과 논리적 사고력을 갖추어야 한다.

2) 평가 문항 제작 절차

일반적으로 평가 문항 제작은 평가목적 확인, 평가 문항 작성을 위한 사전 활동, 평가 문항 초안 작성, 검토와 최종 평가 문항 작성, 평가 문항 편집 및 인쇄 등의 체계적인 절차를 따른다.

평가 문항 제작 절차는 [그림 8-2]와 같다(박도순, 홍후조, 2008).

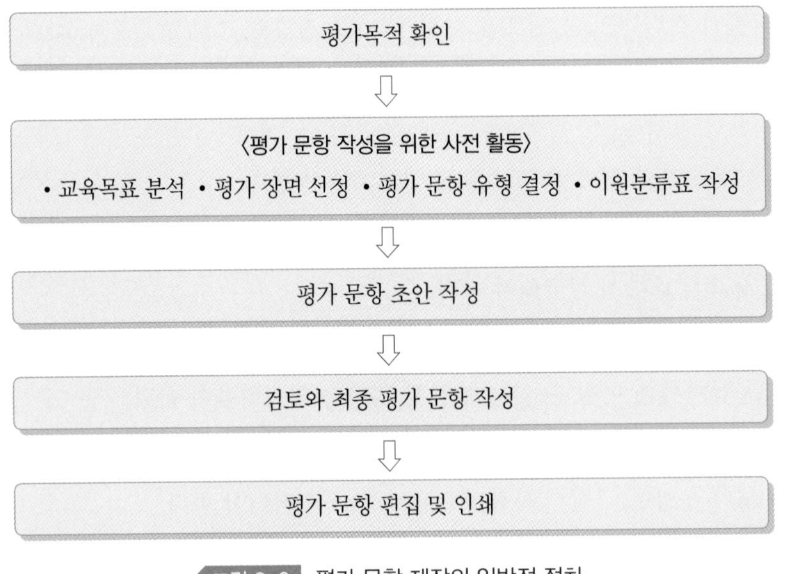

그림 8-2 평가 문항 제작의 일반적 절차

(1) 평가목적 확인

평가문항 제작의 첫 번째 절차는 평가목적이 어디에 있는지를 먼저 확인하는 것이다. 왜냐하면 평가목적에 따라서 문항의 유형, 문항의 수, 문항의 내용, 문항의 난이도 등이 달라지기 때문이다.

(2) 평가 문항 작성 사전 활동

평가 문항 작성을 위해서는 다음과 같은 필수적인 절차와 활동이 필요하다.

① 교육목표 분석

평가 문항 작성을 위해 제일 먼저 수행해야 하는 것은 교육목표를 확인하고 분석하는 것이다. 교육목표에 내포된 행동 수준과 내용을 분석함으로써 평가 문항의 진술 형태와 수준, 평가 문항의 유형, 평가 장면 등을 예측할 수 있다.

② 평가 장면 선정

교육목표의 분석이 끝나면 분석된 내용 및 행동 수준을 측정하고 평가하기 위한 적절한 사태나 장면을 선정하거나 창안해 내야 한다. 문제 사태나 장면을 제시하는 문항을 제작하기 위해서는 다음과 같은 요소들이 적정 수준으로 평가 문항에 포함되어야 한다(박도순, 원효헌, 이원석, 2011).

- 적절성(relevance): 구체적 행동과 내용을 드러내는 적절한 장면을 포함해야 한다.
- 복잡성(complexity): 적절한 복잡성이 필요한 고차적 정신작용을 자극하는 장면을 포함해야 한다.
- 추상성(abstractness): 너무 구체적인 단편적 지식을 평가하는 데 머물지 말고 적절한 추상성을 유지하는 장면을 포함해야 한다.
- 참신성(novelty): 지나치게 생소하지 않으면서 비교적 새로운 경험을 주는 장면을 포함해야 한다.
- 구조화(structure)의 적정성: 어느 정도 비구조화된 장면을 포함해야 한다. 즉, 지나치게 구조화되면 표현력이나 창의력을 측정하기 어려우므로 적절한 구조화 장면이 필요하다.

- 동기화(motivation): 문항의 학습효과를 위하여 문항에는 동기 유발, 흥미 유발, 자아개념 형성에 도움이 되는 장면을 포함해야 한다.
- 실제성(reality): 학생들에게 도움이 될, 경험하거나 하게 될 실제 세계와 연계된 장면을 적절히 포함해야 한다.
- 대표성(representativeness): 전체의 내용 영역이나 목표 영역을 잘 대표하는 장면을 포함해야 한다.

③ 평가 문항 유형 결정

평가 장면이 설정되면 그 장면을 어떤 형태의 문항으로 표현하고 진술할 것인지를 결정해야 한다. 평가 문항 유형은 평가목적, 평가 대상 수, 평가의 참조(상대평가와 절대평가), 측정 행동 수준, 학습자 특성 및 수준, 채점의 객관도, 문항 제작 시간과 채점 시간 등의 준거별 기준에 따라 결정될 수 있다.

평가 문항 유형 결정을 위한 준거별 기준에 따른 선호 평가 문항 유형을 정리하면 〈표 8-3〉과 같다.

표 8-3 평가 문항 유형 결정을 위한 준거별 기준에 따른 선호 평가 문항 유형

준거 요소	기준 수준 및 유형	선호 평가 문항 유형
평가목적	진단평가, 형성평가	선택형, 서답형
	총합평가	선택형, 서답형(객관도가 충족된)
평가 대상 수	많음	선택형
	적음	서답형
평가의 참조	상대평가(규준참조평가)	선택형
	절대평가(준거참조평가)	선택형, 서답형
측정 행동 수준	지식, 이해, 적용, 사실 평가	선택형
	분석, 종합, 평가, 표현, 태도 평가	서답형(주관형)

학습자 특성 및 수준	저학년/ 언어발달 부족	선택형(진위형)
	고학년/ 언어발달 충분	선택형(배합형, 선다형) 서답형
채점의 객관도	높은 객관도 유지	선택형
	객관도보다는 개인 의견	서답형(주관형)
문항 제작 시간과 채점 시간	제작 시간 충분/ 채점 시간 단축	선택형
	제작 시간 부족/ 채점 시간 충분	서답형

④ 이원분류표 작성

문항 작성을 위한 사전 활동에서 문항 작성 바로 직전 단계의 활동이 이원분류표 작성이다. 이원분류표는 평가 문항을 작성하는 근거가 된다.

이원분류표란 교육목표를 근거로 평가 문항을 작성하기 전에 작성자가 어떤 내용에 해당하는 어떤 행동 수준을 측정할 것인지를 내용과 행동으로 나누어 구성한 표이다. 이원분류표 작성의 목적은 교육목표와의 일치성, 특히 주요 교육목표에 대한 평가 문항 작성, 평가 문항의 수, 평가 내용 영역 및 행동 수준의 분포 등을 결정하는 지침을 마련하는 데에 있다.

'기후' 단원에 대한 평가 문항 작성을 위한 이원분류표 양식의 예를 표로 나타내면 〈표 8-4〉와 같다.

〈표 8-4〉의 이원분류표에 의한 평가 문항 작성의 지침을 설명하면, 문항 수는 45개의 목표 중에서 20문항을 출제하고, 내용별로는 '기온'에 대해 6문항(30.0%), '바람'에 대해 7문항(35.0%), '비'에 대해 7문항(35.0%), 행동별로는 '지식' 수준 2문항(10.0%), '이해' 수준 5문항(25.0%), '적용' 수준 2문항(20.0%), '분석' 수준 5문항(30.0%), '종합' 수준 3문항(15.0%)으로 출제한다.

표 8-4 평가 문항 작성을 위한 이원분류표의 예

행동 / 내용	목표 및 문항 수	지식	이해	적용	분석	종합	평가	전체 목표 및 문항 수	비율(%)
기온	목표	3	3	3	3	3	–	15	33.3
	문항	(1)	(1)	(1)	(2)	(1)	–	(6)	(20.0)
바람	목표	3	4	3	4	1	–	15	33.3
	문항	(1)	(2)	(1)	(2)	(1)	–	(7)	(35.0)
비	목표	1	4	3	5	2	–	15	33.3
	문항	–	(2)	(2)	(2)	(1)	–	(7)	(35.0)
전체 목표 및 문항 수	목표	7	11	9	12	6	–	목표 45	
	문항	(2)	(5)	(4)	(6)	(3)	–	문항(20)	
비율(%)	목표	16	24	20	27	13	–		목표 100.0
	문항	(10.0)	(25.0)	(20.0)	(30.0)	(15.0)	–		문항(100.0)

* 이 표는 기존의 일반적인 이원분류표를 변형하여 목표를 포함하여 작성함.

(3) 평가 문항 초안 작성

문항의 초안은 이원분류표에 나타난 내용과 행동에 대한 최종 문항 수보다 2~3배 정도를 개발한다. 2~3배 정도 개발된 초안 문항은 타당도와 신뢰도 등 다방면의 검토와 수정을 거쳐 최종 문항으로 선정되거나 문항 풀(item pool)로 축적될 수도 있다(DeVellis, 1991).

(4) 검토와 최종 평가 문항 작성

초안으로 작성된 문항은 교과 전문가, 평가 전문가, 현장 교사 등의 검토를 통해 내용 중심의 타당화 과정을 거치고, 예비 평가를 실시하여 신뢰도를 확보하는 과정을 통해서 최종 문항으로 결정된다. 현장에서의 문항 타당화 및 신뢰도 확보 활동으로는 학년 또는 학교 내의 동일 교과 교사 검토 및 협의, 지역 동일 교과 교사 검토 및 협의, 지역 동일 교과 문항 풀(item pool) 개발과 활용, 평가 시행 및 측정학적 자료 수집 등을 들 수 있다. 그리고 마지막으로 학생의 관점에서의 실제적인 검토도 이루어질 필요가 있다. 실제적인 검토 항목으로는 학생에게 문항의 의도가 잘 전달되고 있는지, 적절한 난이도와 변별도가 유지되고 있는지, 문항 풀이 시간은 적절한지 등을 들 수 있다.

(5) 평가 문항 편집 및 인쇄

평가 문항 편집 및 인쇄를 위해 고려해야 할 사항들을 제시하면 다음과 같다(박도순, 권순달, 김경화, 2012; 박도순, 원효헌, 이원석, 2011).

- 문항의 진술 표현이 문장상의 문제가 없는지를 재검토한다.
- 가능한 한 관련 있는 교육목표를 측정하는 문항들을 묶어 배열한다.
- 유사 교육목표 측정 문항의 배열 기준을 준수하면서 가능한 한 쉽고 간단한 문항에서부터 점차 어렵고 복잡한 문항으로 배열한다.
- 최종적으로 철자법, 문장 및 문법구조, 글씨의 크기나 선명도, 줄이나 문항 간의 간격 등에 대해 타인도 함께 여러 차례의 재교정을 걸쳐 인쇄에 들어간다.

5. 평가 문항의 유형

평가 문항의 유형은 크게 채점자의 측면에서 보는 객관형(objective type)과 주관형(subjective type)으로, 응답자의 측면에서 보는 선택형(selection type)과 서답형(supply type)으로 구분된다(박도순, 2000).

여기에서는 평가 문항의 유형을 선택형과 서답형의 구분을 기본으로 삼으면서, 객관형(선택형), 완성형 및 단답형(서답형), 논문형(서답형, 주관형)으로 구분하여 문항 유형의 특성과 작성 기법 및 유의점을 기본형 중심으로 살펴보고자 한다(최철용, 김환남, 2018).

1) 객관형(선택형) 문항

(1) 진위형

진위형(true-false form)은 진술문을 제시하고 응답자가 진술문이 옳은지 그른지를 판단하게 하는 형태이다. 진위형은 특정 사실, 용어, 원리 등의 진술에 대한 진위를 판단하는 능력을 측정하기 위한 문항 유형이다.

진위형의 기본형 형식은 다음과 같다.

> 다음 진술문을 읽고 맞으면 ○표, 틀리면 ×표 하시오.
>
> 준거 참조평가는 학생들의 성취가 부적 편포될 것을 전제로 한다. (   )

[작성 기법 및 유의점]

- 진술문에는 중요한 내용만 포함해야 한다.
- 가능한 한 개의 문항에는 하나의 내용을 다루고 간단한 문장으로 진술한다.
- 가능한 부정어나 이중부정을 사용하지 않는다.
- 진술문에는 답의 단서가 될 수 있는 절대적 어구나 일반적 어구를 사용하지 않는다. 절대, 항상, 반드시 등의 절대적 어구는 오답의 단서로 작용하고 대개, 가끔, 대체로 등의 일반적인 어구는 정답의 단서로 작용할 수 있다.

(2) 배합형

배합형(matching form)은 일련의 전제와 답지를 연결하거나 고르는 형태이다. 단순배합형, 복합배합형, 분류배합형, 관계분석형, 관계분류형, 공변관계형 등의 문항 유형이 있다(박도순, 원효헌, 이원석, 2011).

배합형 중 대표적인 단순배합형의 지시 형식은 다음과 같다.

(지시) 다음 A 군의 주창과 관계되는 교육과정 학자를 B 군에서 찾아 그 번호를 쓰시오.

A. 1. 교사에 의한 교육과정 개발을 주창 ( )
2. 교육과정 개발은 수업개선을 목적으로 한다. ( )
3. 교육과정 구성과 개발의 과학화를 주창 ( )
4. 지덕체 교육과정과 과학적 내용으로써의 교육과정을 주창 ( )
5. 헤르바르트식 수업의 5단계를 교육과정에 적용을 주창할 것 ( )

B. ① 맥머리 형제(McMurry & McMurry) ② 뉼런(Newlon)
③ 바빗과 채터스(Bobbitt & Charters) ④ 스펜서(Spencer)
⑤ 워커(Walker) ⑥ 캐스웰(Casewell) ⑦ 타일러(Tyler)

[작성 기법 및 유의점]

- 전제와 답지는 각각 고도의 동질성을 가져야 한다.
- 전제의 수보다 답지의 수를 2~3개 정도 많게 구성해야 한다.
- 전제의 순서나 답지의 순서는 글자인 경우 글자 순서로 배열하고, 연대나 역사의 순서가 있을 때는 전제는 역사적 사건에 대한 글자 순서로 하고, 답지는 연대나 역사 순서로 나열한다.

(3) 선다형

선다형(Multiple choice form)은 의문문 또는 불완전문으로 진술되는 문두와 두 개 이상의 답지를 응답자가 선택하는 형태이다. 정답형, 최선답형, 다답형, 부정형 등의 문항 유형이 있다.

선다형의 기본형인 정답형 문항의 문두와 답지 형식은 다음과 같다.

교육내용을 조직하는 데 있어서 교과 간의 수평적 관계를 고려하여 조직하는 원리는 무엇인가? ( )
① 계속성 ② 계열성 ③ 균형성 ④ 다양성 ⑤ 통합성

[작성 기법 및 유의점]

- 문두의 진술은 가능한 단순하고 명료하게 진술해야 한다.
- 정답은 이의가 없이 정확해야 하며, 오답지도 그럴싸해야 한다.
- 한 문항의 질문이나 답이 다른 문항의 해결에 단서가 되면 안 된다.
- 정답의 길이나 위치가 주는 정답의 단서를 배제해야 한다.
- 선다형 문항에서 답지의 수는 응답자의 수준을 고려해서 결정해야 한다.
- '모두 정답임' 또는 '정답 없음'과 같은 답지를 포함하는 문항은 특별한 경우가 아니면 사용하지 않는 것이 좋다. 응답자는 자주 나오는 답지가 아니므로 '혹시 답이 아닌가?' 하는 의문을 가질 수도 있다. 그리고 답이 하나면 정답에 해당하는 답지 중에서 두 개만 알아도 더는 볼 것도 없이 '모두 정답임'이 정답이라는 단서를 잡는다.
- 답지 간에 범위나 의미가 중복되거나 중첩되지 않아야 한다.
- 문두에 질문의 준거(문구)를 포함해 모든 답지에서 똑같은 문구의 진술을 반복하지 않게 한다.
- 문항의 질문형태는 가능한 긍정문으로 한다. 부득이 부정형 진술이 필요한 경우는 부정 문구를 반드시 **진한 글씨**로 표시하거나 밑줄을 긋는다. **아닌, 틀린** 등에 표시를 주어 주의를 끌도록 한다.

(4) 완성형 및 단답형(서답형)

완성형(completion form)이나 단답형(short-answer form)은 답을 답안에 직접 써 넣는 것이기 때문에 서답형에 해당한다. 그리고 객관형과 주관형을 판단하는 기준은 채점의 주관성 개입 정도에 있으므로 하나의 답만 있을 경우는 객관형으로 보고, 인정할 만한 답이나 부분적인 답이 가능한 경우는 주관형이라고 본다.

완성형 및 단답형은 정답의 추측률을 배제하기 위하여 사용된다.

① 완성형

완성형 문항은 문장 일부를 여백으로 남기고, 그 여백에 단어, 구, 숫자, 기호, 문장 등을 채워 넣는 형태이다. 완성형 문항에는 답란제시형, 단서제시형, 단어완성형, 기호완성형, 그림완성형, 불완전도표형, 제한완성형 등의 문항 유형이 있다.

완성형의 기본형인 답란제시형의 지시 형식은 다음과 같다.

> (지시) 다음 문장의 (　　) 속에 적당한 말을 써 넣으시오.
> 블룸(Bloom)의 교육목표 분류학에서는 인간의 행동을 인지적 행동, (　　　　　　), 심체 운동기능으로 분류하고 있다.

[작성 기법 및 유의점]

- 여백에 들어갈 답은 교육목표에 포함되는 중요한 내용이어야 한다.
- 진술문 속에 답의 단서가 포함되지 않도록 해야 한다.
- 문항 채점의 객관도를 확보하기 위하여 출제와 동시에 정답을 사전에 마련해야 한다.
- 문항의 진술은 가능한 하나의 답만 나올 수 있도록 하는 것이 바람직하다.

② 단답형

단답형 문항은 의문문이나 명령문으로 제시한 다음, 단어, 구, 짧은 문장 등으로 답하도록 하는 형태이다. 단답형에는 단구적 단답형과 서술적 단답형이 있다.

단답형의 단구적 단답형과 서술적 단답형은 다음과 같다.

남아프리카공화국의 행정 수도는 어디입니까? (   )
프로이트의 성격요소인 원초아(id), 자아(ego), 초자아(superego) 각각의 예를 드시오.

[작성 기법 및 유의점]

- 채점의 객관도를 확보하기 위하여 출제와 동시에 정답 및 기준을 사전에 마련해야 한다.
- 서술적 단답형 물음은 '설명하시오' '나열하시오' '서술하시오' '제시하시오' 등의 형태로 가능한 주관성을 배제 또는 최소화해야 한다.

2) 논문형(서답형, 주관형)

주관형은 채점과정에서 채점자의 주관성이 개입하는 경우를 말한다. 주관형 문항은 일반적으로 논문형이라고도 칭하는데, 논문형에는 답안 작성의 자유 정도를 기준으로 확장 반응형과 제한 반응형이 있다(Mehrens & Lehmann, 1993).

수업자료

바깔로레아 https://www.youtube.com/watch?v=lmx7vgTslyY(YouTube)

(1) 확장 반응형

확장 반응형(extended response type) 문항은 응답자가 논의할 내용의 범위, 조직, 제시 등에 제한을 받지 않고 답안을 작성하는 형태로 자신의 지식을 조직하고, 문제나 상황을 분석 및 평가하고, 창의적 사고를 표현하는 논문형이다.

확장 반응형의 기본 형식은 다음과 같다.

> 국제적으로 선풍을 일으키고 있는 BTS(방탄소년단)가 유튜브 최단시간 1억 뷰를 기록하였다. 이 현상에 대해서 자기 생각을 쓰시오.

확장 반응형은 다음과 같은 능력을 측정하는 데 적합하다(박도순, 원효헌, 이원석, 2011).

- 지식을 조직하고 표현하는 능력
- 서로 다른 영역의 내용을 통합하는 능력
- 독창적인 형태를 창출하는 능력
- 아이디어의 가치를 평가하는 능력

(2) 제한 반응형

제한 반응형(restricted response type) 문항은 주로 주제나 내용을 제한하고, 자료를 해석하고 적용하는 것을 요구하는 형태로 반응의 내용 범위, 서술 양식 등을 구체적으로 지시하여 그에 따라 반응하도록 하는 논문형이다.

제한 반응형의 기본 형식은 다음과 같다.

정부는 수학능력시험에서 영어영역 절대평가를 점차 전면적 절대평가화하겠다는 정책을 제시하였다. 이에 대한 ① 찬성, ② 반대, ③ 부분적 찬성과 반대를 선택(①, ②, ③ 중 1개 택)하고 그 이유를 3개 이상 제시하고 자기 생각을 말하시오(500자 이하).

[논문형 작성 기법 및 유의점]

- 응답자의 입장을 고려하여 출제해야 한다.
- 질문은 명료하고 필요하다면 구조화된 문장을 사용해야 한다.
- 단순 지시문의 논문형은 사용하지 않는다.
- 문항을 배열할 때는 쉬운 문항에서부터 어려운 문항으로 배열한다.
- 가능한 문항의 배당 점수를 제시하고 그 점수의 폭을 너무 크게 하지 않는 것이 바람직하다.
- 출제와 동시에 채점의 기준 및 준거를 마련하고 정답을 작성한다. 문항 출제 시점에서 채점의 기준과 준거 마련, 답안 작성 활동은 문항의 타당화 역할을 하므로 채점의 객관도를 확보하는 바람직한 문항으로 수정될 수도 있다.

토론 과제

1. 올바른 교육평가의 개념과 의미를 숙지하고 교육평가의 역할을 토론해 보자.
2. 상대평가와 절대평가의 장단점, 활용 및 실제, 교육적 의의 등을 토론해 보자.
3. 교육활동으로서의 진단평가와 형성평가의 교육적 의미를 토론해 보자.
4. 평가 도구의 타당도와 신뢰도를 확보하는 방법을 알아보자.
5. 좋은 문항 조건을 들고, 주제에 따라 이원분류표를 작성해 보고, 문항 제작의 방향을 설정해 보자.

용어 설명

규준 참조평가 평가결과를 해석할 때 집단 내의 상대적 위치를 기준으로 하는 평가 유형이다.

준거 참조평가 정해진 목표점을 기준으로 하는 평가 유형이다.

진단평가 교수-학습전략 수립을 위한 수업 전 학습자 특성을 확인하는 평가 유형이다.

형성평가 교수-학습 개선을 주목적으로 수업 전개 중(소단원 후) 실시하는 평가 유형이다.

총합평가 대단원 수업이 종료된 후 목표 성취 정도에 대해 성적, 등급, 순위를 나타내기 위한 평가 유형이다.

타당도 검사 도구가 재고자 하는 내용을 얼마나 충실히 재고 있는가의 정도이다. 대표적인 검증방법으로는 내용 타당도, 예언 타당도, 공인 타당도, 구인타당도 등이 있다.

신뢰도 검사 도구가 어떤 특성을 얼마나 일관성 있게 오차 없이 재느냐의 정도이다. 대표적인 신뢰도 추정방법으로는 검사-재검사 신뢰도, 동형검사 신뢰도, 반분 신뢰도, 문항 내적 합치도 등이 있다.

변량 표준편차의 제곱, 각 점수가 평균치에서 떨어진 편차를 제곱하여 합한 것을 사례 수로 나누어 얻은 값이다.

고등정신 능력 지식이나 이해 수준을 넘어 분석, 종합 능력 이상의 능력(지식, 이해, 적용, 분석, 종합, 평가)을 말한다.

이원분류표 평가 문항 작성을 위하여 평가 내용과 행동을 교차하여 내용, 행동, 문항 수준, 문항 수 등을 계획하는 표를 말한다.

참고문헌

강봉규(2017). 심리검사의 이론과 기법. 서울: 동문사.

김대현, 김석우(2011). 교육과정 및 교육평가. 서울: 학지사.

김성숙, 김희경, 서민희, 성태제(2015). 교수-학습과 하나 되는 형성평가. 서울: 학지사.

박도순(2000). 문항작성방법론. 서울: 교육과학사.

박도순, 권순달, 김명화(2012). 교육평가-이해와 적용(수정 · 보완판). 경기: 교육과학사.

박도순, 원효헌, 이원석(2011). 교육평가. 서울: 문음사.

박도순, 홍후조(2008). 교육과정과 교육평가(제3판). 서울: 문음사.

성태제 외(2013). 2020 한국 초 · 중등교육의 향방과 과제: 교육과정, 교수-학습, 교육평가. 서울: 학지사.

성태제(2002). 타당도와 신뢰도(개정판). 서울: 학지사.

성태제(2019). 교육평가의 기초(개정판). 서울: 학지사.

진영은, 조인진, 김봉석(2002). 교육과정과 교육평가의 탐구. 서울: 학지사.

최철용(2012). 교육평가. 경기: 양서원.

최철용, 김환남(2018). 알기 쉬운 교육평가. 경기: 양서원.

한국교육평가학회(1995). 교육측정 · 평가 · 연구 · 통계 용어사전. 서울: 중앙교육진흥연구소.

허형(1990). 교육평가. 서울: 배영사.

황정규(2004). 학교학습과 교육평가. 서울: 교육과학사.

AERA, APA, & NCME (1999, 2014). *Standard for educational and psychological testing*. Washington D.C.: American Psychological Association.

Airasian, P. W. (1994). *Classroom assessment* (2nd ed.). NY: McGraw-Hill Book Co.

Black, P., & William, D. (2004). The formative purpose: Assessment must first promote learning. In M. Wilson (Ed.), *Toward coherence between classroom assessment and accountability*. Chicago: University of Chicago Press.

Bloom, B. S., Hastings, J. T., & Madaus, G. F. (1971). *Handbook on Formative and Summative Evaluation of Student Learning*. NY: McGraw-Hill Book Co.

Cronbach, L. J. (1990). *Essentials of psychological testing* (5th ed.). NY: Harper & Row.

DeVellis, R. F. (1991). *Scale development: Theory and application*. NewburyPark, CA: Sage.

Furtak, E. M. (2009). *Formative assessment for secondary science teachers*. Thousand Oaks, CA: Corwin Press.

Gronlund, N. E., & Linn, R. L. (1990). *Measurement and evaluation in teaching* (7th ed.). NY: Macmillan.

Linn, R. L., & Gronlund, N. E. (2000). *Measurement and Assessment in Teaching* (8th ed.). Upper Saddle River, NJ: Prentice Hall.

Mehrens, W. A., & Lehmann, I. J. (1993). *Measurement and evaluation in education and psychology*. NY: Holt, Rinehart and Winston.

Oosterhof, A. (2001). *Classroom applications of educational measurement* (3rd ed.). Englewood Cliffs, NJ: Macmillan.

Scriven, M. (1967). The methodology of evaluation. In R. Tyler, R. Gagne, & M. Scriven(Eds.), *Perspectives of curriculum evaluation*. AERA monograph series on curriculum evaluation(pp. 39-83). Chicago: Rand Monally & Company.

Tyler, R. W. (1949). *Basic Principles of curriculum and instruction*. Chicago University of Chicago Press.

공부 못하는 나라? 독일(https://www.youtube.com/watch?v=egV1ZFNZlps).

바깔로레아(https://www.youtube.com/watch?v=Imx7vgTslyY).

에듀넷(http://www.edunet4u.net).

핀란드의 교육평가(https://www.youtube.com/watch?v=-l_sqEzIASI).

한국교육과정평가원(http://www.kice.re.kr).

한국교육학술정보원(http://riss4u.net).

제 9 장

평생교육의 이해

학습목표

1. 평생교육의 개념과 교육형식 및 필요성에 대해서 설명할 수 있다.
2. 평생교육의 이론적 기초에 대해서 정리할 수 있다.
3. 평생교육의 정책들에 대해서 설명할 수 있다.

현대 사회는 급격한 사회변동, 지식과 기술 및 노령인구 증가와 생활양식의 변화 등 기존의 학교교육만으로 삶의 질을 향상하는 데 많은 어려움이 따르게 되었다. 이제는 일생동안 배우고 익히며 살아가야 하는 평생학습사회에 살아가고 있다. 이 장에서는 평생학습사회의 도래에 따라 평생교육의 중요성에 대한 인식이 더욱더 고조되고 있는 시점에서 평생교육의 성격적 측면으로 개념과 필요성에 대해서 고찰해 본다. 그리고 평생교육의 발달단계에서 평생교육의 이론적인 기초 내용이 무엇인지를 살펴보고, 평생교육의 정책들이 어떠한지 살펴보고자 한다.

1. 평생교육의 성격

1) 평생교육의 개념

평생교육(lifelong education)이라는 용어가 세계적으로 사용된 것은 1965년 12월 파리에서 개최된 유네스코(UNESCO) 국제회의에서 랑그랑(Lengrand)에 의해 평생교육이론 이라는 논문에서 최초로 사용하였다. 그 후 유네스코가 평생교육의 원리를 기본 이념으로 채택하면서 평생교육이 교육의 중심 개념이 되도록 하는 계기를 만들었다. 또한 포레(Faure)는 1972년 교육 발전에 대한 국제위원회에 제출한 보고서에서 모든 선진국과 개발도상국에서 평생교육을 실시할 것을 제안하였고, 1972년 일본 도쿄에서 열린 제3차 세계성인교육회의에서 평생교육이 공식적인 국제 용어로 채택되면서 평생교육의 개념과 원리가 세계 여러 나라에 급속도로 전파되었다(홍기형 외, 2004).

우리나라에서는 1973년 유네스코 한국위원회가 처음으로 개최한 평생교육 발전을 위한 세미나에서 평생교육의 개념과 원리가 소개되어 평생교육 발전에 대한 전기가 되었다.

평생교육과 유사한 용어들은 여러 가지가 있다. 각각의 다른 사회경제적 환경과 문화적 조건 등에 따라 평생교육에 대한 해석과 접근방식이 다르기 때문이다. 영속교육(permanent education), 순환교육(recurrent education), 추가교육(further education), 계속교육(continuing education), 비형식교육(nonformal education), 성인교육(adult education), 사회교육(social education) 등은 모두 평생교육과 직접 또는 간접적으로 관계를 가진 유사한 용어들이다(김도수, 2001).

평생교육의 개념에 대해서는 학자에 따라 여러 견해들이 있다. 평생교육의 성격을 개괄적으로 고찰해 보기 위해 여러 학자나 기관이 제시하고 있는 평생교육의 개념을 살펴보는 것은 중요한 의미가 있다.

첫째, 현대적인 의미에서 평생교육을 최초로 주창한 랑그랑(Lengrand, 1975)은 평생교육을 "개인이 태어나면서부터 죽을 때까지 전생에 걸친 교육의 통합"으로 정의하였다. 그는 인간의 종합적인 성장과 계속성에 주안점을 두고 있는데, 평생교육은 교육 전 과정에서 생활화, 모든 교육 형태의 연계 조직화, 인생의 전 기간을 통한 수직적 통합화, 개인 및 사회생활 전 부분을 통합하는 수평적 통합을 의미한다.

둘째, 유네스코 한국위원회(1973)는 평생교육은 급격히 변화하는 사회에 있어서 개인과 집단으로 하여금 계속적인 자기갱신과 사회적 적응을 추구하게 하기 위한 것이며, 학교의 사회화와 사회의 교육화를 이룩하려는 일종의 새로운 교육차원의 노력을 지칭한다고 하였다.

셋째, 김종서(2009)는 평생교육은 인간의 삶의 질의 개선이라는 이념 추구를 위하여 태교에서부터 시작하여 유아교육, 청년교육, 성인 초기교육, 성인 후기교육, 노인교육을 수직적으로 통합한 교육과 가정교육, 사회교육, 학교교육을 수평적으로 통합한 교육을 총칭하며, 그것은 최대한의 사회 발전에 참여하는 개인 잠재능력의 개발을 목적으로 한다고 하였다.

넷째, 다베(Dave, 1984)는 보다 종합적이고 분석적인 방법을 통하여 평생교육의 개념을 구체적으로 다음과 같이 제시하였다.

- 평생교육의 개념이 뜻하고 있는 세 가지 기본 단위는 생애(life)와 평생(lifelong)과 교육(education)이다. 즉, 평생교육의 의미와 범위는 이 세 단어에 관련된 뜻과 해석에 따라서 규정되는 것이다.
- 교육은 학교교육으로 종식되는 것이 아니라 평생을 통해서 이루어지는 과정이다.
- 평생교육은 반드시 성인교육에만 국한되는 것이 아니라 학령 전 교육,

초·중등교육, 고등교육 및 그 밖의 모든 단계의 교육을 포괄하거나 통합하는 개념이다.

- 평생교육은 형식교육(formal education)과 비형식교육(nonformal education), 무형식교육(informal education)을 모두 포함한다.
- 평생교육에 있어서는 가정이 1차적이고, 가장 민감하고 결정적인 역할을 담당한다.
- 평생교육 체제에서는 지역사회 역시 한 아동이 처음으로 지역사회와 접촉할 때부터 중요한 역할을 담당한다.
- 학교나 대학 및 훈련기관도 중요하지만 그들은 각각 전체 평생교육기관의 하나로 보았다.
- 평생교육은 계속성과 아울러 수직적이고 종적인 측면에서 연결을 추구한다.
- 평생교육은 모든 발달단계에 있어서 수평적이고 심층적인 측면의 통합을 추구한다.
- 평생교육은 선택된 사람들을 위한 교육형태와 달리 그 성격이 보편적이고 민주적이다.
- 평생교육은 학습시간, 학습내용, 학습방법 및 자료 등에 있어서 융통성과 다양성을 그 특징으로 한다.
- 평생교육은 새로운 학습자료나 학습매체가 개발되었을 때 그것들을 즉시 활용할 수 있게 하는 역동적인 교육의 방법이다.
- 평생교육은 교육을 받는 데 있어서 매우 다양한 형태와 방법을 허용한다.
- 평생교육은 교양교육과 중간의 직업교육이라는 두 개의 넓은 구성요소를 가지고 있어서 서로 연관성이 있거나 상호작용을 하는 것이다.
- 개인이나 사회의 적응기능이나 혁신기능은 평생교육을 통하여 충족된다.
- 평생교육은 현존하는 교육제도의 결함을 보완하는 교정적 기능을 가지고 있다.

- 평생교육의 궁극적인 목표는 삶의 질을 향상시키는 데 있다.
- 평생교육에는 세 가지 중요한 전제조건이 있는데 그것은 기회와 동기, 그리고 교육가능성이다.
- 평생교육은 모든 기관의 조직원리이다.
- 실천적 단계에서 평생교육은 모든 교육의 전체적 체계를 마련해 준다.

이와 같은 정의들을 종합하여 보면 평생교육이란 '개인의 삶의 질과 집단의 기술적 향상을 위하여 전 생애에 걸쳐 교육의 기회를 지속적으로 제공하려는 교육체제 및 정책'으로 개념을 정의할 수 있다.

2) 평생교육의 교육형식

교육의 형식에는 형식교육, 비형식교육, 무형식교육이 있다. 형식교육은 엄격한 선발과정을 통해 학생이 선발되고, 일정한 교육기간 · 목표 · 내용 · 평가기준이 정해져 있으며, 교육결과에 대해서 일정한 자격을 부여하는 교육을 의미한다. 이러한 형식교육은 정규교육이라 하기도 하는데 그 대표적인 것이 학교교육이다. 비형식교육은 학교에서와 같이 조직적인 학습활동이 이루어지지만 형식교육에서처럼 교육결과에 대한 공인된 자격은 주어지지 않는 교육이다. 무형식교육은 자연발생적이고 우발적으로 이루어지는 비정규교육을 말한다. 비형식교육과 무형식교육이 비정규적이라는 점에서는 같지만 비형식교육은 나름대로 의도적이고 조직적인 데 비해 무형식교육은 무의도적이고 비조직적이라는 점이 다르다.

평생교육을 학교교육 이외의 모든 교육으로 정의할 때, 비형식교육과 무형식교육이야말로 학습자의 선택에 의해서 이루어지는 진정한 학습자 중심의 평생교육이라 할 수 있다. 형식교육, 비형식교육, 무형식교육에 대응하는 교육의 실제 유형을 비교해 보면 〈표 9-1〉과 같다.

표 9-1 형식·비형식·무형식 교육 유형의 비교

교육형식	교육의 실제 유형	교육체계
형식교육 (학교교육)	• 정규교육 • 정규대학 • 대안학교	• 정규대학체제
비형식교육 (직접적 평생교육)	• 학교 부설 평생 · 사회교육원 • 학원 및 사회단체에서 실시하는 각종 교육(소비자교육, 새마을교육, 방송통신교육, 사회문화원)	• 학교중심 사회교육체계 • 준학교 형태의 사회교육체제
무형식교육 (간접적 사회교육)	• 클럽 및 자원 단체의 토론회 • 가정, 사회, 인터넷 등 각종 대중매체 및 문화시설로부터 정보 수집	• 각종 좌담회 · 토론회 • 각종 미디어의 정보제공

3) 학교교육과 평생교육

평생교육의 개념을 좀 더 폭넓게 이해하기 위해서 학교교육과 평생교육을 서로 비교해 보면, 많은 부분에서 차이를 나타낸다. 학교교육은 모든 사람을 대상으로 개방되어 있지 않지만, 평생교육은 누구나 교육대상이 된다. 학교교육은 장소와 시기가 정해져 있지만, 평생교육에서는 학습자가 적당하다고 생각하는 장소와 시기에 맞게 실행한다.

학교교육은 학습자의 의도보다는 주위의 강압에 의해 강제적으로 교육에 임하는 경우가 대부분이다. 그러나 평생교육의 경우에는 삶의 과정에서 필요에 의해 자발적으로 참여하는 경우가 절대적이다. 또한 학교교육은 교수자의 영향력이 절대적이지만 평생교육의 경우에는 교수자가 안내자, 조력자로서의 역할을 할 뿐 학습에는 많은 영향을 미치지 않는다. 교육내용에 있어서도 학교교육의 경우에는 학문적, 미래지향적, 지식 중심적이지만, 평생교육의 경우에는 현실지향적이고 실생활에 응용할 수 있고 구체적이다. 교육의 형식을 살펴보아도 학교교육은 고정적이고 형식적이지만, 평생교육은 유연성이 있고 비형식적이다. 학교교육과 평생교육을 구체적으로 비교해 보면 〈표 9-2〉와 같다.

표 9-2 학교교육과 평생교육의 비교

구분	학교교육	평생교육
교육대상	일정한 연령과 교육 및 경험	다양한 연령과 교육 및 경험
교육장소	학교라는 일정한 장소	다양한 장소 활용
참여동기	강제적	자발적
교육내용	학문적, 미래지향적, 지식적, 획일적	현실지향적, 구체적, 실생활적
교육목적	탐구적 학문인, 이론적 지식인	유용한 실생활 중심, 인간교육
교육주체	교수자	학습자
교사자격	일정한 자격을 갖춘 자(교사자격 등)	자격제한이 없고, 누구나 가능
교육과정	학문 탐구에 필요한 학습내용	학습자가 현재 필요한 학습 경험
교육형식	형식적, 고정적	비형식적, 유연성
교육경비	비교적 많은 비용	비교적 적은 비용
졸업	졸업장 또는 학위증	이수증
교육보상	미래지향적 가능성의 보상	현재 지향적 직접 보상

출처: 허은주 외(2018), p. 277에서 재구성.

4) 평생교육의 필요성

21세기는 평생학습과 평생교육을 필요로 하는 평생학습사회이다. 현대 사회에서 평생교육의 필요성과 평생교육이 강조되는 이유에 대해서 살펴보고자 한다. 우선, 랑그랑(Lengrand)은 평생교육이 필요한 이유를 다음과 같이 밝혔다.

- 인간의 이상, 관습, 개념의 가속적 변화 및 인구 증가와 인간의 평균수명의 연장이 교육의 양적 확대뿐만 아니라 질적 변화를 초래하고 과학기술의 진보와 산업직업구조의 변화가 일어나게 된 것이다.
- 매스미디어의 발달과 정보처리 능력의 필요성이 증대한 점이다.
- 여가의 증대와 활용, 생활양식과 인간관계의 위기, 현대인의 정신과 육체의 부조화이다.
- 정치적인 변동과 이데올로기의 위기에 있어서 정체감의 혼란 등의 이유로 평생교육이 필요하다는 것이다.

다음은 현대 사회에서 평생교육의 필요성이 강조되고 있는 사회적 · 문화적 배경을 구체적으로 살펴보면 다음과 같다.

첫째, 평생교육은 개인의 자아실현을 위하여 필요하다. 인간은 선천적으로 자신을 유지하고 향상시키기 위해 자신의 능력을 개발하는 경향을 지니고 있다. 매슬로(Maslow)는 인간의 욕구를 5단계로 나누고 있다. 그가 제시한 1단계는 생리적 욕구이고, 2단계는 안전의 욕구, 3단계는 사회적 욕구, 4단계는 존경의 욕구, 마지막 5단계는 자아실현의 욕구이다. 특히 마지막 5단계 자아실현의 욕구가 평생교육과 매우 밀접하게 연계되었다고 할 수 있다. 인간은 미완의 존재인 자신을 개발하여 이상이나 삶의 목표를 실현하려는 욕구를 충족하고자 자신의 잠재력을 발견하고, 그것을 개발하기 위한 다양한 학습이 이루어져야 하는데, 이를 뒷받침해 주는 것이 바로 평생교육이다.

둘째, 평생교육은 급변하는 현대 사회에 적응하기 위한 교육이다. 현대 사회는 과학기술의 발달, 정보통신의 발달로 산업구조의 변화와 함께 문화지체로 인한 가치갈등 및 인간소외의 문제가 발생했을 뿐 아니라 그 외에도 한 사람이 일생 동안 몇 번의 직업을 변화를 가져야만 하는데 학교교육만으로 이를 해결하기에는 불가능하다.

셋째, 평생교육은 **학습사회**(learning society)를 만드는 데 필요하다. 지식정보화 사회에서는 창의적인 능력과 더불어 적응력을 가진 사람이 요구되고, 이러한 능력을 갖추기 위해서는 평생 지속적으로 배울 수 있는 학습사회를 평생교육이 주도할 수밖에 없을 것이다.

넷째, 인구 고령화에 따른 새로운 노년층 교육 수요 증가이다. 현대 과학기술의 발달은 보건의료 부분의 비약적 발전으로 인간의 평균 수명을 연장시켰고, 이는 오늘날 대부분의 국가가 겪고 있는 노인 인구 비율 증가의 원인이 되었다. 한국인의 기대 수명은 지난 40년간 20년이 늘어났다. 통계청(2016) 자료에 따르면 우리나라 100세 이상의 인구는 3,159명(인구 10만 명당 6.6명)으로 2010년 1,835명에 비해 72.2%가 증가된 것으로 나타났다. 현재와 같은 추세가 계속된다면 우리나라 인구는 2040년에 3명 중 1명이 노인이 되는 초고령화 사회가 된다. 이와 같은 노년층 인구들의 교육에 대한 수요가 증가하게 되었으며, 앞으로 우리 사회의 인구 고령화가 가속화됨에 따라 일을 통해 노후생활을 행복하게 보낼 수 있도록 준비교육과 적응교육이 필요하다.

다섯째, 인간의 주체성 확립을 위한 자기성장과 개발이다. 변화하고 발전하는 사회 속에서 인간은 주체적 존재로 사고하고 행동해야 한다. 그렇게 하기 위해서는 끊임없는 자기성장과 개발이 필요하며 이를 위해서는 일정 기간 동안의 학교교육을 마친 후 직업세계에서도 계속적인 학습이 요구된다.

여섯째, 교육기회의 평등 실현이다. 오늘날 우리 사회는 제도적으로 교육기회의 평등을 보장하고 있지만, 현실적으로 교육기회의 불평등 현상이 나타나고 있다. 예컨대, 불우계층과 소외계층에 속하는 청소년이나 성인들 중에는 형식적인 학교교육의 기회를 놓친 사람들이 많이 있다. 이들에게는 학교교육 밖에서도 교육의 기회가 주어져야 한다.

일곱째, 직장인의 주 5일제 근무 및 노동 시간의 단축으로 인한 여가 시간의 증대이다. 여가 시간이 늘어나면서 여가 시간을 어떻게 효율적으로 보내야 하는지에 대한 문제가 대두되고 있다. 이러한 욕구에 따라서 다양한 평생교육 프로그램이 만들어지고 보급되어야 한다.

여덟째, 직장의 끊임없는 변화. 즉, 직업혁명 시대이다. 현대 사회는 IT를 중심으로 의료, 금융, 통신, 자동차, 조선, 건설, 섬유 등 전혀 다른 다양한 분야의 융합이 활발히 이루어지고 있다. 이러한 통신기기의 발달, IT 기술 및 과학기술의 혁신, 지식의 증가, 세계화의 발달 등에 따라 직장에서도 근로자에게 요구하는 사항들이 점차 증가하고 있다. 따라서 직장인이 지속적인 직장생활을 영위하기 위한 직업교육으로서 평생교육이 필요하다.

2. 평생교육의 이론적 기초

1) 성인학습의 원리

성인이란, 신체적으로는 발육을 마치고 재생산의 능력을 가지며 사회적으로는 자신의 사회적 역할을 감당하고 책임질 수 있는 성숙한 사람을 의미한다.

학습은 사전적 의미로는 연습이나 경험의 결과로 일어나는 행동의 지속적인 변화로 이해된다. 성인학습은 '경험의 결과로 인하여 사회에서 성인으로 간주되는 사람들의 지식, 태도 그리고 행동이 비교적 지속적으로 변화되는 과정'이라고 말할 수 있다.

성인학습은 학교교육과정을 마친 후에 계속적인 학습을 필요로 하기 때문에 평생교육의 주된 대상이 되며, 이들의 학습활동을 촉진하도록 하는 것이 평생교육자들의 핵심적 역할이다.

놀스(Knowles, 1980)는 평생교육자의 역할을 다음과 같이 학습의 촉진자, 프로그램 개발자, 행정가로 보았다.

첫째, 학습 촉진자로서의 자질을 갖추어야 한다. 놀스는 성인학습을 촉진시킬 수 있는 여섯 가지 학습원리를 제시하고 있다(Knowles, 1980: 58-61).

- 성인학습은 문제 중심의 학습이 되어야 한다.
- 경험 중심의 학습이 되어야 한다.
- 경험은 학습자에게 의미가 있어야 한다.
- 학습자는 자유롭게 경험을 관찰할 수 있어야 한다.
- 목표는 반드시 학습자에 의하여 설정되고 성취되어야 한다.
- 목표를 성취했을 때는 반드시 피드백을 시켜 주어야만 한다.

평생교육자는 우선, 학습자로서 성인의 욕구, 흥미, 동기, 능력, 발달상의 특성에 관한 현대적 개념 및 연구결과를 기술하고 적용할 수 있는 능력과 다양한 학습이론을 이해하고 그것이 특정한 성인학습 상황에 관련성이 있는지를 평가하는 능력을 가져야 한다. 다음으로 학습내용의 선정, 학습자들 간의 개인차를 고려하여 다양한 목표를 달성하기 위한 학습 경험의 설계, 학습자와의 상호존중과 신뢰, 친밀감 형성, 학습활동을 계획 · 실행 · 평가하는 데 학습자를 적절히 참여시키는 능력 등이 필요하다. 마지막으로는 학습자들의 자기주도적 학습이 이루어질 수 있도록 특정한 교육목적을 달성하기 위해서나 학습내용에 따라서 학습방법이나 기법 및 학습자료를 적절하게 선택하여 활용할 수 있는 능력을 갖추어야 한다.

둘째, 프로그램 개발자로서의 자질을 갖추어야 한다. 프로그램을 기획하고 평생교육 프로그램의 전 과정을 설계할 수 있는 능력이 필요하다. 즉, 고객이나 학습자들을 프로그램 기획과정에서 적절하게 참여시켜서 학습자들의 욕구를 충족시키기 위한 다양한 프로그램을 개발할 수 있으며 기관의 책무성 요건을 충족시키고 프로그램 평가를 분석하여 프로그램에 대한 개선을 할 수 있는 능력을 갖추는 것이다.

셋째, 행정가로서의 자질을 갖추어야 한다. 조직의 발전 및 유지를 위해서는 조직의 형태나 운영 및 개선에 관한 이론과 연구결과를 기술하고 적용하는 능력, 조직의 사명에 맞도록 정책을 입안하고 조직의 효율성을 평가해서 지속적으로 발전할 수 있게 추진하는 능력, 직원에 대한 업무수행을 평가하고 격려하는 능력, 평생교육 프로그램의 실행자로서 예산의 범위 내에서 재정적인 계획을 세우고 홍보 전략을 적절하게 설계하여 활용하는 능력 등을 갖추어야 한다.

평생교육이 효과적으로 이루어지려면 평생교육자의 자질이 매우 중요하다. 평생교육자는 학습의 문제에 관심을 가지고 지원해 주며 유연성, 혁신성, 새로운 것을 시도해 보는 것, 가르치는 주제에 대한 열정과 철학, 성인교수의 철학에 대한 분명한 이해가 있어야 한다. 효과적인 교수자는 기획, 의사소통, 돌봄과 안내, 평가, 주제, 개방적 학습공간 형성 등의 기술을 가지고 있어야 한다(Cross, 1981).

평생교육자의 자질은 다음과 같다. 첫째, 건강하고 정력적이며, 적응력과 주도성을 갖추어야 한다. 둘째, 학습자의 욕구를 빨리 파악해야 한다. 셋째, 집단과정의 민주적인 지도력을 갖고 잘 이끌어 갈 수 있어야 한다. 넷째, 변화와 혁신을 촉진하는 발전지향적인 선도적 지도자이어야 한다. 다섯째, 교육에서나 기관 운영에서 인간관계를 원만하게 할 수 있는 자라야 한다. 여섯째, 성인학습에 대한 전문적 지식을 갖추고 있어야 한다(가영희 외, 2013).

2) 자기주도 학습원리

자기주도학습(self-directed learning)은 성인이 전 생애에 걸쳐 일상적으로 수행하는 보편적인 학습양식으로 성인학습의 중요한 실천방법이다. 놀스(Knowles, 1980)는 성인이 성숙함에 따라 자기주도성이 강화된다는 가정하에 성인의 자기주도성에 맞는 교육활동을 구조화하려는 성인학습자의 노력이 필요하다고 주장하였다. 이처럼 자기주도학습은 성인학습을 효과적으로 실천하기 위하여 적용할 수 있는 중요한 이론이자 교육방법이다.

자기주도학습이란 '타인의 도움을 받지 않고 개개인이 스스로의 학습요구를 진단하여 목표를 설정하고, 목표를 달성하기 위하여 필요한 인적 · 물적 자원을 선택하며, 끝으로 학습의 성과를 평가하는 과정'으로 정의할 수 있다. 학습방법으로서 자기주도학습은 학습자를 자기주도적인 존재로 보고, 학습자의 학습경험 자체를 풍부한 학습자원으로 본다.

롱(Long, 1996)은 자기주도학습에 대하여 넓은 의미에서는 교육내용, 교사, 학생 사이의 관계에 형성되는 교수과정, 교수방법, 심리적 과정을 포괄하는 것으로, 좁은 의미에서는 그중 하나에 초점을 맞추는 것으로 구분하면서 타인주도학습과 자기주도학습에 대한 차이를 〈표 9-3〉에서와 같이 설명하였다.

표 9-3 자기주도학습과 타인주도학습의 개념 비교

자기주도학습	타인주도학습
상대적으로 독립적임	상대적으로 의존적임
솔선수범에 가치를 둠	지시를 따르는 것에 가치를 둠
긍정적인 자아효능감	제한된 자아효능감
초인지적 인식	초인지적 인식이 제한됨
내적으로 동기화됨	외적으로 동기화됨
깊이 있는 참여	표면적인 참여
정신적 초점에 우선권을 둠	정신적 초점이 산만함

출처: Long (1996); 성낙돈 외(2015), p. 155에서 재인용.

3. 평생교육의 정책

1) 평생교육법

우리나라에서 평생교육은 1999년 8월 「유아교육법」, 「초 · 중등교육법」, 「고등교육법」과 함께 「교육기본법」의 중요한 한 영역으로 들어가게 되었다. 「평생교육법」은 제1장 총칙, 제2장 평생교육진흥기본계획 등, 제3장 국가평생교육진흥원 등, 제4장 평생교육사, 제5장 평생교육기관, 제6장 문해교육, 제7장 평생학습 결과의 관리 · 인정, 제8장 보칙 등 전문 46조와 부칙으로 이루어져 있다. 이를 시행하는 데 필요한 구체적인 지침인 「평생교육법 시행령」과 「평생교육법 시행규칙」이 있다.

기존의 교육법은 주로 학교교육만을 관장하여 교육법으로서의 한계를 가지고 있었으나 이를 해결하기 위하여 「교육기본법」을 제정하고 기존의 「유아교육법」, 「초 · 중등교육법」, 「고등교육법」으로 나누고 사회교육법을 「평생교육법」으로 대체함으로써 교육관련법을 정리하였다.

「헌법」 제31조

제1항: 모든 국민은 능력에 따라 균등하게 교육을 받을 권리를 가진다.

제5항: 국가는 평생교육을 진흥하여야 한다.

1982년 12월 31일 공포된 「사회교육법」과 1999년 8월 31일에 공포된 「평생교육법」은 똑같은 정의를 내리고 있다. 그 후 2014년 1월 28일 개정된 「평생교육법」은 평생교육을 다음과 같이 정의한다.

「평생교육법」 제2조 제1항
"평생교육"이란 학교의 정규교육과정을 제외한 학력보완교육, 성인 문자해득교육, 직업능력 향상교육, 인문교양교육, 문화예술교육, 시민참여교육 등을 포함하는 모든 형태의 조직적인 교육활동을 말한다.

「평생교육법」은 제2조 평생교육에 대한 정의, 제4조 평생교육의 이념, 제15조 평생학습도시, 제24조 평생교육사, 제30조 학교 부설 평생교육시설, 제32조 사내대학형태의 평생교육시설, 제33조 원격대학형태의 평생교육시설 등의 내용을 담고 있다.

2) 평생교육사

평생교육사란 교육부장관이 평생교육의 기획 · 진행 · 분석 · 평가 및 교수업무의 전문적 수행을 위하여 일정 자격을 갖춘 사람에게 부여하는 국가자격증을 취득한 자를 말한다(「평생교육법」 제24조).

평생교육사라는 명칭은 처음부터 평생교육사였던 것은 아니다. 이전에는 사회교육자, 사회교육지도자, 사회교육종사자, 사회교육전문요원 등으로 사회교육이라는 명칭을 반영해서 다양하게 불려 왔다. 「평생교육법」이 1999년 8월에 제정되고, 2000년 3월에 시행령이 공포되어 시행에 들어갔다. 「평생교육법」 공포에 의한 가장 큰 변화는 종전의 교육자 중심의 사회교육보다는 학습자 중심의 평생학습으로 평생학습 시행전략이 바뀌었다는 것이다. 「평생교육법」은 그 적용 범위를 크게 확대했던 국민의 평생학습을 지원하고 확대하는 데 역점을 두고 있다. 그에 따라 평생교육 종사자 중 일정 자격 요건을 갖춘 전문 인력을 지칭하는 명칭이 사회교육전문요원에서 평생교육사로 바뀌었다.

「평생교육법」 제26조 (평생교육사의 배치 및 채용)

① 평생교육기관에는 제24조 제1항에 따른 평생교육사를 배치하여야 한다.

② 「유아교육법」, 「초 · 중등교육법」 및 「고등교육법」에 따른 유치원 및 학교의 장은 평생교육 프로그램을 운영함에 있어서 필요한 경우에 평생교육사를 채용할 수 있다.

③ 제20조에 따른 시 · 도평생교육진흥원, 제20조2의에 따른 장애인평생교육시설 및 제21조에 따른 시 · 군 · 구 평생학습관에 평생교육사를 배치하여야 한다. 〈개정 2016. 5. 29.〉[시행일 2017. 5. 30.]

④ 제1항부터 제3항까지의 규정에 따른 평생교육사의 배치대상기관 및 배치기준은 대통령령으로 정한다.

평생교육기관은 평생교육사를 배치하여야 하며 평생교육사는 평생교육의 기획 · 진행 · 분석 · 평가 및 교수 업무를 수행한다.

평생교육사 양성방법은 「고등교육법」 제2조에 따른 학교, 즉 대학이나 원격대학 형태의 평생교육시설에서 학위과정으로 평생교육 관련 과목을 일정 학점 이수한 자와 대통령령으로 정해진 평생교육기관으로서 교육부장관이 지정한 평생교육사 양성기관에서 필요한 과정을 이수한 자, 그 밖에 대통령령으로 정하는 자격요건을 갖춘 자로 한다.

3) 평생교육시설

평생교육법에 준한 **평생교육시설**로는 학교 부설 평생교육시설과 사내대학 형태의 평생교육시설, 원격대학 형태의 평생교육시설, 사업장 부설 기관, 시민사회단체 부설, 학교 부설, 언론기관 부설 등이 있다. 사내대학이나 원격대학 형태 평생교육시설의 경우 과거에는 민간기업이나 교육서비스 사업주체들이 운영하던 곳으로서 국가공인 학위를 수여할 수 없었지만 「평생교육법」은 그것을 가능하게 하는 조항을 담고 있다. 즉, 「고등교육법」이 규정하는 학교(대학)와 동등한 학력과 학위가 인정되는 대안체제의 고등교육기관들로 「고등교육법」이 아닌 「평생교육법」에 의하여 법적으로 보장된 것이다.

「평생교육법」 제32조 (사내대학 형태의 평생교육시설)
① 대통령령으로 정하는 규모 이상의 사업장(공동으로 참여하는 사업장도 포함한다)의 경영자는 교육부장관의 인가를 받아 전문대학 또는 대학졸업자와 동등한 학력 · 학위가 인정되는 평생교육시설을 설치 · 운영할 수 있다. 〈개정 2008. 2. 29., 2009. 5. 8., 2013. 3. 23.〉

원격대학의 설치자는 지방자치단체, 학교법인, 민법상의 재단법인, 특별법에 의한 비영리법인으로 한정하고 있으며, 원격대학은 명칭에 '원격' '사이버' 또는 '가상' 등 원격대학임을 나타내는 용어가 포함되어야 하고 원격수업은 화상 강의, 인터넷 강의 등의 방법으로 하되, 원격수업의 보조방법으로 출석수업을 실시할 수 있으며 공개강좌와 시간제 등록도 할 수 있도록 규정되어 있다(한숭희, 2004).

이 외에도 사업장 부설 기관, 시민단체 부설, 학교 부설, 언론기관 부설 등이 있으며, 이들은 독립적인 교육서비스 기관이 아닌 모 기관에 부설되어서 그 기능을 보조적으로 지원하는 평생교육기관이다.

4) 학습인증제도

학습인증제도란 학교교육 이외의 평생학습을 통해 습득한 성취결과를 객관적이고 공식적인 절차를 거쳐 평가하여 인정하는 제도를 말한다. 이 제도는 개인이 어디에서 어떻게 교육을 받았는지와 관계없이 개인이 소유한 지식이나 직업능력을 공식적으로 인정해 줌으로써 공식적인 학위나 자격을 부여하여 개인의 평생교육의 기회를 지원하고 학습의 결과를 인정받아 효과적으로 활용할 수 있도록 하는 데 그 목표가 있다. 학점인증제도는 국민 누구나 개인의 능력을 평가받을 수 있는 열린 체제로 구축되어 있는지, 개인의 평생학습에 대한 평가 · 인정 · 결과가 개인의 지속적인 자기개발이나 향상에 효과적으로 연결되고 있는지 등을 고려하여 시행되어야 한다(한숭희, 2004).

(1) 학점은행제

학점은행제란 「학점인정 등에 관한 법률」에 따라 학교 안팎에서 이루어지는 다양한 학습과 자격을 학점으로 인정하여 전문대학 또는 대학교와 동등한 학위를 수여하는 제도이다. 학점은행제가 갖는 의미는 다음과 같다. 첫째, 개인들의 다양한 학습기회를 보장해 줌으로써 고등교육의 기회를 얻어 자기성장의 기회를 확대할 수 있다. 둘째, 학교교육과 사회교육과의 연계를 강화하였다. 셋째, 학력 위주의 사회에서 능력과 자격 중심의 사회로 개편될 수 있는 여건을 조성하였다.

(2) 문하생 학력인정

문하생 학점 · 학력인정제는 도제적 방식에 의해 유지 · 전승되어 온 무형문화재를 교육적 지평 위로 끌어들여 현대 교육제도와 연계하는 노력을 통해 전통문화를 지속적이고 체계적으로 발전시키고자 하는 의도로 촉구된 것이다(한숭희, 2004).

「평생교육법」 제41조 (학점, 학력 등의 인정)

② 다음 각 호의 어느 하나에 해당하는 자는 「학점인정 등에 관한 법률」로 정하는 바에 따라 그에 상응하는 학점 또는 학력을 인정받을 수 있다. 〈개정 2015. 3. 27. 제13248호 「무형문화재 보전 및 진흥에 관한 법률」〉

4. 「무형문화재 보전 및 진흥에 관한 법률」에 따라 인정된 국가무형문화재 보유자와 그 전수를 받은 사람

(3) 평생학습계좌제

평생학습계좌제란 정보시스템 상에 개인별 하급계좌를 개설해 정규학교 교육 외 개인적 학습결과를 누적, 관리해 학력이나 자격인정과 연계하거나 고용정보로 활용할 수 있게 하는 제도이다. 평생학습계좌제는 계속 학습을 하는 국민이 우대받아 모든 국민이 학습하는 풍토 조성을 하는 제도이다.

(4) 독학학위제

독학학위란 「독학에 의한 학위취득에 관한 법률」에 따라 스스로 학습한 정도가 학사학위 취득의 수준에 도달하였는지를 시험으로 측정하여, 합격한 사람에게 학사학위를 수여하는 제도이다.

5) 평생학습도시

평생학습도시라는 용어는 일반적으로 지역의 크기와 규모에 상관없이 시(city), 읍(town) 또는 지역사회(community) 단위에 사용되고 있다.

「평생교육법」 제15조(평생학습도시)의 내용은 다음과 같다.

① 국가는 지역사회의 평생교육 활성화를 위하여 시 · 군 및 자치구를 대상으로 평생학습도시를 지정 및 지원할 수 있다.
② 제1항에 따른 평생학습도시 간의 연계 · 협력 및 정보교류의 증진을 위하여 전국평생학습도시협의회를 둘 수 있다.
③ 제2항에 따른 전국평생학습도시협의회의 구성 · 운영에 필요한 사항은 대통령령으로 정한다.
④ 제1항에 따른 평생학습도시의 지정 및 지원에 필요한 사항은 교육부장관이 정한다.
〈개정 2008. 2. 29., 2013. 3. 23.〉

즉, 평생학습도시는 언제, 어디서나, 누구든지 원하는 학습을 할 수 있도록 지역공동체를 형성하여 지역의 사회통합과 지속적인 발전을 이루며 개인의 잠재력 개발을 바탕으로 그 지역의 인적자원을 활용하여 지역을 재생한다는 의미를 갖고 있다고 정의할 수 있다.

토론 과제

1. 평생교육의 특성에 대해서 토론해 보자.
2. 급변하는 현대 사회에서 평생교육의 필요성에 대해서 토론해 보자.
3. 성인학습 이론과 모델에는 어떠한 것들이 있는지 제시하고 그에 대해서 토론해 보자.
4. 한국의 「평생교육법」상 정의를 바탕으로 각각의 평생교육 정책들에 대해서 토론해 보자.

용어 설명

고령사회 UN에서는 전체인구 중 65세 이상 고령 인구 비율이 7% 이상, 14% 미만은 고령화 사회로, 14% 이상 20% 미만인 사회는 고령사회, 20% 이상은 초고령 사회로 구분하고 있다.

원격교육 교수자와 학습자들이 지리적으로 떨어져 있지만 교수매체를 사용하여 전통적인 수업에서 제공하는 것과 같이 교수자와 학습자, 학습자와 학습자 간에 상호작용이 이루어지는 교수-학습 형태이다.

참고문헌

가영희, 성낙돈, 안병환, 임성우(2013). **성인학습 및 상담**. 서울: 동문사.

국가통계포털(2016). Kosis.kr/index/index.do. 고령인구비율.

국가평생교육진흥원 평생교육센터(2008). **2008 평생교육백서**.

국가평생교육진흥원 평생교육센터(2014). **2013 평생교육백서**.

권두승(1996). **평생교육론**. 서울: 교육과학사.

김난수, 김인회, 오인탁, 이성호, 한준상(1982). **평생교육론**. 서울: 문음사.

김도수(2001). **평생교육**. 서울: 양서원.

김용현, 김종표(2015). **평생교육론**. 경기: 양서원.

김종서, 김신일, 한숭희, 강대중(2009). **평생교육개론**. 경기: 교육과학사.

성낙돈, 안병환, 가영희, 임성우(2015). **평생교육학개론**. 서울: 동문사.

안병환, 가영희, 임성우, 조현구(2011). **평생교육경영론**. 서울: 동문사.

오혁진(2004). **평생교육경영학**. 서울: 학지사.

조태화 외(2003). **평생교육개론**. 서울: 한국방송통신대 출판부.

한숭희(2004). **평생교육론**. 서울: 학지사.

한우섭, 김미자, 신승원, 연지연, 진규동, 신재홍, 송민열, 김대식, 최용범(2019). **평생교육론**. 서울: 학지사.

허은주, 유현정, 이수진, 안영화, 배석영(2018). **현대 교육사회학(제3판)**. 경기: 양서원.

홍기형, 이화정, 변종임(2004). **평생교육의 이해**. 서울: 교육과학사.

Cross, K. P. (1981). *Adults as learners*. San Francisco: Jossey-Bass.

Dave, R. H. (1984). **평생교육의 원리**(*Foundations of lifelong education*). (곽영우 역). 전북: 전북대학교부설 사회교육연구소. (원전은 1976년에 출판).

Freire, P. (2000). *Pedagogy of the oppressed* (20th anniversary ed.). New York, NY: Continuum International Publishing Group.

Knowles, M. S. (1980). *The modern practice of adult education: From andragogy to pedagogy* (2nd ed.). New York: Cambridge Books.

Lengrand, P. (1975). *An introduction of lifelong education*. London. The unesco press.

Long, H. B. (1983/1996). *Adult and continuing education*. New York: Teaching College Press.

제 10 장

생활지도와 상담의 이해

학습목표

1. 생활지도와 상담의 개념 및 상호관련성을 파악한다.
2. 생활지도의 영역 및 활동을 파악한다.
3. 개인 및 집단 상담의 접근 및 기법을 파악한다.

영화 〈완득이〉는 김려령 작가의 소설을 원작으로 한 영화이다. 이 영화의 주인공인 '완득이'는 다문화 가정에서 태어났는데 아버지는 등이 휜 꼽추로 신체장애인이며 이렇다 할 제대로 된 직업 없이 웨이터를 하거나, 시장에서 피에로 분장을 하고 춤추며 물건을 파는 일을 한다. 집에 함께 사는 삼촌 역시 지적인 능력이 떨어지는 장애인이고, 완득이의 어머니는 필리핀에서 온 사람으로 완득이를 낳고 집을 나가게 되는데 정작 주인공인 완득이는 자기의 어머니에 대한 존재를 모른 채 지낸다.

가난하고 어려운 환경에서 자란 완득이는 크고 작은 사고나 치고 다니는 문제아로 학교생활을 한다. 불량학생인 완득이는 자신을 무심하게 챙겨 주려 하는 담임선생님인 동주가 귀찮지만 기초생활수급자인 자신을 부끄러워하지 않고 당당하게 생활할 수 있도록 도와주는 것을 느끼고 조금씩 마음을 열어 간다. 반항밖에 할 줄 몰랐던 동주가 담임교사 동주의 끈기 있는 노력으로 스승과 주위 어른들에 대한 감사함을 알아 가는 성장 영화이다.

1. 생활지도와 상담의 의미 및 관계

1) 생활지도와 상담의 유사성과 차이점

생활지도는 상담보다 훨씬 더 넓은 개념으로 이해된다. 생활지도는 학생조서, 정보제공, 상담, 정치, 추수지도 등의 여러 활동을 포함하고 있으며, 모든 학생들을 대상으로 교사가 학교생활 전반에 걸쳐서 수행하도록 되어 있다. 그러면 상담은 생활지도에서 어떤 위치를 차지하는가? 상담은 생활지도의 여러 방법들 중의 하나로 그 자체의 전문적 발전으로 인하여 생활지도의 핵심방법으로 인정받고 있다. 상담은 방법적으로 볼 때, 개인면담에 의한 개인상담, 소집단이 모여서 하는 집단상담, 인터넷이나 메일 등을 매개로 한 사이버상담 등이 있다.

이러한 차이가 있다 할지라도, 김계현 등(2009)은 학생들을 위해 생활지도와 상담을 실시하는 교사들이 갖추어야 할 공통적인 태도에 대해 강조하고 있다. 즉, 긍정적 인간관, 끊임없는 자기발전, 학교조직 및 제도와의 협력 등 세 가지 태도이다. 첫째, 교사는 긍정적인 인간관을 가져야 한다. 생활지도와 상담의 기본 철학에는 인간과 사회의 긍정적인 면, 즉 잠재 가능성에 대한 신뢰가 깔려 있다. 따라서 교사는 개인, 집단, 사회가 스스로 문제를 해결할 수 있다는 긍정적인 인간관을 가져야 한다. 둘째, 교사는 인간적 성장과 전문성 발전이라는 두 가지 측면에서 끊임없는 자기발전을 도모해야 한다. 생활지도교사와 상담자로서의 발전을 위해 여러 가지 성장 프로그램에 참여하여 정서, 사고, 대인관계 등 총체적인 영역에서 인간적 성장을 추구해야 한다. 셋째, 생활지도와 상담은 학교라는 제도적 조직 안에서 이루어지는 활동이므로 교사는 학교조직 및 제도와의 협력을 도모해야 한다. 따라서 관리자와 동료

표 10-1 생활지도와 상담의 비교

구분	기본 철학	주요 관심	기본 목적	주요 방법	책임자	학문적 기초
상담	자아발달	자아세계	힘 북돋움	촉진적 관계 촉진적 면접	상담자	심리학
생활지도	사회적응	생활환경	삶의 방향정립	정보제공 가르치기 배치활동	교사	교육학

출처: 박성수 외(2007).

교사의 의견과 교육정책 및 행정절차 등을 항상 고려해야 한다.

앞선 생활지도와 상담에 대한 내용을 〈표 10-1〉과 같이 정리해 볼 수 있겠다. 생활지도가 학생들의 일상생활에서 부적응의 요소를 미리 발견하고 예방하는 가운데 정상적인 성장과 발달을 지원하기 위해 전체 학생을 대상으로 이루어지는 활동인 반면, 상담은 상담자로서 자격을 갖춘 사람이 학생들의 성장과 발달이 어떤 요인에 의하여 저해되고 있는 상황에서 학생들 스스로 자신의 문제를 파악하고 해결하도록 돕기 위하여 이루어진다.

2) 생활지도와 상담을 위한 내외적 환경에 대한 이해

학교에서 생활지도와 상담의 대상은 누구인가? 일반적으로 문제 학생에 대한 특별한 접근을 시도하게 된다. 여기서 문제 학생이란 행동, 정서, 인지, 사회성, 학업 등에서 정상적인 범위를 벗어나는 학생을 지칭한다. 이러한 경우 지도의 목표는 교정 혹은 치료가 되기도 한다. 이때 먼저 학생들의 내외적 환경을 이해하는 일은 중요한 작업일 것이다. [그림 10-1]은 학생의 가치관, 사고-감정-행동이 어떻게 발달되어 왔는지를 통합적인 틀로 이해하는 데 도움이 될 것이다. 개인의 삶과 행동에 영향을 주는 내적 · 외적 요소들을 살펴보면, 먼저 내적인 요소들은 주로 본능적이고 유전적인 발달에서 비롯되는 반면, 외적인 요소들은 가족, 학교, 또래관계, 사회문화, 종교와 믿음, 사회경제, 그리고 문화와 정치적인 환경과 같은 생태학적인 시스템에서 발생한다. 학생들의 생활지도와 상담과정에서 교사는 자연스레 이러한 내적·외적 분석을 모두 적용하게 된다. 즉, 관찰을 포함해 매일의 일상생활과 사회적인 관계 속에서 다른 사람들과의 직간접적인 접촉을 통해 형성된 경험들은 의미심장하게 혹은 외상적 충격으로 축적될 수 있고, 결과적으로 상황과 위기에 대처하는 개인의 심리적인 반응에 영향을 주게 될 수 있는 부분을 파악하게 된다.

내적인 관점의 영역은 주로 발달이론에 근거한다. 에릭슨의 사회심리적 발달이론, 프로이트의 성적심리적 발달이론, 콜버그의 도덕적 발달이론, 마가렛 말러의 초기 애착 발달이론, 매슬로의 욕구단계이론, 그리고 피아제의

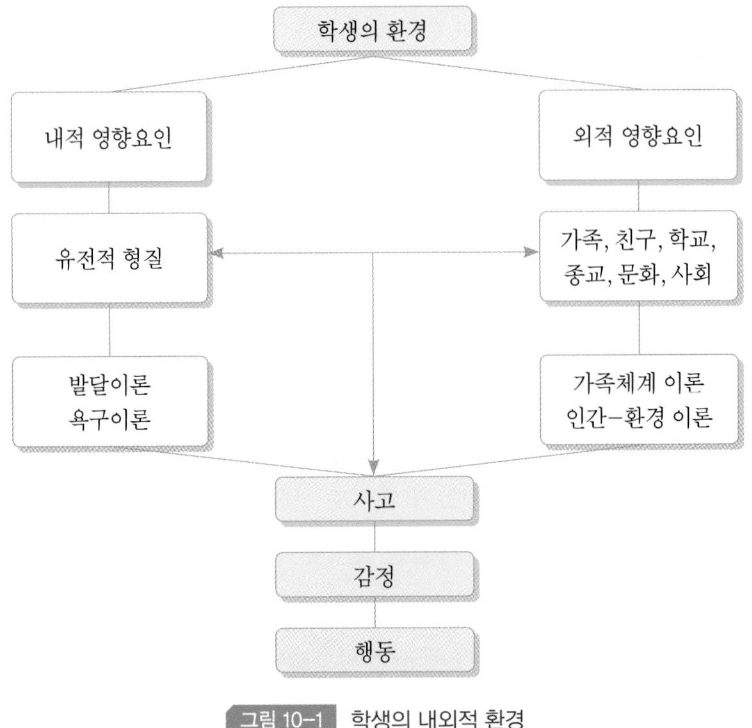

그림 10-1 학생의 내외적 환경

인지적 발달이론 등이 그것이다. 각각의 발달이론은 심리적, 사회적, 성적, 도덕적, 애착, 기본적이고도 복잡한 욕구, 언어, 그리고 인지적 발달을 포함한 아동·청소년 발달 과업의 양상을 설명한다.

외적인 관점의 영역은 주로 사회적 시스템과 관련이 있다. 환경의 영향을 받는 인간과 가족 체계에 대한 이론에서는 개인의 인지적, 사회적 기능을 평가하는데 가족구성원 간의 상호작용 패턴을 이해할 뿐 아니라 또래, 종교기관, 그리고 사회적인 기대감과 같은 다른 사회적 시스템과의 연관성을 파악하는 것이 아동·청소년 생활지도와 상담을 위해 중요한 과정이라고 제시한다.

2. 생활지도의 영역과 활동

1) 생활지도의 영역

생활지도는 학생 개개인의 전인적 발달을 지향하고 있으므로 학교에서 실시하는 전반적인 교육활동이 모두 관심의 대상이지만 일반적으로 인성지도, 교육지도, 진로지도, 건강지도, 사회성지도, 여가지도, 성교육 등을 들 수 있다.

첫째, 인성지도(personality guidance)의 목표는 개인이 자신의 성격을 올바르게 인식하고 원만한 인격적 소질을 육성하도록 지도하고 조언하는 것으로, 지도의 영역에는 심리적으로 문제가 되는 성격, 정서적 문제, 대인관계 문제, 가족관계 문제, 가치관 문제 등이 포함된다. 즉, 인간의 기본적 욕구불만, 신경과민, 우월감, 열등감, 정서적 불안감, 이성문제로 인한 갈등, 공격적 태도, 자만심 등의 문제를 해결하고 제거하여 개인의 건전하고 조화로운 인성발달을 도와줌으로써 원만한 사회생활을 할 수 있도록 지도한다.

둘째, 교육지도(educational guidance)는 학생의 개성, 흥미, 능력에 따라 학교교육을 받는 데 필요한 방법에 대하여 지도·조언함으로써 학생 자신의 가능성을 최대한 발전시키기 위한 활동이다. 학업상의 문제를 일으키는 원인 중에는 개인의 지적 특성 이외에도 심리적 요인과 환경적 요인들이 관여한다. 특히 학업의 실패는 단지 개인의 학업부진에 그치는 것이 아니라 자아존중감의 저하와 자기효능감의 상실, 우울증, 부모와의 관계 악화 등 다양한 문제를 수반하기 때문에 올바른 학습 습관이나 학습태도를 바로잡아 주고 교과목의 기초를 다질 수 있도록 도와주어야 한다.

셋째, 진로지도(counseling guidance)는 학생의 진로와 직업선택을 위한 적성, 흥미조사, 직업정보의 제공, 직업이 요구하는 태도, 지식, 기능을 개발함으로써 올바른 직업관을 가지도록 하는 활동이다. 올바른 진로발달 조력자로서의 역할을 수행하기 위하여 교사는 학생의 자기탐색과 발견 및 심리적 특성에 대한 이해와 직업세계에 대한 이해, 진로정보 자료 수집 및 활용에 대한 이해, 의사결정에 대한 이해와 더불어 취업기술을 배양할 수 있도록 한다.

넷째, 건강지도(health guidance)는 개인의 신체적 발달 유지와 증진을 위한 적절한 조언과 조력 활동, 신체적 건강, 정신위생 및 정신건강 교육, 공중위생(흡연, 음주, 약물 복용), 안전사고 대책지도 등에 대한 활동이다.

다섯째, 사회성지도(sociability guidance)는 민주시민으로서 갖추어야 할 자질로서 사회의식과 이타성을 포함한다. 즉, 타인의 권리를 존중하고 타인의 입장을 이해하기, 개인보다는 사회 전체의 이익을 생각하기 등 사회구성원으로서 반드시 가져야 할 의식과 태도이다. 나아가 준법정신, 책임과 의무를 수

참조

2015년 개정된 「진로교육법」 및 시행령에 의거, "학생에게 다양한 진로교육 기회를 제공함으로써 변화하는 직업세계에 능동적으로 대처하고 학생의 소질과 적성을 최대한 실현하여 국민의 행복한 삶과 경제 사회 발전에 기여함"을 목적으로 '진로진학상담교사(현직교사 중 570시간 연수)'를 배치하여 진로교육과 진학지도를 전담토록 함.

행하는 대인관계의 유지 및 증진, 예의범절의 준수, 친구의 선택과 교제, 봉사정신의 발휘, 인성과 협동정신 함양 등에 초점을 둔다.

여섯째, 여가지도(recreational guidance)는 사회나 학교에서 개인이 여가를 보람 있게 보낼 수 있도록 조력하는 지도활동이다. 여가활동에는 건전한 놀이, 취미활동, 특기 신장, 음악 및 미술 감상, 독서, 특별활동 등이 포함되며, 개인의 흥미, 요구, 능력, 성격 등에 따라 개인이 가치 있게 활용할 수 있는 것을 선택하고 그 활동을 통해 건전한 취미생활과 정신건강의 발달을 도모하도록 지도한다.

일곱째, 성교육(sex education)은 여성과 남성의 심리적 · 신체적 특성 및 역할에 대한 이해를 바탕으로 건전한 이성 관계를 형성 · 유지 · 발전시켜 나가도록 지도하는 활동이다. 즉, 성과 성적 현상 및 문화에 대한 건전한 태도 형성, 남녀 간의 예의범절을 포함한 올바른 성 역할 행동의 실천, 자신의 몸과 성에 대한 올바른 지식과 태도 습득 등이 이루어지도록 한다.

2) 생활지도의 활동

생활지도는 학생들의 전인적 발달을 위하여 교사나 학교행정가 및 학부모들이 직면하는 전문적인 도움을 필요로 하는 문제를 해결할 수 있도록 돕는 활동이다. 생활지도의 활동단계로는 학생조사활동, 정보제공활동, 상담활동, 정치활동, 추수활동을 들 수 있다.

(1) 학생조사활동

학생조사활동(inventory service)은 학생들을 정확하게 이해하는 데 필요한 자료수집 활동으로, 지능검사, 적성검사, 학력검사, 흥미검사, 성격검사, 진로검사, 관찰, 면접, 사례 연구 등을 통하여 학생들의 개별 정보를 파악하는 활동이다.

(2) 정보제공활동

정보제공활동(informational service)은 담당교사가 필요한 정보를 수집해서 학부모와 다른 교사들에게 제공하는 활동도 하지만 학생들이 필요로 하는 각종 정보 및 자료를 효과적으로 제공함으로써 학생들에게 교육정보, 직업정보, 사회적 정보를 제공해 주어 자신이 자율적으로 처리하고 탐색할 수 있도록 개인적 성장과 사회적 적응을 도와주는 활동이다.

(3) 상담활동

상담활동(counseling service)은 생활지도 활동 중에 하나로 대부분의 학교에서는 주로 담임교사가 상담활동을 맡고 있으나 별도의 전문상담교사가 있는 경우에는 전문상담교사가 상담활동을 하고 있다. 상담에서 가장 중요한 기술인 경청, 이해, 공감을 토대로 학생들이 각자 가지고 있는 문제를 자율적으로 해결할 수 있도록 조력함으로써 정신건강을 향상시키고 사회적 적응을 돕는 활동이다.

(4) 정치활동

정치활동(placement service)은 점차적으로 학생들이 선택해야 할 기회가 많아지고 이에 따라 학생들은 어려움을 겪게 되는데 이러한 문제들을 해결해 주고 나아가 선택한 사항들을 잘 실행할 수 있는 계기를 만들어 주는 활동이다. 예를 들어, 진학지도나 취업지도 등에 있어 홀랜드(J. L. Holland)의 6각형 성격모형을 통해 학생의 적성 및 흥미와 각 진로의 특성을 정확하게 이해하여 학생이 진로를 현명하게 선택하도록 도와주는 활동이다.

(5) 추수활동

추수활동(follow-up service)은 지도를 받은 학생들의 조사활동, 정보제공활동, 상담활동, 정치활동의 종결과정으로 가정, 학교, 사회, 직업생활 등 추후 적응상태를 점검하고 조력하는 지도활동이다. 적합한 환경에 있다 하더라도 지속적인 정보와 지도가 요구되기도 하고, 상담교사와 긴밀한 관계를 유지해야 할 필요가 있기 때문이다. 특별히 관심을 가져야 할 학생일 경우 그 학생의 문제해결을 위해서는 지속적인 추수활동이 필요하다.

3. 상담의 과정 및 접근방법

1) 상담의 과정과 상담자의 역할

상담은 내담자의 심리적 갈등이나 현실적인 문제들을 합리적이고 올바른 방법으로 대처하고 해결해 나갈 수 있도록 도와주는 과정이다. 내담자는 상담과정을 통하여 상담자와 지금까지와는 다른 인간관계를 맺고 진솔한 의사소통과 새로운 학습과정을 통하여 현재 당면하고 있는 문제해결뿐만 아니라 그가 앞으로 만나게 될 삶의 고난을 극복하고 행복한 삶을 추구할 수 있는 성숙한 사람으로 변화되는 과정을 연습한다. 그러다 보면 다른 사람에게 의지하지 않고도 스스로 원하는 것을 할 수 있다는 것을 자각하여 자신이 가진 능력으로 새로운 변화와 성장을 향해 나아갈 수 있을 것이다.

궁극적으로 상담자는 상담을 통해 내담자가 행복한 생활을 하는 데 방해가 되는 요소를 감소시켜 행동변화를 일으키고, 보다 적극적으로 문제를 예방하여 내담자의 다양한 문제 상황에 대한 대처능력과 문제해결에 도움을 줌으로써 내담자가 보다 성숙되게 자신의 삶을 헤쳐 나가고 자신에게 책임감을 갖도록 정신건강에 조력한다.

김태호(2004)는 상담의 과정을 다음과 같이 다섯 단계로 구분하면서 각 단계에서 상담자가 취해야 할 역할과 자세에 대해 언급하고 있다.

(1) 라포형성의 단계

라포를 형성하는 단계에서 상담자에 대해 내담자가 갖는 생각은 상담의 성과에 영향을 미친다. 이에 라포를 형성하기 위하여 상담자는 상담과정과 상담에 대한 내담자의 생각을 물어보는 것이 좋다. 상담의 목표와 중점을 두고 얘기할 주제를 결정하는 데 상담자와 내담자의 상호협력은 상담을 성공으로 이끄는 주요 요인이기 때문이다(Marmar, Horowirz, Weiss, & Marziali, 1986: 조규판 외, 2018에서 재인용).

라포형성의 단계에서 교사는 우선 학생에게 신뢰감을 줄 수 있어야 한다. 말로만 자신에게 하는 모든 얘기는 비밀에 부치겠다는 교사의 약속은 내담자에게 공허하고 신뢰성이 없는 얘기가 될 수 있다. 특히 청소년 내담자들은 부모나 교사와 같은 기성세대에 대해 비판적이고 부정적인 관념과 태도를 가지고 저항하는 태도를 나타낼 가능성이 많으므로 교사는 학생들과 처음 만날 때 신중하고 민감해야 한다. 가능하면 학생들을 가르치고 훈계해야 하는 대상으로 보지 말고 자아실현을 위하여 나름대로 최선을 다하는 존엄한 존재로 인식하며, 어떤 문제와 관련이 있을지라도 자존심을 지킬 수 있도록 학생의 인격을 존중해 주어야 한다.

(2) 문제의 규명 단계

청소년들은 아동기를 거치는 동안, 예를 들어 부모의 지나친 교육열과 심한 경쟁 상황에서 패배의식과 열등감을 경험할 수 있으며, 이러한 경험은 그들로 하여금 자신을 부정하며 부끄럽게 느끼게 할 수도 있고 혹은 사춘기에 접어들면서 성적 욕구와 성 역할에 대한 급격한 변화로 혼란과 갈등을 겪는 가운데 이성에 호기심을 가지면서도 이성과의 접촉을 두려워할 수도 있다. 또한 외로움과 고립감에 쉽게 빠지며 중요한 선택과 그 책임에 관한 부담으로 어려움을 겪기도 한다.

이와 같이 다양한 청소년들의 문제를 규명하는 과정에서 상담교사는 지금

당장 그들이 직면하고 있는 문제 중에서 가장 중요하고 그 문제가 해결되었을 때 파급효과가 가장 큰 것부터 선택하도록 도울 필요가 있다. 내담자는 자신의 문제를 심각하게 느낄 수 있으므로 상담자는 상담에 임하는 학생의 진지한 태도와 자세에 대하여 긍정적으로 평가하고 격려해 주는 일이 중요하다. 문제해결의 효율성을 높이는 열쇠는 문제를 하나씩 차근하게 해결해 나가는 것이다.

(3) 관점의 변화 단계

인간은 환경의 영향에서 벗어나기 어렵다. 영아기와 유아기를 거치며 부모의 영향을 받아 많은 가치와 생활양식 등을 전수받으며 내면화한다. 그러나 점차 성장하면서 개인의 주요 과제인 자아정체감 찾기를 이루어 나가며, 스스로 삶의 주체가 된 입장에서 지금까지 개인에게 부여된 많은 것들을 재점검하고 새롭게 조직하게 된다. 이러한 과정은 일상생활에 큰 영향을 미치는 주요 가치의 전환과 대치이며 생활양식의 변화로 나타나 기성세대와 이질감을 빚어 내기 쉽다. 흔히 가정이나 학교에서 부모나 교사들로부터 문제아로 인식되는 청소년들의 많은 문제는 자아정체감을 형성해 나가는 과정에서 나타나는 양상으로 볼 수 있다.

이때 교사는 학생의 관점을 고치려 들며 문제를 조급하게 해결하려 하기보다는 학생이 문제를 보는 시각에서 함께 보도록 노력해야 한다. 과거 내담자의 성공적인 경험과 능력에 대화의 초점을 맞춤으로써 상담자는 내담자와의 관계요인을 강화하며 문제를 보는 관점의 변화와 스스로 문제해결을 위해 적극적인 역할을 하도록 이끈다. 아울러 교사는 학생보다 문제해결에 대한 전문적인 지식과 능력을 지니고 있다 하더라도 먼저 학생의 생각과 해결방법들을 진지하고 적극적으로 경청하고 존중하는 가운데 문제를 다른 관점에서 볼 수 있도록 도우며, 나아가 새로운 관점에서 문제해결을 위한 목표를 세울 수 있도록 도와야 한다.

(4) 목표의 설정 단계

내담자의 문제는 아주 핵심이 되는 주요 문제와 별로 중요하지 않아 하찮은 문제에 이르기까지 다양하다. 시간과 노력의 한계를 생각하면 효율적인 목표 설정이 문제해결에 매우 중요하다. 효율적인 목표 설정이란 가장 핵심이 되는 주요 문제를 해결하도록 계획함으로써 주변의 다른 문제들도 함께 해결되는 효과를 거둘 수 있도록 하거나, 쉬운 것에서부터 차츰 어려운 것으로 행동에 옮긴 후, 그 노력의 보상으로 어떤 대가를 받을 수 있도록 계획하는 것이다. 상담의 성패는 상담자와 내담자가 문제의 해결을 위하여 어느 정도 긴밀하게 협조할 수 있는지의 여부에 달려 있다. 따라서 상담자와 내담자가 긴밀하게 협력하는 과정에서 상담의 모든 과정을 내담자가 주도할 수 있도록 하는 것이 중요하다.

목표 설정 단계에서 상담자는 학생들의 독특한 장점, 신념, 가치, 기법, 경험, 능력, 변화와 성장의 잠재력, 이미 경험한 변화 등을 망라하여 상담에서 바람직한 변화를 이끌어 낼 수 있도록 목표를 세우는 것이 중요하다. 무엇보다 목표 설정 과정에 학생들의 의사를 적극 반영함으로써 함께 협력하여 문제를 해결해 나갈 수 있도록 해야 한다. 특히 학생들이 문제해결을 위해 스스로 노력할 수 있도록 문제를 구체적으로 분명하게 정의하고 어떤 상황에서 어떻게 새로운 행동으로 옮길 수 있는지 세밀하게 목표를 정하도록 돕고, 목표가 달성되었을 때 어떤 효과가 나타날 것인지에 대해서도 알 수 있도록 도움으로써 학생 스스로 환경을 통제해 나갈 수 있도록 한다.

(5) 목표의 실행 단계

상담의 궁극적인 목적은 내담자가 자신의 문제해결을 위하여 변화를 시도하고 변화를 이루어 내는 것이다. 상담자가 신뢰감과 친근감으로 내담자와 라포를 잘 형성하고, 내담자의 관점 변화를 통하여 문제를 보는 시각을 고치고, 문제를 정확히 규명하여 목표를 잘 세우는 등 상담자의 역할을 잘했다하더라도 실제로 내담자에게 어떠한 변화도 일어나지 않았다면 실패한 상담이다.

글래이서(Glasser, 1965: 조규판 외, 2018에서 재인용)는 내담자가 상담자와 실행에 옮기기로 약속한 목표들을 실천하지 못했을 때, 상담자는 내담자의 어떤 변명도 용납하지 말아야 한다 하면서도, 힐책하거나 비난하여 라포가 손상되고 결국 상담이 중도에 종결되는 파국을 막기 위하여 부정적인 반응을 내담자에게 보이지 않아야 한다고 제안한다. 목표 실행이 실패한 경우, 상담자는 설정된 목표들이 무슨 까닭으로 실행에 옮겨질 수 없었는지, 문제의 규명과 목표 설정에 잘못이 없었는지, 내담자와 진지하고 긴밀하게 점검하여 잘못된 점들을 찾아내고 보완할 수 있도록 돕는 전문가적 역할을 발휘해야 한다고 강조한다.

2) 상담의 기본 전략과 기법

상담의 방법에는 여러 가지가 있다. 대표적으로는 개인상담과 집단상담으로 나눈다. 학교상담에서는 이 두 가지 방법을 모두 활용한다.

(1) 개인상담의 기본 전략과 기법

학교에서 이루어지는 개인상담의 경우, 심층적인 심리치료보다는 대체로 현실적인 문제해결을 지향하므로 장기적인 전략보다는 단기적인 전략을 사용한다(김계현 외, 2009). 이에 개인상담에서 접근하는 문제해결 전략을 다음의 과정으로 설명할 수 있다.

첫째, '탐색의 과정'으로 상담을 요하는 이유, 문제가 발전된 경로, 문제와 관련된 내담자의 감정과 생각, 내담자의 가족 · 친구 · 교사 등의 인적 환경, 내담자의 강점과 약점, 상담의 목표 등에 대해서 탐색을 한다. 둘째, '통찰의 과정'으로 문제의 원인에 대해서 깨닫는 것이 중요한 과제다. 자신이 왜 그 문제에서 벗어나지 못하고 있는지, 즉 문제를 해결하지 못하고 있는 이유에 대해서 통찰을 얻는다. 그럼으로써 내담자는 문제해결을 위한 전략을 가질 수가 있게 되는 것이다. 셋째, '실행의 과정'으로 전 단계에서 습득한 통찰내용을 기반으로 해서 내담자와 상담자가 함께 문제해결을 지향하는 실행방법을 고안하되, 이때 실행방안은 구체적이어야 할 뿐만 아니라 실행 가능성이 높아야 한다. 그런 후 실제로 문제해결 방안을 실행하여 보고 그 결과를 분석하여, 문제가 해결되지 않는다면 다른 대안을 실행한다. 다음은 개인상담을 실시할 때 주로 사용하는 기본 기법들이다.

① 경청: 상담의 기본은 경청이다. 이른바 '적극적 경청'으로 내담자의 말을 단순히 듣기만 하는 것이 아니라. 내담자가 진술하는 말 이면에 숨어 있는 생각, 감정, 입장까지 생각하면서 듣는 것을 의미한다.

② 주의집중: 주의집중은 적극적 경청을 위해서 필요한 조건이지만 경우에 따라서는 그 자체가 상당한 상담효과를 발생시킨다. 자신에게 최선을 다해서 집중해 주는 상담자와의 면담 경험은 내담자에게 큰 정서적 지지와 위안을 제공하기 때문이다.

③ 재진술: 재진술은 내담자가 한 말 중에서 일부를 상담자가 반복해 주는 기법으로, 대화의 흐름을 조절해서 내담자가 상담내용의 초점을 유지하도록 도와주고 상담자와 내담자 간의 의사소통을 명료하게 해 주는 기능을 한다.

④ 감정 반영: 감정 반영이란 상담자는 적극적 경청에 의해서 파악한 내담자의 감정상태를 공감하여, 그 공감내용을 내담자에게 다시 되비쳐 주는 기법이다. 감정을 반영하는 구체적 기술에는 언어(말)뿐만 아니라 표정이나 목소리 등의 비언어적 요소까지 기술적으로 활용되어야 한다.

⑤ 질문: 상담에서의 질문은 정보수집이라는 기본 기능 외에도 내담자가 자신의 내면을 탐색하도록 자극하거나 유도하는 기능을 한다. 즉, 질문을 통해 구체적인 자기탐색을 기반으로 문제해결을 위한 통찰과 대안

들을 발견할 수 있도록 돕는다.

(2) 집단상담의 접근

집단상담은 개인상담의 대안적인 방법으로 개발되었는데, 학교에서는 개인상담보다 오히려 더 보편적으로 활용되기도 한다. 집단상담은 보통 8~15명 정도의 소집단으로 이루어지는 것이 보통이다. 그리고 학교에서의 집단상담은 주로 구조화된 형태로 상담 내용과 목적이 정해져 있고(예: 자기주장 훈련, 집단따돌림 예방, 의사소통기술, 진로탐색, 분노조절 등), 상담기간도 정해져 있다.

집단상담에서는 감정의 차원을 다루기 때문에 인지 차원보다 좀 더 심층적인 부분까지 접근할 수 있다. 더구나 집단상담에서는 상담 참여자 간에 형성되는 집단 역동(group dynamics)을 활용하기 때문에 참여자들이 지금까지 경험해 보지 못했던 새로운 것을 체험할 수 있도록 한다. 대표적인 집단 역동으로는 집단 응집력(group cohesion)을 들 수 있다. 처음에는 집단 참여자 간에 상호신뢰감이 낮아서 서로 털어놓지 못하거나 갈등을 경험하다가 어떤 계기를 체험한 이후에 서로에 대한 개방 수준이 높아지고 상호신뢰감을 경험하면서 집단 응집력을 체험하게 된다. 따라서 집단상담은 상담자(지도자, 촉진자라고도 함)가 일방적으로 이끌어 가는 것이 아니라 집단원들 간에 형성되는 역동에 근거하여 집단원 상호 간에 영향을 주고받는 수준으로 발전하게 된다. 다음은 주로 집단상담을 할 때 이루어지는 단계와 기법들이다.

① 도입 단계: 오리엔테이션을 통해 참여자를 소개하고 예상되는 불안을 다루며, 집단을 구조화하는 단계로, 집단의 성격과 목적, 집단상담자의 역할, 집단의 진행절차, 지켜야 할 행동규준 등에 설명한다.
② 준비 단계: 작업 단계를 준비하기 위한 과도기적인 단계로, 집단원의 저항과 갈등을 다루며, 안정되고 신뢰할 수 있는 집단분위기를 조성한다.
③ 작업 단계: 문제해결을 위한 활발한 논의와 구체적인 해결에의 노력이

전개되는 단계로, 집단원의 자기노출과 감정의 정화를 돕고, 비효과적인 행동패턴을 취급하여, 바람직한 대안행동을 제시한다.

④ 종결 단계: 집단의 과정을 통해 습득한 것을 실제 생활환경에서 어떻게 적용할 수 있는지 논의하는 단계로, 종결에 따른 감정을 다루고 미해결 과제를 다루며, 종결 후의 추수모임을 결정한다.

4. 학교 현장에서의 상담 인력 및 상담정책

1) 학교 상담 인력

1998년 '전문상담교사' 제도가 도입 · 실시되기 시작하면서 학교 현장에서 큰 변화를 겪게 된다. 정부에서는 1997년 말에 「초 · 중등교육법」을 개정하여 '전문상담교사'라는 자격증을 신설하였다. '전문상담교사'는 현직 교사로서 소정의 교사 경력(3년 이상)이 있는 교사를 대상으로 교육대학원에서 1년(2개 학기) 동안 18학점(9개 과목×2학점)을 이수하여 자격을 취득하도록 규정하였다.

'전문상담교사' 제도는 2004년에 '전문상담순회교사'가 생기고 2006년에는 '전문상담교사 2급'이 신설되면서 다시 변화를 겪었다. 전문상담순회교사는 전문상담교사 자격증 소지자 중에서 교과 수업을 하지 않고 순회상담만을 전담하고자 하는 교사들이며, 지역 교육청에 배치되어 해당 지역의 학교들을 순회하면서 상담활동을 한다. 이후 '전문상담교사 2급' 자격이 신설되면서, 기존의 전문상담교사는 '1급'으로 재분류되었다. 1급과 달리 2급은 교사 자격증을 소지한 사람 중에서 소정의 교육을 이수한 사람이 자격을 취득하도록 규정되어 있다. 이로써 좀 더 넓은 범위에서 전문상담교사를 양성할 수 있게 된 것이다. 즉, 청소년학, 심리학, 상담학 등의 학과를 졸업한 학사학위 소지자로서 교사자격을 취득한 사람에게 2급 전문상담교사 자격을 주도록 규정되어 있다.

2) 학교 상담정책

현재 초 · 중등학교 학생들의 경우 학업성적, 학교폭력, 집단따돌림, 진학문제, 게임 과몰입, 스마트폰 중독 등의 문제들로 인해, 학교 부적응, 자퇴, 우

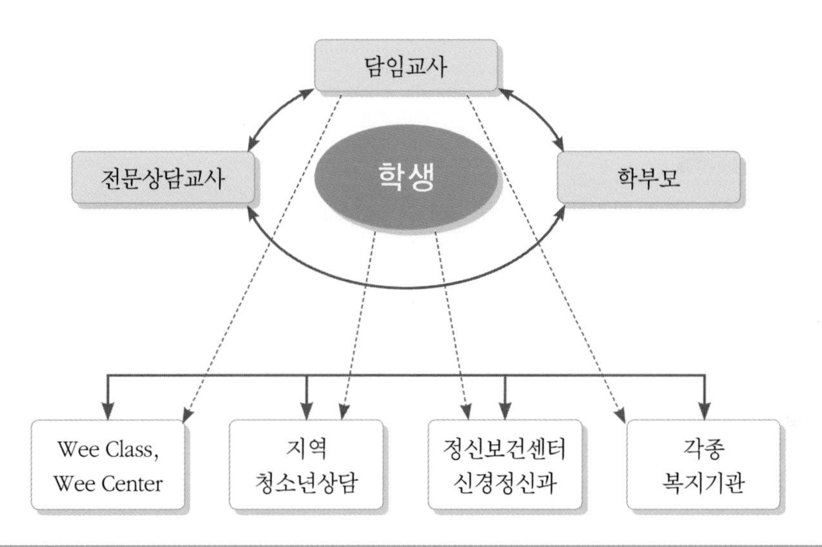

Wee 센터	학교에서 지도가 어려운 학생에 대한 맞춤형 서비스를 제공할 수 있도록 임상심리사, 사회복지사, 전문상담사 등의 전문인력을 투입하여, 상담 프로그램(학교적응, 가정문제해결, 정신건강, 약물 오남용, 학교폭력, 성 관련 등)과 심리검사(지능, 정서, 성격, 진로, 학습 등)를 통해 학교적응 역량을 제고하도록 지원하고 있다.
Wee 스쿨	장기결석자, 학업중단 위기학생, 학업중단자 등 고위기군에 속한 학생을 대상으로 장기위탁교육 및 치유서비스를 제공하는 시설로서 심상교육, 심리치료, 학교적응력 및 사회적응력 향상 프로그램을 통한 학교복귀지원 서비스를 제공한다.

그림 10-2 지역사회 네트워크

울, 자살을 기도하거나 혹은 다른 심각한 현상과 복합적인 문제를 나타내기도 한다. 교육당국은 이런 문제들을 경감시키기 위하여 다양한 정책을 개발하고 있을 뿐 아니라, 지역사회의 전문적인 기관과의 연계를 통해 보다 통합적이고 포괄적인 서비스를 제공하여 그 효과를 증진시키고자 하는 다각적인 노력을 추진하고 있다. 즉, 학교상담은 'Wee 센터'를 중심으로 지역 내 청소년상담복지센터, 청소년 쉼터, 정신보건센터 등 학교 밖의 전문상담기관 전문가들과 협조하여 Wee 서비스 네트워크를 확대하고 있다.

토론 과제

1. 생활지도의 개념과 상담의 개념을 정리하고 두 개념의 관련성을 토의해 보자.
2. 학생의 생활지도의 영역과 활동에 대해 토의해 보자.
3. 상담과정과 상담자의 역할에 대해 토의해 보자.
4. 학생상담 지원정책의 일환으로 형성된 전문상담교사제도와 Wee 센터와 Wee 스쿨에 대해 토의해 보자.

용어 설명

정치 학생들을 적재적소에 알맞게 배치하는 활동이다. 즉 교사지도, 진급지도, 진학지도, 취업지도 기타 적응 등에 있어서 자신의 진로를 정확하게 이해하여 학생들이 자신의 배치를 현명하게 선택하는데 조력하는 활동이다.

홀랜드(Holland)의 6각형 성격모형 홀랜드는 진로선택이론을 정립한 사람으로, 성격유형과 환경의 특성간의 좋은 적합이 이루어지면 개인은 그 직무환경에서 잘 적응하고, 자신의 능력을 발휘하여 성장할 수 있다고 보았다. 이에 성격유형의 개인차를 개념화하여 직업적 특성을 6가지 유형을 제시하였다. 즉 실재형(Realistic), 탐구형(Investigative), 예술형(Artistic), 사회형 (Social), 업형(Enterprising), 관습형(Conventional)으로 유형의 첫글자를 따서 RIASEC 6각형 모형이라고 한다.

라포 '마음의 유대'란 뜻으로 사람과 사람 사이에 생기는 상호 신뢰관계를 말하는 심리학 용어이다. 특히 심리치료, 교육, 치료상담 등에 많이 적용되는데, 이러한 특성은 무의식적인 인간 상호작용의 가장 중요한 특성을 나타낸다. 라포가 형성되면 호감 · 신뢰심이 생기고 서로 마음이 통한다든지, 어떤 일이라도 터놓고 말할 수 있거나, 말하는 것이 충분히 감정적으로나 이성적으로 이해되는 상호 관계를 말한다.

집단 역동성 집단원들 사이, 집단상담자와 집단원들 사이에 발생하는 지속적인 상호작용과 상호관계를 일컫는 말이다. 모든 집단에는 그때그때 그 집단의 활동을 좌우하는 어떤 복합적인 힘이 작용하고 있다. 그 힘에 의하여 집단은 쉴 사이 없이 움직이게 되고, 변화하게 되며, 발달해 나가는 것이다. 한 집단이 어떤 성질을 띠고 어떤 방향으로 발전해 나가느냐 하는 것은 그 집단 내부에서 일어나거나 혹은 외부에서 작용하는 여러 가지 힘에 의하여 결정되는 것이다. 이와 같이 집단의 성질과 방향을 좌우하는 복합적인 힘을 집단 역동이라 부른다.

집단 응집력 집단의 성원을 집단에 머물도록 작용하는 힘의 총합으로 구성원간 존중감, 친밀도, 사회적 욕구에 대한 만족도, 집단의 활성화에 매우 큰 영향을 미치는 개념이다.

참고문헌

구본용, 박제일, 이은경, 문경숙(2010). **학생상담 및 생활지도 매뉴얼(교사용)**. 세종: 한국청소년정책연구원.

김계현, 김동일, 김봉환, 김창대, 김혜숙, 남상인, 천성문(2009). **학교상담과 생활지도(2판)**. 서울: 학지사.

김대현, 김석우, 김영환, 김정섭, 김회용, 박수홍, 박창언, 안경식, 유순화, 이동형, 이병준, 이상수, 주철안, 한대동, 홍창남(2015). **교육과 교육학**. 서울: 학지사.

김태호(2004). **학생생활지도와 상담**. 서울: 학지사.

박성수, 김창대, 이숙영(2007). **상담심리학**. 서울: 한국방송대학 출판부.

박성옥, 김윤희, 백지은(2010). **치료적 게임과 심상유도**. 서울: 창지사.

성태제, 강대중, 강이철, 곽덕주, 김계현, 김천기, 김혜숙, 송해덕, 유재봉, 이윤미, 이윤식, 임웅, 홍후조(2018). **최신교육학개론(3판)**. 서울: 학지사.

신봉호(2010). 중학교 학교상담 프로그램 개발 및 효과. 순천대학교 대학원 박사학위논문.

장선철, 이진안(2012). **신교육학개론**. 서울: 태영출판사.

조규판, 홍애순, 송윤정(2018). **교육학개론**. 서울: 창지사.

제 11 장

다문화교육의 이해

학습목표

1. 다문화사회의 교육적 과제를 이해한다.
2. 다문화교육의 개념과 필요성을 설명할 수 있다.
3. 다문화 교육과정의 구성 원리를 제시할 수 있다.
4. 한국 다문화교육의 현황과 과제를 분석할 수 있다.

전지구적 인구 이동과 세계화가 진행되면서 21세기 한국 사회는 다인종 · 다종교 · 다문화 사회로 급속히 진입하고 있다. 외국인 노동자, 결혼 이주자, 유학생 등이 늘어나면서 우리 사회에 다문화가정 구성원의 비율이 증가하고 있으며, 각급 학교 현장에서 다문화가정 학생도 함께 늘어나고 있다. 이러한 사회구성원의 다양화로 인하여 노동 현장, 지역 공동체, 학교에서 다인종적 · 다문화적 이해와 공존 및 상호존중은 중요한 사회적 과제가 되었다. 대다수 다문화가정은 한국 사회의 소수 집단을 형성하고 있고, 주류 한국 사회에 쉽게 편입하지 못하고 있다. 또한 다문화가정 자녀들은 학교에서 집단따돌림, 학교 부적응 및 정체성 혼란을 경험하는 비율이 상대적으로 높다. 사회의 인구학적 변화와 함께 발생하는 이러한 교육 현장의 문제를 해결하고, 다양성의 교육적 가치와 가능성을 극대화하는 것이 다문화교육의 목표이다. 즉, 다문화교육을 통해 다문화가정 자녀의 적응과 학업성취를 높이고, 기존 다수자 자녀들의 다양성 수용과 존중의 민주시민성을 육성해야 한다. 다문화교육은 모든 학생이 다원화된 사회의 시민으로서 살아갈 수 있는 자질과 역량을 육성하는 교육이다. 이러한 다문화교육을 효과적으로 실행하기 위해서는 교육자들이 다문화교육의 개념, 목표, 원리 및 정책에 대해 명확히 파악하고 이를 실제에 적용하는 것이 필요하다.

1. 세계화시대와 다문화사회

1) 대규모 이주와 다문화사회

우리는 전 지구적인 대규모 이주가 보편화된 시대에 살고 있다. 다른 나라에 정주할 목적으로 떠나는 국제 이주민의 규모가 1995년에는 전 세계 인구의 2.7%이었으나 2015년에는 3.3%로 늘었고 2억 4,370만 명 수준이다(International Organization for Migration, 2017). 이러한 추세와 함께 우리나라도 1990년대 이후 외국인 노동자, 결혼 이주자들이 늘어나면서 다인종 · 다문화사회로 변화하고 있다. 우리나라에 거주하는 외국인 주민 수가 2009년에 1백만 명을 넘어섰고, 2018년에 2백만 명을 돌파하였다(행정안전부, 2019).[1] 이와 함께 각급 학교에 재학 중인 다문화가정 자녀의 수도 계속 증가하고 있다. 초 · 중등학교에 재학 중인 다문화 학생 수는 2007년 13,445명이었는데, [그림 11-1]에 나타난 바와 같이 2019년에는 137,225명에 이른다.[2] 2017~2019년 사이에 전체 학생 수는 331,839명 감소했는데 비해, 다문화학생의 수는 27,838명 증가하였다(교육부, 2019a). 우리나라는 출산율이 세계 최저 수준이고 인구 고령화가 빠르게 진행되기 때문에 외국인 인력의 수요와 이민 유입은 더욱 증가할 것이다. 또한 각급 학교의 학생 수가 지속적으로 감소하고 있음을 감안하면, 현재 2.5%인 다문화학생의 비율은 더욱 증가할 것이 예

---

1 외국인 주민은 우리나라에 거주하는 장기체류 외국인, 귀화자, 외국인주민 자녀(출생)를 말한다. 2018년 외국인 주민 수는 205만 4,621명으로 2017년에 비해 10.4%가 늘었고 국내 총인구의 4%를 차지하고 있다(행정안전부, 2019).

2 유형별로 살펴보면, 국제결혼가정(국내 출생)이 78.8%, 외국인가정 14.9%, 국제결혼가정(중도입국) 6.3% 순이다.

상된다.

이러한 글로벌 시대, **다문화사회**의 도래는 우리 사회에 긍정적인 측면과 부정적인 측면을 동시에 제시하고 있다. 이주민의 유입은 저출산 · 고령화에 따른 인구문제를 해결하고 부족한 노동력을 보충하는 데 도움을 준다. 반면에 기존 사회구성원들이 다문화사회에 대한 인식이 미흡하여 갈등과 차별의 문제를 일으킬 수 있다. 또한 상당수 이주민들이 사회적 취약 계층으로 전락하고 이들에 대한 사회 안전망의 미비로 사회문제를 유발한다. 따라서 우리 학교와 사회가 다인종 · 다문화의 공존과 상호존중을 통해 사회통합을 이뤄야 하는 과제에 직면하고 있다. 최근 다문화가정에 대한 편견이나 결혼이주여성, 외국인 노동자에 대한 차별과 인권 문제가 사회적 주목을 받고 있다. 이는 단일 민족, 단일 문화를 강조해 온 기존의 사회적 관계에 대한 성찰과 개선을 요구한다. 요컨대, 우리 사회의 다양한 인종, 민족, 종교, 언어 등의 배경을 지닌 구성원들이 평화롭게 공존하며 모든 학생들이 개인의 배경과 상관없이 공평한 학습의 기회를 누릴 수 있도록 하는 교육의 책임과 역할의 중요성이 커지고 있다.

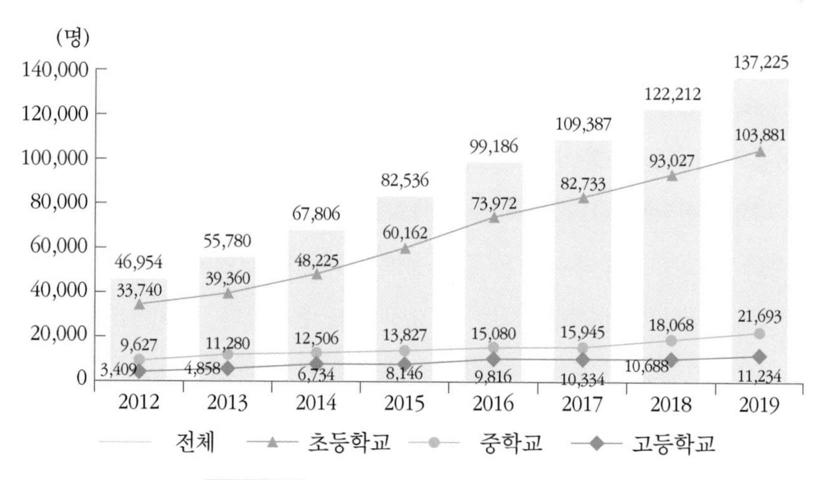

그림 11-1 초 · 중등/학교급별 다문화학생 수

출처: 교육부(2019b), p. 8.

2) 다문화사회의 통합과 교육

글로벌 시대에 다문화사회로의 변화는 문화적 · 종족적 다양성의 증가를 의미하며 이는 우리 사회뿐만 아니라 전 세계적인 추세가 되었다. 다문화사회는 이러한 다양성을 존중하는 토대 위에서 국가적 일체감을 형성하여 통합을 이뤄 내야 하는 새로운 과제에 직면하게 된다. 이러한 과제를 해결하기 위해 기존의 주류 사회와 문화가 새롭게 등장하는 소수 집단의 문화를 어떻게 수용할 것인가에 대한 관점과 정책을 크게 동화주의와 다문화주의로 구분할 수 있다. 즉, 사회적 다양성에 대한 인식과 대처방안은 다양하게 제시되고 있는데, 크게 보수주의적 관점인 동화주의와 진보주의적 관점인 다문화주의로 나눌 수 있다.

첫째, 동화주의 관점은 문화적 다양성을 부정적으로 파악하는 보수주의적 시각이다. 이 관점에서는 사회적 다양성은 국민적 일체감을 저해하는 요인이며, 따라서 사회통합을 위해서 이주민은 원래 가지고 있던 문화적 특징을 포기하고 주류사회에 편입되어야 한다. 이 과정을 동화(assimilation)라고 하며 이전의 고유한 문화를 버릴 것을 요구한다는 점에서, 단순히 새로운 문화를 습득하는 적응(accommodation)과 구별된다. 미국의 역사학자 슐레징거(Schlesinger, 1992)는 문화적 · 종족적 다양성이 개인주의, 애국심 같은 미국의 전통적 가치를 약화시키고, 미국 사회의 분열을 조장한다고 주장하였다. 그는 다양성을 존중한다는 것은 곧 사회를 해체할 수 있는 위협이라고 보았다. 따라서 그는 교육의 사명은 주류 문화에 기초한 교양교육이어야 하며, 주류 문화의 핵심을 전수하는 것이 중요하다고 주장했다. 또한 Hirsch(1987), Bloom(1987)과 같은 보수주의 교육학자들도 학교의 일차적인 사명은 학생들이 주류 문화를 습득하도록 하는 것이라고 주장했으며, 이들은 결국 교육의 궁극적인 목적이 소수 문화들을 지배적 주류 문화 속에 포섭하는 것이라 보는 '동화주의'를 지향한다.

그러나 문화적 다양성을 사회 분열과 해체의 원인으로 보는 동화주의적 관점과 정책은 오히려 소수 문화 집단의 소외를 초래하여 사회적 통합을 저해해 왔다. 예컨대, 공공장소에서 이슬람 복장 착용을 금지한 유럽의 많은 국가들에서 이슬람 이주민들이 정체성의 혼란과 주류 사회와의 갈등을 경험하고 있다. 또한 제도적 차별과 사회적 편견으로 인해 오랜 기간 동안 정치적 · 경제적 참여의 기회를 누리지 못한 이들이 주류 사회에 대한 저항 세력으로 부상하였다.

둘째, **다문화주의**(multiculturalism) 관점은 다양한 문화의 가치를 인정하는 가운데 사회적 통합을 이루어 나가야 한다는 시각이다. 이는 다양성에 긍정적 가치를 부여하는 진보주의적 관점으로서, 다양한 집단들이 보편적 가치의 실현을 위해 함께 노력함으로써 민주주의 실현에 기여한다고 본다. 다문화주의는 문화 간 위계를 인정하지 않으며 '서열 없는 문화적 다원성'(Asante, 1991/1992), 그리고 '획일성이 필요치 않은 통합'(Payne, 2003)을 추구한다(Pang et al., 1995, p. 303에서 재인용). 이 관점에 따르면 문화적 다양성은 사회 구성원들에게 풍부한 문화적 자원을 제공해 주고, 시민들이 다양한 문화의 가치를 존중하면서 동시에 공존을 모색한다는 점에서 사회의 잠재력 향상과 민주주의 발전의 원동력이 된다.

다문화주의 관점에 따르면 모든 학생들이 다양성의 가치를 인식하고 존중하며, 다양성과 관련된 문제를 해결하는 능력을 함양하는 것이 교육의 주요 목표이다(Banks & Banks, 2004; Nieto & Bode, 2008; Sleeter & Grant, 2003). 다문화주의 학자들은 종족적 · 문화적 다양성은 세계화 시대 현대 국가들의 발전에 필수적 가치이며, 서구 민주주의 이상과 현실의 차이를 좁히는 것이야말로 민주주의 발전의 원동력이라 본다. 요컨대, 다문화주의 관점은 다양한 문화의 가치를 인정하면서 주류 문화를 성찰하고 통합을 이뤄 나가는 것을 목표로 한다.

3) 다문화교육의 필요성

우리나라가 다문화사회로 변화하면서 크게 두 가지 교육적 과제가 부각되고 있다. 이주 배경을 가진 소수자 학생 대다수가 학교와 사회에 적응하는 데 어려움을 겪고 있으며 학업성취와 정체성 발달에 뒤처짐으로써 교육 소외 계층을 형성하고 있어 이들에 대한 도움이 필요하다. 또한 이주 배경 학생들과 함께 살아갈 기존 다수자 학생들이 문화적 다양성에 대한 감수성과 수용성을 습득하여 세계시민으로 살아갈 수 있는 다문화적 역량을 습득하는 것이 필요하다. 즉, 교육 소외 계층 자녀에 대한 지원과 다수자 자녀에 대한 민주시민 교육이 주요 과제이다. 이를 자세히 살펴보면 다음과 같다.

첫째, 한 사회의 문화적 다양성은 다수자와 소수자의 문제를 내포하며, 소수자 자녀를 위한 교육지원의 필요성이 발생한다. 우리 사회에 이주민을 중심으로 다양한 인종·민족 집단이 유입되면서 이들이 소수 집단을 형성하고 있다. 이들은 언어 장벽과 문화적 차이로 인하여 적응하는 과정에 어려움을 겪으며, 직업 선택의 제한으로 낮은 경제적 지위에 처하게 된다. 또한 기존 다수자 시민들로부터 편견과 차별, 그리고 직장에서의 인권 침해로 인하여 한국 사회에 정착하는 데 곤란을 겪고 있다. 한국 사회가 이들 소수 집단을 포용하고 차이를 존중하며 공존하는 다문화사회로 성숙해 갈 때 진정한 사회통합을 이룰 수 있다.

날로 증가하고 있는 다문화학생의 경우도 한국 사회 적응에 어려움을 겪고 있다. 한국어 능력 부족이 심각한 중도입국 자녀 및 외국인 근로자 자녀를 비롯하여 상당수 학생들이 기초학력 부진과 정체성 혼란 상태에 놓여 있고, 학교에서 또래의 편견과 집단따돌림의 대상이 되고 있다. 〈표 11-1〉에 나타난 바와 같이 다문화학생의 학업중단율은 전체 학생에 비해 높게 나타나고 있다. 이러한 다문화학생들의 한국어 숙달도와 학업성취도, 자기효능감을 향상시키고 이들에 대한 편견과 차별을 해소하는 것이 우선적인 과제이다.

표 11-1 전체 학생 및 다문화학생 학업중단율

구분	2013년	2014년	2015년	2016년	2017년
전체	0.93	0.83	0.77	0.81	0.87
다문화	1.03	1.01	0.85	0.88	1.17

출처: 교육부(2019a), p. 2.

둘째, 이러한 **다문화학생**에 대한 교육지원 못지않게, 다수자 학생에 대한 다문화인식 교육이 필요하다. 즉, 다문화학생들과 함께 살아갈 기존 다수자 학생들이 글로벌 · 다문화 시대의 시민으로서 갖추어야 할 자질을 육성하는 것이야말로 시급한 과제이다. 다문화사회의 시민으로서 문화적 다양성에 대한 수용과 존중, 그리고 다양한 사회구성원과 공존할 수 있는 보편적 인권의식의 함양은 다문화교육의 중요한 목표이다. 이는 소수자 학생뿐만 아니라 다수자 시민과 학생들에게 더욱 필요한 교육으로, 결국 다문화사회의 시민적 자질 함양은 글로벌 시대의 모든 학생을 위해 필요한 교육이다.

여성가족부의 지원으로 2012년부터 3년마다 실시하는 '국민 다문화수용성 조사'에 따르면, 우리 국민의 **다문화수용성**은 일반적 인식 측면에서 지속적으로 증가하고 있으나, 이주민과의 직접 교류와 같은 실질적 측면에서의 수용성은 오히려 저하되는 경향을 나타내고 있다. 또한 다양한 인종, 종교, 문화가 공존하는 것에 대한 호감도와 이주민으로 인해 우리 문화가 풍부해질 것이라는 평가는 낮아지고 있어 우리 국민의 다문화 인식이 개선되어야 함을 보여 주고 있다. 이 조사의 대상자 중에서 다문화교육을 받은 적이 있는 성인들은 4.6%에 불과해 일반 국민을 대상으로 하는 다문화수용성 교육이 시급히 필요함을 나타내고 있다. 반면에 조사대상자 가운데 청소년의 경우 다문화수용성이 증가하고 있다는 것과 동시에 청소년의 다문화교육 참여 경험도 증가하고 있는 것은 긍정적인 변화이다. 결론적으로, 청소년의 다문화수용성이 상승한 데에는 다문화교육이 긍정적인 영향을 미쳤다고 추론할 수 있다

(여성가족부, 2018).

그간 우리나라의 다문화교육은 다문화학생 지원 위주로 전개되어 왔는데, 앞으로는 모든 학생들이 보편적 인권의식을 함양하고 문화적 차이 존중과 조화로운 공존을 추구하는 시민교육에 보다 중점을 두어야 한다. 즉, 그동안의 다문화교육이 교육 소외 계층을 형성하고 있는 다문화학생에 대한 지원에 치중하여 왔으나, 다문화교육의 대상을 소수자로 한정해서는 안 된다. 다문화교육이 소수자의 정착을 돕거나 타문화에 대한 정보를 습득하는 것에 국한되는 것은 아니기 때문이다. 다문화교육은 문화적 다양성이 심화되는 현대 사회에서 교육격차를 해소하고, 모든 학생들이 시민으로서의 역할을 수행할 수 있는 역량을 육성하는 교육이다(Banks, 2016).

2. 다문화교육의 개념과 쟁점

1) 다문화교육의 개념

세계화와 함께 다문화사회로 변화하면서 한국 사회는 점증하는 문화적 다양성에 대처하는 교육의 역할이 중요해졌다. 우리보다 앞서 다문화국가를 형성한 국가들에서 다양성에 대처하는 방식을 살펴보면 크게 '용광로 이데올로기'라 불리는 동화주의 입장과 '샐러드 그릇 이데올로기'라 불리는 다문화주의 입장이 나타난다.

먼저, 1960년대 민권운동(civil rights movement)이 일어나기 전까지 미국 사회는 이민자들의 다양한 문화를 용광로에 녹여 하나의 동질적인 '미국 문화'를 형성해야 한다는 이른바 '용광로(melting pot)' 이데올로기 또는 용광로 이론에 입각한 동화주의 정책을 시행하였다. 동화주의에 입각한 학교교육은 소수민족 집단들이 자신의 문화적 특성을 버리고 앵글로 색슨의 백인 주류 문화를 습득하도록 하는 데 치중하였다. 이에 따라 자신의 종족적 · 문화적 특성을 부정하도록 강요받은 소수민족 집단들은 상당한 고통과 정체성 혼란을 경험하였다.

1960년대 민권운동과 함께 소수민족 집단의 문화와 역사에 대한 관심이 증가하고 이를 교육내용에 반영하려는 **다민족교육**(multiethnic education)이 시도되었다. 이러한 다민족교육이 이후 인종, 민족을 비롯하여 계층, 성별, 성 정체성 등 다양한 차원의 소수자를 위한 교육기회의 평등을 실현하려는 운동으로 발전한 것이 **다문화교육**(multicultural education)이다. 다문화교육은 학습자들이 다른 문화, 다른 정체성을 존중하며 통합을 추구한다는 측면에서 '샐러드 그릇(salad bowl)' 이데올로기에 입각한 교육이다. 즉, 샐러드 그릇처럼, 다양한 구성요소들이 각기 고유의 특성을 유지하면서 공존하며, 서로 조화를 이루어 통합성을 이루어 낸다는 의미에서 이같이 부른다.

다문화교육의 선구자인 미국 워싱턴 대학의 제임스 뱅크스(James A. Banks) 교수는 다문화교육을 "모든 학생의 교육적 평등을 위한 개혁운동이다"라고 정의한다. 또한 그는 "다문화교육은 이상이자 과정이며 교육에 중대한 변화를 추구하는 운동"이라고 주장한다(Banks, 2016: 15). 따라서 다문화교육은 인종 · 민족의 차이점에 치중하지 않으며, 평등을 지향하는 운동, 교육과정의 개혁, 다문화역량의 함양, 사회정의 실현 등 다양한 차원에서 실현된다(Bennett, 2011).

즉, 다문화교육은 인종, 문화, 계층, 성, 장애를 포괄하는 개념이며 교육의 개혁을 통해 사회정의를 추구하기 때문에 학교와 사회에 나타나는 일체의 차별에 도전한다(Sleeter & Grant, 2003). 따라서 다문화교육은 인종차별(racism), 성차별(sexism), 계급차별(classism), 언어차별(linguicism), 장애인 차별(ablism), 연령차별(ageism), 동성애 차별(heterosexism), 종교적 불관용(religious intolerance), 외국인 혐오(xenophobia) 등의 이슈를 교육과정에서 직접적으로 다룬다(National Association for Multicultural Education, 2019). 요컨대, 다문화교육은 교육과정과 교육제도를 개선하여 다양한 학생 집단의 균등한 교육기회를 보장하려는 개혁 운동이며, 학교와 사회의 불평등 해결과 사회정의 실현을 목표로 한다.

2) 다문화교육의 구성요소

모든 학생의 교육적 평등을 추구하는 다문화교육은 다양한 차원에서 이루어진다. 다문화교육은 학교교육과정의 모든 영역에 반영되어야 하며 각급 학교에서 교직원들과 교과 전문가들의 협력이 필요하다. 뱅크스는 다문화교육의 구성요소로서 다음과 같은 다섯 가지 차원을 제시한다(Banks, 2016: 65-73).

첫째, 내용 통합(content integration)이다. 내용 통합이란 교사들이 교과내용을 가르치기 위해서 다양한 문화 및 집단에서 자료를 가져와 통합적으로 수업에 활용하는 것을 말한다. 많은 교사들이 다문화교육은 주로 언어 영역이나 사회과와 관련이 깊고 다른 과목들은 상관이 없다고 생각하는데 이는 다문화교육에 대한 오해에서 비롯된 것이다.

다문화교육의 내용이 주로 사회 과목이나 언어 교육과 많은 관련이 있는 것은 사실이지만 수학이나 과학 과목에서도 다문화 수업을 할 수 있다. 예컨대, 백인이 아닌 유색 인종 과학자나 서구 사회가 아닌 제3세계 국가 출신의 저명한 수학자들에 대한 내용을 수업에 활용하는 것이다. 이는 다문화 수업의 한 예에 불과하며, 다문화교육과 연관된 다양한 활동들을 시도할 수 있다.

둘째, 지식 구성 과정(knowledge construction process)이다. 지식 구성 과정이란 학자들이 지식을 산출하는 과정을 말한다. 이는 특정 학문영역의 문화적 가정, 관점이나 편견 등이 해당 학문영역에서 지식이 산출되는 과정에 영향을 미치는 것을 의미한다.

교사는 학생들에게 지식이 만들어지는 과정에서 지식을 구성하는 사람의 인종, 성, 계층 등에 의해 어떻게 영향을 받는지 이해하도록 돕는 역할을 해야 한다. 예컨대, 미국의 서부개척시대에 대한 지식은 대부분 백인의 입장에서 구성된 것이고 아메리카 원주민인 인디언의 입장은 반영되지 않은 것이라는 걸 깨닫게 함으로써 지식이 가치중립적이라는 관념에 도전하는 것이다.

셋째, 편견 감소(prejudice reduction)이다. 편견 감소는 학생들이 인종 · 민족적 편견을 극복하고 개방적이고 포용적인 태도를 습득하도록 하는 것을 말하며, 다문화교육의 일반적 목표의 하나이다. 1960년대 민권운동 이래로 미국 학자들은 학생들의 인종적 태도가 어떻게 형성되며, 학생들이 다양성에 대해 보다 긍정적인 태도와 관용적인 정서를 형성할 수 있도록 프로그램과 환경을 어떻게 조성할 것인가에 대해 많은 연구를 해 왔다.

그동안의 연구는 다양한 인종 · 민족 집단의 실제적 이미지가 학습자료에 지속적으로 포함된다면 학생들이 보다 긍정적인 인종적 태도를 형성하게 된다는 것을 밝히고 있다. 또한 다른 인종 · 민족 집단의 학생들과 협동학습(cooperative learning)에 참여하는 경험은 학생들의 인종적 태도를 개선하고 긍정적 행동을 형성하는 데 기여한다는 것이 입증되었다.

넷째, 공평한 교수법(equity pedagogy)이다. 공평한 교수법이란 교사가 다양한 인종, 민족, 사회계층 집단 학생들의 특성에 맞추어 수업을 함으로써 학업성취도를 향상시키는 것을 말한다. 즉, 다양한 인종 · 민족 집단의 학습양식과 문화적 특징을 파악하여 이에 적합한 수업방법을 사용함으로써 학생들의 학업성취에 기여할 수 있다는 것이 입증되고 있다. 이는 교사가 자신이 가르치는 학생들의 문화적 배경과 특징을 파악하고 이에 적합한 교수방법을 적용하면 학생들의 수업 참여와 학업성취도가 향상된다는 것이다. 예컨대, 하와이 원주민 어린이들의 놀이에 나타나는 합동 구연(joint performance)을 수업에 활용했을 때 이들의 읽기 성취도가 크게 향상되었다는 연구결과가 이러한 주장을 뒷받침한다.

다섯째, 학생의 역량을 강화하는 학교문화(empowering school culture)이다. 이는 다양한 인종, 민족, 사회계층 집단 학생들이 교육 평등과 역량 강화를 경험하도록 학교의 문화와 구조를 재조직하는 것을 의미한다. 이는 학교 환경을 구조적으로 개선하는 것을 의미하는데, 모든 학생들이 평등한 교육기회를 갖도록 하는 전반적인 학교의 노력이 포함된다. 예컨대, 모든 학생에게 공평한 평가방법을 시도하고, 우열반을 폐지하며, 출신 배경에 관계없이 모든 학생이 배울 수 있다는 신념을 교직원들이 갖도록 하는 것이다.

3) 다문화교육에 대한 오개념

1990년대 미국 사회에 다문화주의와 다문화교육에 대한 전국적인 논쟁이 진행된 적이 있는데, 이를 통해 다문화교육의 이론과 실천을 방해하는 몇 가지 오개념(misconception)이 존재한다는 것이 드러났다(Banks, 2016: 27-33). 미국과 마찬가지로 우리나라에서도 이러한 오개념들이 존재하며 이들은 다문화교육이 이룩한 성과를 폄훼하고 학문적 발전을 저해하는 요인이 되고 있다(모경환, 황혜원, 2007a, 2007b).

첫째, 다문화교육이 소수자(minority)만을 위한 교육이라는 오개념이다. 다문화교육이 특정 민족 · 인종 집단이나 소수자만을 위한 교육이라는 것이야말로 엄청난 오해다. 즉, 다문화교육은 소외받은 '그들'을 위한 복지 프로그램이기 때문에 다수자인 '우리'를 위한 교육이 아니라는 그릇된 관념이 많은 교사들과 정책 담당자들에게 퍼져 있다. 백인 학생들이 다니는 학교의 교사가 우리 학교에는 흑인이나 남미계 학생이 없으니 다문화교육은 필요 없다고 하거나, 우리나라 교사들이 자신이 근무하는 학교에 다문화학생이 없으니 자신은 다문화교육과 무관하다고 생각하는 것이 바로 이런 오개념에서 비롯된 것이다. 다문화교육은 글로벌 · 다문화 시대의 시민으로 살아가는 데 필요한 지식, 기능, 가치, 태도를 '모든' 학생이 함양하도록 가르치는 교육이다.

둘째, 다문화교육은 반(反)서구적이라는 오개념이다. 다문화교육이 서구

문명에 반기를 든 운동이라는 그릇된 관념을 보수주의 학자들과 언론인들이 퍼뜨렸다. 다문화교육은 자유, 정의, 평등과 같은 서구 민주주의 이상을 토대로 출발하였으며, 과거 소수 엘리트 집단만 누리던 권한을 모든 시민들에게 확대하는 것을 목적으로 한다. 다문화교육은 소수자의 권리에 민감하고 구조적 모순을 성찰하는 과정을 포함하지만, 그것이 한 사회의 문화적 정체성을 저해하는 것은 아니다. 오히려 그런 과정을 통해 그 사회의 문화적 자산을 풍부하게 하고, 유연하고 민주적인 사회구조를 만드는 데 기여한다.

셋째, 다문화교육이 국가를 분열시킨다는 오개념이다. 다문화교육은 국가를 분열시키는 것이 아니라 실제로는 분열된 사회를 통합시키는 역할을 한다. 사회적 소수자들에게는 평등한 교육기회를 보장하고 다수자들은 다양성에 대한 관용과 다문화적 역량을 육성함으로써 진정한 사회통합이 증진된다. 사회통합을 추구하는 과정은 다양한 문화 공동체 간의 권력 공유와 참여를 수반하며 이를 통해 갈등을 해소하고 민주적 시민문화를 구축할 수 있다.

이와 같은 다문화교육에 대한 오개념, 오해뿐만 아니라 다문화교육 자체를 반대하고 비판하는 **반다문화주의**(anti-multiculturalism) 입장도 존재한다. 미국의 경우 1960년대 민권운동 이후 다문화교육이 본격적으로 시행되면서 연방정부의 지원과 각종 법률의 제정으로 다문화교육은 계속 발전하고 있다. 그러나 1980년대 들어서 서구, 백인 중심성을 가진 일부 보수주의 학자, 정치가, 언론인들이 다문화주의는 미국 사회를 분열시키는 위협이며, 학교교육은 모든 학생들에게 미국의 주류 문화를 가르치는 데 초점을 두어야 한다고 주장했다(Bloom, 1987; Postman, 2001; Schlesinger, 1998).

이민자들의 사회통합이 주요 사회문제의 하나인 유럽의 경우도 2000년 이후 발생한 테러 사건들과 시리아 난민을 둘러싼 논쟁, 그리고 유럽의 경제난과 함께 반다문화주의 논의가 강하게 대두되었다. 예컨대, 제2차 세계대전 이후 영국은 이주민들의 고유문화를 존중하고 복지혜택을 제공하는 다문화주의 정책을 시행해 왔으나, 2000년 이후 동화주의로 변화하고 2005년 7월의 런던 지하철 폭탄테러는 **반다문화주의** 정서를 강화시켰다(이길상, 2018: 64). 이 시기에 독일의 메르켈, 영국의 캐머런, 프랑스의 사르코지 총리 등 정치 지도자들이 자국의 다문화정책이 실패했음을 선언하였다.[3] 그러나 캐나다의 다문화 학자 윌 킴리카(Will Kymlicka)는 이 국가들이 적극적인 다문화정책을 실행한 적이 없으며, 정치적 책임을 전가하는 수사일 뿐이라고 비판한다(Kymlicka, 2012).

혹자는 다문화주의를 비판하고 대안으로 상호문화주의(interculturalism)를 내세우며, 다문화교육 대신에 **상호문화교육** 실시를 주장하는 학자들도 있다. 그러나 이들은 다문화주의가 북미에서 출발하였고, 상호문화주의는 유럽에서 출발하였다는 차이가 있을 뿐, 실제로는 많은 공통점을 가지고 있다는 점을 인정하지 않으려 한다. 더구나 이들은 다문화주의가 지역별 특성이 존재하고, 또한 역사적으로 진화해 왔다는 사실을 인식하지 못하고 있다(이길상, 2018: 74).

서구 사회의 다문화주의 논쟁은 다문화사회로 진입한 우리에게도 많은 시사점을 준다. 이러한 반다문화주의는 우리 사회가 다문화 · 다인종 사회로 변화한다는 것의 의미에 대해 숙고하고 사회통합의 방향과 원리에 대해 고민하게 해 주는 긍정적 효과도 있다. 그러나 이들이 제기하는 다문화사회의 문제들, 예컨대 국가적 통합이 붕괴된다거나 외국인 범죄가 증가한다거나 하는 것들은 사실과 다르며, 대부분 상상 속의 '잠재적' 문제점들이다. 또한 문화적 다양성에 대한 존중과 공존은 민주주의의 기본 이념이라는 점을 바탕으로 해야 한다(이길상, 2018: 85).

---

3 앙겔라 메르켈(Angela Merkel) 독일 총리가 2010년 10월 연설에서 행한 발언은 당시의 기조를 대변해 준다["독일에서 다문화사회를 건설하려는 시도는 철저히 실패했다(Attempts to build a multicultural society in Germany have utterly failed)"].

다문화주의는 주류 문화로부터의 이탈이 아니라 주류 문화를 풍부하게 하여 지평을 넓혀 주고 소수 집단이 주류 사회에 일체감을 갖고 통합되는 데 긍정적 기여를 해 왔다(Banks, 2016). 우리에게 보다 시급한 과제는 우리 사회에 뿌리 깊게 자리 잡고 있는 자문화 중심주의, 자민족 중심주의를 극복하는 것이다. 우리 청소년들은 이러한 배타적 의식과 편견을 넘어서 다문화적 역량을 갖추고 세계시민으로 성장해야 한다.

3. 다문화교육의 목표와 교육과정

1) 다문화교육의 목표

학자들에 따라서 다문화교육의 정의와 목표가 다양하게 제시되고 있다. 니에토와 보우드(Nieto & Bode, 2008)는 다문화교육의 목표를 세 가지로 제시하고 있다. 첫째, 불평등 해소와 교육 평등 증진, 둘째, 모든 학생의 학업성취 증진과 평등하고 질 높은 교육 제공, 셋째, 민주사회의 비판적이고 생산적인 구성원이 될 수 있는 경험 제공 등이다.

이와 비슷한 맥락에서 뱅크스는 다음 여섯 가지 목표를 제시한다(Banks, 2016).

첫째, 자기이해를 증진한다. 다문화교육은 학생들로 하여금 다른 문화의 관점을 통해 자신의 문화를 바라보게 함으로써 자기이해를 심화시킨다. 물고기가 수중환경을 충분히 파악할 수 없듯이, 세상을 오로지 자신의 문화적 관점에서만 파악하는 사람들은 편협한 인식을 갖게 되어 결국 자신의 문화도 충분히 이해하지 못하게 된다.

둘째, 학생들에게 문화적 · 민족적 · 언어적 대안을 제시한다. 미국의 경우 학교교육은 주류 백인 집단의 문화에 중점을 두고 있다. 이는 백인 학생들의 삶을 편협하게 하고 소수민족 학생들이 학교문화를 이질적으로 느끼게 함으로써 부정적인 영향을 미친다. 다문화교육은 주류 교육과정에 대안을 제시하고 소수민족 문화의 풍부함에 대해 가르침으로써 모든 학생의 삶을 풍요롭게 한다.

셋째, 다문화사회 시민에게 요구되는 지식과 기능, 태도를 육성한다. 다문화교육은 주류 백인 학생들에게 소수민족의 문화를 가르침으로써 그들과 함께 공존하는 기능을 길러 준다. 또한 소수계 학생들은 자신의 문화 공동체로부터 소외를 경험하지 않으면서 주류 사회에서 성공할 수 있도록 능력을 함양할 수 있다.

넷째, 소수계 학생들의 고통과 차별을 감소시킨다. 다문화교육은 소수 집단 학생들이 자신의 인종적 · 신체적 · 문화적 특성 때문에 겪는 고통과 차별을 감소시킨다. 소수계 학생들은 학교와 주류 사회에서 성공하기 위해 자신의 문화와 정체성을 부정해야 하는 경우가 있다. 다문화교육은 모든 시민이 자신의 문화 집단에 대한 애착을 유지하면서 동시에 국가에 대한 충성심을 유지하도록 하는 것을 목표로 한다.

다섯째, 세계화 시대에 필요한 직업 능력을 육성한다. 다문화교육은 학생들이 전 지구적인 테크놀로지 세계에서 살아가는 데 필요한 읽기, 쓰기, 수리적 능력을 습득하도록 돕는다. 다문화적 자료와 정보는 학생들의 학습 의욕을 고취시킬 뿐만 아니라 세계화 시대를 살아가는 시민으로서 직업을 구하고 활동하는 데 실질적인 도움을 준다.

여섯째, 세계시민으로서 필요한 지식, 기능, 태도를 함양한다. 다문화교육은 학생들이 다양성이 심화되는 사회에서 살아가는 데 필요한 지식, 기능, 태도를 모든 학생들이 배우게 한다. 또한 다문화교육은 학생들이 자신들의 지역 공동체로부터 국가 및 세계 공동체의 일원으로서 살아갈 수 있는 지식과 기능, 가치를 육성한다.

이상에서 뱅크스 교수가 제시한 여섯 가지 다문화교육의 목표를 살펴보았는데, 이는 다시 세 가지로 요약해 볼 수 있다. 첫째, 소수자를 위한 교육지원과 교육의 기회균등, 둘째, 다수자와 소수자를 포함한 모든 학생들의 시민적 자질 육성, 셋째, 지구촌 공동체의 일원, 즉 세계시민으로서의 자질 함양이다. 이러한 세 가지 목표는 엄밀하게 구분되기보다는 서로 밀접하게 연관되어 다문화교육의 실천에 반영된다.

2) 다문화 교육과정

다문화교육의 실천에 있어서 교육과정(curriculum)이 매우 중요하다. 교육과정은 교육의 목표를 달성하기 위해 어떤 내용과 환경을 통해 제공할 것인가를 정해 놓은 체계를 의미한다. 구체적으로, 다문화교육을 위해 무엇을 가르치고 배울 것인가를 논의할 때 그 '무엇'에 해당하는 것이 교육과정이다. 따라서 다문화교육의 목표에 적합한 교육과정을 개발하여 실행하는 것이야말로 학교 다문화교육의 핵심이다.

뱅크스는 다문화교육을 위한 교육과정 개발을 위하여 네 단계 수준의 구성 원리를 제시하고 있다(Banks & Banks, 2004; Banks, 2016). 첫째, 제1수준 기여적 접근법(the contributions approach)이다. 이는 소수 인종·민족 집단들이 주류 사회에 기여한 점을 교육내용에 포함시켜 이들의 자긍심과 효능감을 증진시켜 주고자 한다. 그래서 소수 집단의 영웅, 명절, 축제 같은 내용을 교육과정에 반영한다. 그러나 이 접근법은 소수 집단들이 경험하는 인종주의, 불평등과 같은 사회구조적인 문제는 다루지 않는다는 한계점을 가지고 있다.

둘째, 제2수준 부가적 접근법(the additive approach)이다. 이는 교육과정의 기본적인 구조나 가정을 변화시키지 않으면서 소수 집단의 문화와 관련된 내용을 교육과정에 추가한다. 따라서 소수 집단의 내용을 포함시킬 때 해당 집단의 관점이 아니라 주류 집단의 기준에서 취사 선택이 이루어진다. 예컨대, 인디언 원주민을 포함시킬 경우, 백인에게 저항했던 제로니모(Geronimo)보다는 정복을 도왔던 새커저위(Sacajawea)가 포함될 가능성이 높다.

셋째, 제3수준 변혁적 접근법(the transformation approach)이다. 이 수준에서는 교육과정의 기본적인 관점과 패러다임의 변화를 통하여 교육과정이 구성된다. 학생들은 다양한 관점에서 사건을 이해하고, '지식'이라는 것이 사회적 구성물임을 이해함으로써 비판적 사고력을 함양하도록 한다. 예컨대, '서부개척'과 같은 단원을 학습할 때, 서부로 이동했던 백인의 입장뿐만 아니라 서부를 우주의 중심으로 여기고 살아왔던 인디언의 입장을 살펴봄으로써 서부개척이 백인중심적인 용어라는 것을 이해하도록 돕는 것이다.

넷째, 제4수준 사회적 행동 접근법(the social action approach)이다. 이 수준에서는 제3수준인 변혁적 접근법에 더하여 학생들의 실천과 행동을 강조한다. 즉, 수업시간에 다루는 주제에 대하여 학생들이 스스로 의사결정을 하고, 학습한 내용과 관련된 개인적 · 사회적 행동을 할 수 있도록 프로젝트와 활동을 수행한다. 예컨대, 학생들은 서부개척에 대한 단원을 배우고 나서 '영토를 빼앗아 간 사람들의 도래'라는 새로운 단원명을 만들고 '상대편에서 바라본 관점'에 대한 드라마를 공연할 수도 있다. 이 접근법은 학생들의 비판의식, 의사결정력, 그리고 실천력을 육성한다.

제1수준과 제2수준의 접근법은 교육과정의 기본 구조나 규준에는 도전하지 않고, 기존의 교육과정 체제 안에서 소수 집단의 문화적 내용을 추가한다. 따라서 이 접근법들은 소수 집단의 내용을 다루긴 하지만 주류 집단의 관점에서 포함한다는 한계를 가진다. 뱅크스는 미국의 교육과정이 주로 제1수준과 제2수준에 머물러 있으며, 제3수준과 제4수준으로 발전해야 한다고 주장한다. 국내 연구들도 우리나라 교육과정이 주로 제1수준과 제2수준의 접근법을 취하고 있음을 지적한다(모경환, 황혜원, 2007b; 박철희, 2007; 장인실, 2006).

4. 한국 다문화교육의 과제

1) 한국의 다문화교육 정책

우리나라에서 다문화 정책이 처음 시행된 것은 2006년이다. 1980년대의 경제성장과 함께 세계화 · 개방화로 인한 유학 및 해외여행의 급증, 1986년 아시안 게임 및 1988년 하계올림픽과 같은 국제행사 개최 등을 계기로 국내로 유입되는 외국인의 수는 급속히 증가했다. 1990년대 초반 산업연수생 제도를 통해 외국인 노동자가 본격적으로 유입되기 시작했고, 2000년대에 들어서면서 국제결혼가정이 급속하게 증가하였는데 2005년에 국제결혼이 전체 결혼 건수의 13.6%에 이르렀다. 이와 함께 외국인 노동자에 대한 인권 침해, 고용 불평등의 문제와 결혼 이주 여성에 대한 차별과 적응 문제가 사회적으로 부각되면서 우리 사회의 다양성 증가에 대한 대중의 자각과 시각 변화가 일어나게 되었다. 특히 2006년 미국의 한국계 풋볼 선수인 하인즈 워드가 슈퍼볼 MVP 수상 직후 어머니와 함께 한국을 방문하면서 다문화가정에 대한 사회적 인식이 크게 변화하였다. 주한 미군의 흑인 병사였던 아버지와 한국인 어머니 사이에 한국에서 태어난 그는 한 살 때 미국으로 건너가 생활하였고, 그가 다문화가정 자녀로서 겪었던 어려움과 성공담이 알려지면서 우리 사회의 다문화가정에 대한 인식과 차별에 대한 반성이 일어나게 되었다.

이전에는 이주노동자나 결혼 이주민의 증가를 일시적인 현상으로 바라보았으며 인종 · 민족이 다른 이주민들은 잠시 체류하다 떠날 사람으로 인식하는 것이 보편적이었다. 그러나 2000년대 들어서면서 다양한 구성원들이 우리 사회를 이루고 있으며, 이들이 기존 정주민들과 상호 의존적인 관계를 이루고 살아가는 동료 시민이라는 인식의 변화가 일어난 것이다. 이러한 사회적 분위기 속에서 2006년 정부 주도하에 외국인 노동자와 결혼 이주자 증가에 대응하기 위한 논의가 본격화되고 2007년에 「재한외국인 처우 기본법」 2008년에 「다문화가족지원법」이 제정되었다. 이러한 법 제정과 함께 다문화가정의 한국 사회 적응을 지원하고 사회적 다양성 증가에 대한 일반 시민의 인식 개선을 위한 정책들이 정부 각 부처에서 시행되기 시작하였다.

2006년 당시 교육인적자원부는 '다문화가정 자녀 교육지원 대책'을 입안하여 시행하였다. 다문화가정 자녀를 위한 한국어 교육, 학습 결손 방지를 위한 방과후 프로그램 시행, 대학생 멘토링 사업의 다문화가정 자녀에게로의 확대, 다문화교육을 위한 교원 연수, 교과서와 교육과정에 나타난 민족적 · 문화적 배타성 개선, 국제결혼가정 자녀의 이중언어 학습지원 등의 사업을 실시하였다. 2006년의 사업을 시발점으로 다양한 영역에서 다문화교육을 지원하고 있는데, '다문화가정 자녀 교육지원 대책'이었던 명칭은 '다문화가정 학생 교육지원 계획'으로, 이어 '다문화학생 교육 선진화 방안,' 그리고 2017년부터는 '다문화교육 지원 계획'으로 바뀌면서 사업의 내용도 조금씩 발전해 왔다.

학교교육과정에 다문화교육 요소가 반영된 것은 '2007 개정 교육과정'부터이다. 2006년 당시 교육인적자원부가 초 · 중등 교과서에 포함되어 있는 단일 민족주의 요소를 조사하였는데, 당시 사용 중인 교과서에 민족적 · 문화적 배타성을 드러낸 내용이 상당히 많았다. 일례로 "우리는 생김새가 서로 같고, 같은 말과 글을 사용하는 단일민족입니다."(초6, 사회), "우리는 본디 하나, 땅도 하나, 민족도 하나, 말도 하나였습니다."(초6, 도덕), "민족, 언어, 문화가 같은 단일 민족인 우리나라"(중2, 사회), "우리 민족은 세계사에서 보기 드문 단일 민족 국가로서의 전통을 이어 오고 있다."(고1, 국사) 등과 같은 단일 민족주의 요소를 포함하고 있었다(교육인적자원부, 2006).

교육인적자원부는 이러한 점을 보완하기 위하여 '교과서 지도 보완 자료'를 전국 학교에 배포하였고, 차기 교육과정 개정에 다문화 · 다인종 교육 요소를 반영하기로 하였다. 이에 따라 2007년 2월에 고시된 교육과정에는 다문화주의 관점을 학습할 수 있도록 사회, 도덕, 국어 등 관련 교과에 타문화에 대한 이해 · 존중, 편견 극복 및 관용을 반영하였다. 이후 2009 개정 교육과정과 2015 개정 교육과정에도 다문화 · 다인종 요소를 반영한 내용은 확대되고 있다. 현행 교육과정인 2015 개정 교육과정에서는 총론에 범교과 학습주제의 하나로 다문화교육을 명시하여 강조하고 있다.

표 11-2 범교과 학습주제로서의 다문화교육

II. 학교 급별 교육과정 편성 · 운영의 기준
1. 기본 사항 아. 범교과 학습주제는 교과와 창의적 체험활동 등 교육활동 전반에 걸쳐 통합적으로 다루도록 하고, 지역사회 및 가정과 연계하여 지도한다. 안전 · 건강 교육, 인성 교육, 진로 교육, 민주 시민 교육, 인권 교육, 다문화교육, 통일 교육, 독도 교육, 경제 · 금융 교육, 환경 · 지속가능발전 교육

출처: 교육부(2015), p. 8.

우리나라 다문화교육 정책의 초기에는 사업의 명칭이 의미하듯이 다문화가정 자녀를 위한 한국어 교육에 중점을 두었으나, 중도입국 자녀와 외국인 학생의 교육기회 보장을 위해 편입학 제도의 확충과 맞춤형 교육지원으로 확대하였다. 기존에 설치하였던 다문화유치원, 다문화중점학교, 예비학교를 2019년에 와서 모두 '다문화교육 정책학교'로 통합하여 체계적으로 지원하고 있다. 다문화 정책학교 외에 일반 학교에서는 특별학급을 설치하여 운영할 수 있다. 2015 개정 교육과정에서는 일반학교의 다문화 특별학급에 대해 〈표 11-3〉과 같이 명시하고 있다(교육부, 2015).

표 11-3 다문화 특별학급 운영 지침

Ⅲ. 학교교육과정 편성 · 운영
4. 모든 학생을 위한 교육기회의 제공 라. 다문화가정 학생을 위한 특별학급을 설치 · 운영하는 경우, 다문화가정 학생의 한국어 능력을 고려하여 이 교육과정을 조정하여 운영하거나, 한국어 교육과정 및 교수-학습 자료를 활용할 수 있다. 한국어 교육과정은 학교의 특성, 학생 · 교사 · 학부모의 요구 및 필요에 따라 주당 10시간 내외에서 운영할 수 있다.

출처: 교육부(2015), p. 35.

2) 한국 다문화교육의 지향점

2006년부터 본격적으로 시행된 우리나라의 **다문화교육 정책**은 짧은 기간에 상당한 성과를 거두었다. 다문화학생을 위한 한국어 교육 실시, 대학생 멘토링 사업, 중도입국 학생 취학 지원, 이중언어교육 지원, 진로교육 실시, 다문화정책 학교 운영을 통한 다문화교육 확산, 예비 교원 및 현직 교원의 다문화 역량 함양 지원 등 많은 사업을 시행해 왔다. '국민 다문화수용성 조사'에서 우리 국민의 일반적 다문화 인식이 향상되어 온 점, 다문화교육 참여가 청소년의 **다문화수용성** 증가에 기여한 점 등은 긍정적인 변화이다. 그러나 우리나라 다문화교육은 다음과 같이 아직 많은 과제를 안고 있다.

첫째, 교육의 수혜자 측면에서 일반 국민을 대상으로 다문화교육이 확대되어야 한다. 일반 국민들 중에서 다문화교육을 받은 사람이 극히 일부라는 점, 실질적 측면에서의 다문화수용성이 낮다는 점은 성인 대상 다문화교육이 강화되어야 할 필요성을 말해 준다. 우리나라는 정부주도형 다문화주의라고 지적될 정도로 다문화 정책의 시행 과정에서 정부가 핵심적인 역할을 수행해 왔다. 따라서 다문화교육 정책이 더욱 효과적으로 시행되기 위해서는 일반 시민들의 인식 개선과 지지가 뒷받침되어야 한다. 우리 사회는 오랫동안 단일 민족에 대한 신념이 지배해 왔던 만큼, 다문화주의와 다문화교육에 대한 거부감과 반다문화주의가 표출될 가능성이 상존하고 있다. 바람직한 다문화사회로의 발전과 효과적인 다문화교육 정책 시행을 위해서는 일반 시민들의 이해와 지지가 필요하며, 이를 위해 일반 시민 대상 다문화교육이 확대되어야 한다.

둘째, 이와 같은 맥락에서 학교 다문화교육도 그동안 **다문화학생**을 위주로 시행되어 왔는데 전체 학교 구성원을 대상으로 하는 다문화교육이 더욱 강화되어야 한다. 현재 다문화교육 정책의 주 대상인 '다문화학생'은 몇 가지 유형으로 나뉘어진다. 다문화교육 정책 초기에는 국제결혼가정 자녀와 외국인가정 자녀를 주요 대상으로 하였으나 최근 **중도입국 자녀**가 급속히 증가하고 있어 이들에 대한 교육지원이 증가하고 있다.

다문화교육이 소수자 학생을 위한 시혜적인 복지정책이라는 것은 대표적

표 11-4 다문화학생 유형

국제결혼 가정	국내 출생 자녀	• 한국인과 결혼이민자 사이에서 태어나 한국에서 성장한 경우 • 한국어 구사에 어려움은 없으나, 학습에 필요한 문장이나 어휘를 이해하는 데 곤란을 겪는 경우 존재 • 사춘기에 진입하면서 다문화에 대한 고정관념에 불편함을 느끼며, 심리정서 지원 요구
	중도 입국 자녀	• 결혼이민자가 한국인과 재혼한 이후에 본국에서 데려온 경우, 한국인과 결혼이민자 사이에서 태어났으나 결혼이민자 본국에서 성장하다가 입국한 경우 등 • 새로운 가족과 한국문화에 적응하기 위한 스트레스가 발생하며, 정체성 혼란이나 무기력 등을 경험하는 경우 존재 • 한국어 능력이 부족하여 공교육 진입과 적응에 어려움 발생
외국인 가정	외국인 가정 자녀	• 외국인 사이에서 태어난 경우(조선족, 중앙아시아 고려인, 시리아 난민 등 포함) • 정주여건이 불안정하여 학업을 지속하기 어려운 경우 존재 ※유엔아동권리협약에 따라 미등록 이주아동의 교육권 보장

출처: 교육부(2019a), p. 20.

인 오개념이며, 다문화교육은 모든 학생이 글로벌·다문화 시대의 구성원으로서 갖추어야 할 시민 자질을 함양하도록 하는 교육이다. 현재 우리나라는 다문화사회로 급변하는 초기 단계이기 때문에 다문화학생을 위한 지원에 초점을 두었던 것이다. 그러나 최근 정부의 다문화교육 정책이 일반 학생의 다문화수용성 증진을 위한 교육, 반편견·평등 교육을 강화하는 방향으로 전환되고 있는 것은 바람직한 방향이며, 앞으로 다문화학생뿐만 아니라 기존 다수자 자녀를 포함한 모든 학생을 대상으로 더욱 확대되어야 한다.

셋째, 다문화교육을 위한 교사교육이 개선되어야 한다. 다문화교육을 실행하는 데 있어서 교사는 핵심적인 역할을 수행한다(Cochran-Smith et al., 2004; Gershenson et al., 2016). 교사교육은 크게 예비교사를 위한 양성교육과 현직교사의 전문성 신장을 위한 연수로 구분할 수 있는데, 전국 사범대학과 교육대학에서 실시하는 예비교사를 위한 교사교육은 매우 미흡한 실정이다. 대부분의 대학에서 개론 수준의 다문화 관련 교양 강좌가 개설되어 있지만 전공과 연계된 심화과정은 거의 없다(모경환 2009; Mo & Lim, 2013). 정부가 예비교사의 다문화역량 육성을 위해 2009년부터 2013년까지 '교원양성기관 다문화교육강좌 개설지원사업'을 시행하였으나 현재 중지된 상태이다. 또한 다문화교육 과목이 개설되어도 교원자격검정을 위한 필수과목[4]이 아니기 때문에, 실제로 이 과목을 이수하는 예비교사는 극히 일부에 불과하다. 교원양성교육단계에서 다문화 강좌를 수강한 교사의 경우, 다문화교육 수업준비도와 다문화적 교사효능감이 높게 나타난다는 최근 연구결과(구하라, 모경환, 2019)는 교원양성기관의 다문화교육 관련 교과목 이수를 필수화해야 할 필요성을 제기한다.

4 현재 교직실무, 학교폭력의 예방 및 학생의 이해, 교육봉사활동 등 세 과목이 필수과목으로 지정되어 있다.

토론 과제

1. 다문화사회로 변화하면서 대두되는 교육적 과제를 논의해 보자.
2. 다문화교육에 대한 오개념을 확인하고 적절한 개념을 도출해 보자.
3. 우리나라 다문화 교육과정의 특징을 논의하고 개선점을 논의해 보자.
4. 우리나라 다문화교육 정책의 특징과 지향점에 대해 토론해 보자.

용어 설명

다문화 학생 국제결혼가정의 국내 출생 자녀와 중도입국 자녀, 외국인 가정 자녀를 말한다.

중도입국 자녀 결혼 이민자가 한국인과 재혼한 이후에 본국에서 데려온 자녀, 즉 국제결혼가정 자녀 중 외국인 부모의 본국에서 성장하다가 청소년기에 입국한 자녀를 말한다. 비교적 연령대가 높은 10대 중·후반에 입국하는 경우가 많다.

범교과 학습 주제 국가·사회적 요구와 교사·학생의 필요에 따라 중요하게 가르쳐야 할 학습 내용으로 학교 교육활동 전반에 걸쳐 통합적으로 가르치도록 하는 학습주제다.

참고문헌

교육부(2015). 초·중등학교 교육과정 총론: 교육부 고시 제2015-74호 [별책 1].

교육부(2019a). 2019년 다문화교육 지원계획. 교육부 교육기회보장과.

교육부(2019b). 2019년 교육기본통계 결과 발표. 교육부 2019. 8. 29. 보도자료.

교육인적자원부(2006). 다문화 가정 품어 안는 교육 지원 대책 발표. 2006. 4. 28 보도자료.

구하라, 모경환(2019). 교원양성기관 다문화교육의 효과 분석: TALIS 2018 자료를 바탕으로. **다문화교육연구**, 12(3), 91-114.

모경환(2009). 다문화 교사교육의 현황과 과제. **한국교원교육연구**, 26(4), 245-270.

모경환, 황혜원(2007a). 사회과교사의 다문화교육에 대한 인식과 교사교육의 과제. **한국교원교육연구**, 24(2), 199-219.

모경환, 황혜원(2007b). 중등교사들의 다문화적 인식에 대한 연구. **시민교육연구**, 39(3), 79-100.

박철희(2007). 다문화 교육의 관점에 기초한 초등 사회 도덕 교과서 내용에 대한 비판적 고찰. **교육사회학연구**, 17(1), 109-129.

여성가족부(2018). 2018년 국민 다문화수용성 조사. 연구보고 2018-60.

이길상(2018). 반다문화주의의 도전. 오만석 외. **글로벌 시대의 다문화교육**. 한국학중앙연구원출판부.

장인실(2006). 미국 다문화 교육과 교육과정. **교육과정연구**, 24(3), 27-53.

행정안전부(2019). 외국인 주민 수 205만명, 2009년 이후 9년 만에 배로 증가. 2019. 11. 1. 보도자료.

Banks, J. A. (2016). **다문화교육 입문**(*An Introduction to Multicultural Education*, 5th ed.). (모경환, 최충옥, 김명정, 임정수 공역). 서울: 아카데미프레스. (원전은 2013년에 출판).

Banks, J. A., & Banks, C. (Ed.) (2004). *Handbook of Research on Multicultural Education*. San Francisco: Jossey-Bass.

Bennett, C. I. (2010). *Comprehensive multicultural education: Theory and practice* (7th ed.). PearsonEducationAsia.

Bloom, A. (1987). *The Closing of the American Mind*. New York: Simon & Schuster.

Cochran-Smith, M., Davis, D., & Fries, M. K. (2004). Multicultural teacher education: Research, practice, and policy. In J. A. Banks & C. M. Banks (Eds.), *Handbook of research on multicultural education*. San Francisco: Jossey-Bass.

Gershenson, S., Holt, S. B., & Papageorge, N. W. (2016). Who believes in me? The effect of student-teacher demographic match on teacher expectations.

Economics of Education Review, *52*, 209–224.

Hirsch, E. D., Jr. (1987). *Cultural literacy: What every American needs to know*. Boston: Houghton Mifflin.

International Organization for Migration (2017). *World Migration Report 2018*. Geneva, Switzerland: International Organization for Migration.

Kymlicka, W. (2012). *Multiculturalism: Success, Failure, and the Future*. Washington, D.C.: Migration Policy Institute.

Mo, K., & Lim, J. (2013). Multicultural Teacher Education in Korea: Current Trends and Future Directions. *Multicultural Education Review*, 5(1), 96–120.

National Association for Multicultural Education (2019). Definitions of Multicultural Education. https://www.nameorg.org/definitions_of_multicultural_e.php 2019. 9. 20. 인출.

Nieto, S., & Bode, P. (2008). *Affirming diversity: The sociopolitical context of multicultural education* (5th ed.). Boston: Allyn & Bacon.

Pang et al. (1995). Expanding conceptions of community and civic competence for a multicultural society. *Theory and Research in Social Education*, *23*(4), 302–331.

Postman, N. (2001). *The end of education: Redefining the value of school*. Vintage.

Schlesinger, A. M., Jr. (1998). *The disuniting of american: Reflections on a multicultural society*. New York: Norton & Co.

Sleeter, C. E., & Grant, C. A. (2003). *Making choices for multicultural education: Five approaches to race, class, and gender* (4th ed.). Wiley & Sons.

제12장

특수교육과 영재교육의 이해

학습목표

1. 특수아동 및 영재아동의 정의를 이해한다.
2. 특수아동 및 영재아동의 학업적·정의적 특성을 이해한다.
3. 특수아동 및 영재아동의 지도법을 이해한다.

어린 에디슨은 학교에서 수업을 따라가지 못하는 문제아로 여겨졌다. 그는 1 더하기 1이 왜 2인지, 비는 왜 어두울 때 내리는지 등과 같은 질문을 교사에게 끊임없이 하였다. 교사는 에디슨의 어머니를 학교로 불러 에디슨이 학교에 적응을 하지 못하며 학습장애가 있다고 하였으며, 교장선생님은 에디슨이 정신적으로 문제가 있다고 지적하였다. 결국 에디슨은 초등학교를 입학한 지 3개월 만에 어머니의 손에 이끌려 집에서 학습해야만 했다. 에디슨 어머니는 아들에게 기초적 학습기술을 직접 가르치고, 함께 답을 탐구하며 에디슨에게 용기를 주었다. 이로써 에디슨은 어머니와 함께 공부한 지 채 1년도 안 되어 초등학교 전 과정을 마칠 수 있었다(홍익희, 2012).

학생들은 모두 개별적인 교육요구가 있으며, 이에 더하여 일반교육환경에서 제공되는 교육지원 서비스 외에 특별한 교육적 지원이 필요한 학생들이 있다. 대표적인 예가 특수교육대상 학생들과 영재학생이다. 이들은 평균을 기준으로 중간보다는 극단에 있는 아동들이며, 일반학생들을 대상으로 계획되는 교육서비스에서 적절한 교육적 지원을 받지 못한다는 공통점을 가진다. 학교에서 특수 및 영재아동을 조기에 선별하면 이들에게 필요한 교육적 지원을 조기에 제공하여 이들이 역량을 최대한 발휘할 수 있다. 하지만 학습자를 직접 관찰하여 지도하는 일반교사들에게 이들의 특성과 지도법에 대한 정보가 적어 적절한 교육적 지원을 제공하기가 어렵다. 따라서 이 장에서는 교사들이 이들을 위한 교육적 지원을 계획하는 데 도움이 될 수 있도록 국내외 특수교육법에서 제시하는 특수아동의 정의를 알아보고, 구체적으로 학습장애, 정서 · 행동장애, 지적장애, 지체장애와 감각장애, 영재교육의 정의, 특성, 원인, 그리고 중재법을 알아보고자 한다.

1. 특수 및 영재교육 개념

모든 아동들은 공통점과 각자의 개인적인 특성을 가지고 있다. 이러한 특성은 개인 간에 차이로 나타날 뿐만 아니라 개인 내에서도 특성별 차이가 존재한다. 학교 교육환경에서 어떤 아동은 또래아동들의 성취 수준에서 많이 뒤떨어질 수도 있고, 또한 남들보다 특정 부분에서 뛰어날 수 있다. 때문에 교육적 측면에서 또래의 보편적인 성취 수준에서 많이 벗어난 아동에게는 일반적인 교육방법 외에 이들의 특성에 적합한 교육방법이 요구될 수 있다. 이러한 교육적 요구를 나타내는 아동을 **특수교육 요구아동**(special educational needs children)이라고 하며, 이러한 **특수아동**(exceptional children)은 장애아동뿐만 아니라 영재아동도 포함된다(김동일, 손승현, 전병운, 한경근, 2010). 하지만 「장애인 등에 대한 특수교육법」에서는 영재아동을 포함하지 않고 있기 때문에 '**특수**'라는 의미는 '**장애**'를 뜻하는 것에 국한되어 있어 모든 특수아동들의 교육요구를 충족시킬 수 없는 현실이다. 따라서 좀 더 특수아동에 대한 확장된 관점이 필요하다.

2. 특수교육법

1) 국외 특수교육 관련법

1970년대부터 장애인들을 일상적인 활동들에 통합시키는 방향으로 정치 · 사회적인 움직임이 나타났다. 미국에서 나타난 이러한 변화는 연방법에 명백히 나타나 있으며, 법은 이러한 태도의 변화에 영향을 주는 것과 동시에

받기도 하였다. 이에 장애인, 특히 장애를 가진 아동과 학생의 권리를 보장하는 두 개의 법이 제정되었다. 첫 번째 법은 교실에서의 교사의 업무에만 영향을 주었지만, 두 번째 법은 교육체제에 큰 영향을 주었다는 점에서 의의가 있다.

(1) 미국 재활법

미국 「**재활법**(Rehabilitation Act of 1973, Section 504)」은 장애인이 연방정부의 지원을 받는 프로그램과 활동에서 차별받지 않아야 함을 명시한다(PL 93-112, 1973). 비록 이 법이 구체적으로 교육을 겨냥하지는 않지만, 고학년 학생들을 위하여 특별 활동 등에서 학생들의 권리를 보장하고 어린 학생들에게는 유아 보육시설 또는 방과 후 보육 프로그램에서 권리를 보장한다는 내용이 포함되어 있다. 이러한 프로그램들이 연방에서 지원을 받고 있는 경우 장애를 가진 아동 · 청소년들이 제외되어서는 안 되며 그들의 장애를 조정할 수 있는 합리적인 방법을 가지고 있어야 함을 명시하였다.

(2) 미국 장애인교육법

미국 「**장애인교육법**(Individual with Disabilities Education: IDEA)」은 미국재활법과 장애인법에 비하여 교육에 더 초점을 맞추었다. 이 법은 1970년대에 제정되어 이후 몇 번의 수정을 통해 현재 신생아부터 21세까지 장애를 가진 어떠한 사람이라도 교육에서 정당한 권리를 가질 수 있음을 명시하고 있다. 이 법에서는 무상, **적절한 교육**(Free, appropriate education), **적법절차**(Due process), **최소제한적인 교육환경**(Least restrictive environment), **장애를 고려한 수행에 대한 공정한 평가**(Fair evaluation of performance in spite of disability), **개별화 교육 프로그램**(Individualized educational program)에 관한 내용을 명시하여 학교와 교사에게 직접적인 역할을 부여하였다.

2) 국내 특수교육 관련법

특수교육과 관련된 가장 근본적인 법적 내용은 헌법이다. 「헌법」 제31조 제1항에 의하면, 대한민국의 모든 국민은 능력에 따라 균등하게 교육을 받을 권리를 가진다. 또한 동조 제4항에 따르면, 교육의 자주성, 전문성, 정치적 중립성 및 대화의 자율성은 법률이 정하는 바에 의하여 보장된다. 즉, 모든 국민은 능력이 어떠하든지 교육받을 권리를 가진다는 의미이고, 장애를 이유로 교육받을 권리를 박탈당해서는 안 된다는 것이 헌법의 기본 정신이다(김동일 외, 2010).

(1) 장애인 등에 대한 특수교육법

「**장애인 등에 대한 특수교육법**」의 목적은 「교육기본법」 제18조에 따라 국가 및 지방자치단체가 장애인 및 특별한 교육적 요구가 있는 사람에게 통합된 교육환경을 제공하고 생애주기에 따라 장애 유형, 장애 정도의 특성을 고려한 교육을 실시하여 그들이 자아실현과 사회통합을 하는 데 기여하는 것이다(김동일 외, 2010). 「장애인 등에 대한 특수교육법」은 총 6장으로 구성되어 제1장 총칙, 제2장 국가 및 지방자치단체의 임무, 제3장 특수교육대상자의 선정 및 학교배치 등, 제4장 영유아 및 초·중등교육, 제5장 고등교육 및 평생교육, 제6장 보칙 및 벌칙을 포함한다(김동일 외, 2019). 「장애인 등에 대한 특수교육법」은 장애 유형별로 시각장애, 청각장애, 지체장애, 의사소통장애, 지적장애, 정서·행동장애, 자폐성장애, 건강장애, 학습장애, 발달지체를 특수교육지원대상자로 포함하고, 장애인의 생애주기로는 장애영아(만 0세), 학령기 아동 중 특수교육 요구 아동, 장애 대학생, 장애성인(만 18세까지)까지 포함하여 교육기회를 확대하였다.

3. 학습장애

1) 특정학습장애의 개념

학습장애(learning disabilities)는 1963년 미국 일리노이 대학 교수였던 사무엘 커크(Samuel Kirk) 박사가 학습장애(learning disabilities)란 용어를 처음 사용하기 이전에 '뇌손상' '미세 **뇌기능장애**(minimal brain dysfunction)'라는 용어들을 사용하였지만(Kavale & Forness, 1995), 부정적인 의미를 내포한다고 하여 많은 사람들이 이들 용어의 사용에 반대하였다.

Samuel A. Kirk
(1904~1996)

2) 학습장애의 정의

(1) 정신의학 분야의 정의

정신질환의 진단 및 통계 편람(DSM-5; American Psychiatric Association, 2015)에서 '**특정학습장애**(specific learning disabilities)'는 정상 수준의 지능을 가지고 있으나, 학습기술을 배우고 사용하는 데 있어서의 어려움이 적절한 개입을 제공함에도 불구하고, 단어 읽기, 읽은 것의 의미를 이해하기, 철자법, 수 감각, 단순 연산 암기 및 연산 절차, 수학적 추론 영역에서 한 가지 이상의 학습 곤란 증상이 적어도 6개월 이상 지속적으로 보이는 아동이다. 단, 학업적 어려움이 지적장애, 시청각 결함, 다른 신경학적 장애 등으로 발생한 경우는 배제한다.

(2) 미국 장애인교육법(IDEA)의 정의

미국 「**장애인교육법**」에서는 특정학습장애(SLD)의 판별에 관하여 중재모형 접근법을 적용하였다. 지능과 성취 사이에 불일치 준거를 의무적으로 적용하지 않아도 되며, 과학적으로 증명된 연구기반 교육 및 중재에 대한 아동의 반응을 확인하여 그들의 학령 및 연령 기준을 달성하지 못하는 증거(이중불일치)를 확인하도록 하였다.

(3) 장애인 등에 대한 특수교육법(2008)의 정의

학습장애란 개인의 내적 요인으로 인해 듣기, 말하기, 주의집중, 지각, 기억, 문제해결 등의 학습기능이나 읽기, 쓰기, 수학 등 학업성취 영역에서 현저한 어려움이 있는 사람을 말한다.

3) 학습장애의 특성

학습장애 아동의 특징은 개인에 따라 유형과 정도가 다양하며, 한 가지 이상의 특징을 복합적으로 나타낼 수도 있다(Hallahan, Kauffman, & Lloyd, 1999). 다음은 학습장애 아동의 전반적인 특징을 학업적 특성, 인지적 특성, 그리고 사회 · 정서 및 행동적 특성으로 나누어 정리하였다.

(1) 학업적 특성

일반적으로 학습장애 아동은 읽기, 쓰기, 말하기, 듣기, 셈하기, 추론 영역 등에 어려움을 나타낸다. 읽기 문제는 생략, 대치, 도치 등과 같은 외형적인 특징과 함께 독해, 글자-소리 대응관계 학습, 개별단어 읽기와 문장 읽기 등에 어려움을 보인다. 쓰기에서는 글자 크기, 간격, 글자 간의 조화에 불균형을 보이며 글자모양이 심하게 왜곡되어 있는 경우가 많다. 또한 받아쓰기, 맞춤법, 조직적인 글쓰기 등에 어려움을 나타낸다. 추상적인 개념을 익히고 작업기억이 많이 요구되는 추론과정에 어려움을 겪기도 하며, 학습동기 측면에서는 학습된 무기력을 보이는 경우가 많다. 수학영역에서는 셈하기, 자릿수 나타내기에 어려움을 나타내고, 이들의 낮은 수학성취도는 대개 저학년 때부터 나타나서 오래 지속되며, 어느 정도 학년이 올라가도 향상되지 않고 정체되는 현상을 나타낸다(Cawley & Miller, 1989; Mercer & Miller, 1992).

(2) 인지적 특성

학습장애 아동은 평균 혹은 그 이상 지능을 보이고, 지적장애가 아님에도 불구하고 여러 인지 처리 과정 및 기억 능력 등에서 부족하거나 결함을 나타내는 경우가 많고, 낮은 **작업기억력**을 보인다(송종용, 1999; 이대식 외, 2007; Swanson, 1994).

(3) 사회 · 정서 및 행동적 특성

학습장애 학생들은 누적된 학습실패로 인해 낮은 **학습자아개념**을 가지기 쉽다(김동일 외, 2016). 정서적 측면에서는 비교적 감정과 반응의 변화가 심하여 충동적인 경향을 나타낸다. 사회적 측면에서는 대인관계가 원만하지 못하며 정서 · 행동상의 결함을 보인다(Forness, Kavale, Blum, & Lloyd, 1997; Haager & Vaughn, 1997; Kavale & Forness, 1995). 특히 학습장애 아동의 1/3 정도는 주의집중 문제를 보이며, 충동적이고 과잉행동을 보인다고 알려져 있다(김동일 외, 2019).

4) 원인

학습장애가 발생한 원인으로 주로 의학적, 유전적, 환경적 요인들을 고려할 수 있다. 의학적 요인으로 조산, 당뇨병, 뇌막염, 심장박동 정지로 인한 **뇌손상** 등을 들 수 있고, **유전적 요인**은 **쌍생아 연구**(DeFries, Gillis, & Wadsworth, 1993; Lewis & Thompson, 1992)에서 가능성에 대한 증거를 나타냈지만, 학습장애가 유전된다는 명백한 증거는 없다. 환경적 요인으로 부적절한 영양이 **뇌기능장**

애 발생가능성을 높여 학습에 간접적인 영향을 줄 수 있다는 연구결과(Fuchs & Fuchs, 2001; Graham, Harris, & Larsen, 2001)와 함께 가정환경도 학습장애의 원인이 될 수 있다(Hallahan, Lloyd, Kauffman, Weiss, & Martinez, 2005).

5) 교육 및 중재

학습장애 아동을 위한 교육지침으로는 읽기, 쓰기, 수학의 기초기술 향상에 초점을 두는 교정적 접근과 학업영역에 필수적인 전략을 가르치는 전략교수 등이 있다. 학습장애 지도를 위하여 교사들은 과제의 난이도를 조절하여 학생들이 좌절감을 겪지 않고 도전할 수 있도록 하고, 대집단보다 소집단으로 상호작용할 수 있도록 환경을 구성하여 집단 속에서 자신감을 가지고 수업에 참여할 수 있도록 하는 것이 좋다.

(1) 읽기지도

학습장애 학생들은 단어인식, 읽기 유창성, 어휘 및 읽기이해에서 어려움을 보이며, 이를 위하여 다감각 중심의 읽기 교수 프로그램, 문자해독을 위한 **통언어적 접근**(Bender, 1992), 음운인식능력 향상에 도움이 되는 **해독중심 프로그램**과 음절 수 세기, 음절 짝 짓기, 유창성 능력 향상을 위한 반복 읽기 등의 **증거 기반 읽기 교수-학습전략**(김동일 외, 2016)이 도움이 된다. 특히 어휘 및 읽기이해 영역은 자기질문 전략, 의미 구조도 활용, 정교화 전략, 메타인지 전략, SQ3R 등을 제공할 수 있다.

(2) 쓰기지도

교사는 학습장애 학생들에게 계획, 교정, 편집을 위한 전략들을 지도하여 쓰기의 질을 향상시킬 수 있다. 이를 통해 학생들이 전략들을 스스로 사용할 수 있도록 한다(김동일 외, 2016).

(3) 수학지도

교사는 수학에 어려움을 느끼는 학습장애 학생들에게 구체적인 연산 교수, 오류 교정 중재 등을 제공할 수 있다. 기본적인 수 개념은 **구체물**(Concrete)−**반구체물**(Semiconcrete)−**추상물**(Abstract) 등의 순서에 따라 보조교재나 교구 또는 구체물(콩, 블록, 나무젓가락, 빨대, 사탕, 모형 과일 등)을 사용하는 것이 효과적이다(Rivera & Bryant, 1992).

4. 정서 · 행동장애

1) 대표적인 정서 · 행동장애

(1) 주의력결핍 과잉행동장애

주의력결핍 과잉행동장애(Attention Deficit Hyperactivity Disorder: ADHD)는 충동을 조절하고 주의를 집중시키는 데 어려움을 겪는 장애이다. 지나친 **부주의**(inattention), **충동성**(impulsivity)과 **과잉행동**(overactivity)의 문제를 보이는 학생들을 주의력결핍 과잉행동장애(ADHD)라고 말한다.

ADHD는 주로 12세 이전에 이러한 증상이 나타나게 되며, 여학생에 비해 남학생에게 더 많이 나타난다. ADHD의 증상(부주의, 충동성, 과잉행동)으로 인해 학생은 학교에서 많은 어려움을 겪게 된다. 자신의 수업에 집중하지 못할 뿐만 아니라 학생들의 학습까지 방해를 한다.

ADHD의 원인을 명확히 설명하는 단일 변인은 없으나 ADHD에 영향을 미치는 다양한 변인이 확인되고 있다(Barkley & Murphy, 1998). 대표적으로 뇌의 구조적 손상으로 인해 주의력과 행동통제에 어려움이 발생한다는 **신경생물학적 변인**이 있다. 두 번째로는 **유전적 변인**이 많은 영향을 줌을 확인할 수 있다. 세 번째로는 **영양요인**, 납중독, 출생 전 약물이나 알코올에 대한 노출

등이 과잉행동을 유발할 수 있다고 나타난다.

(2) 행동장애

행동장애(behavior disorder) 학생에는 상황에 맞지 않는 부적절한 행동을 하는 아동 및 학생이 포함된다. 다음은 행동장애 학생들이 갖는 특징이다(Kauffman, 1997; Hallahan & Kauffman, 2006).

- 극단적으로 행동하려 함
- 오랫동안 지속됨
- 사회적으로 수용되기 어려운 행동을 함
- 학교생활에 영향을 줌
- 뚜렷하게 이에 대해 설명할 내용이 없음

행동장애의 출현빈도는 낮지만 공격적이고 방해가 심한 학생일 경우 전체 학급의 원활한 운영에 영향을 줄 수 있기 때문에 교사들은 이 학생들을 인내와 숙달된 능력으로 다룰 수 있어야 한다.

2) 정서·행동장애의 특성

(1) 인지적 및 학업적 특성

정서 및 행동에서의 기능 수준은 학업적 성공에 중요한 역할을 하기 때문에 정서 및 행동 기능 저하는 **낮은 학업성취도**, 교실에서의 **부적응적 행동**, 높은 결석률 등과 관계가 있음을 확인할 수 있다(Eklund, Tanner, Stoll, & Anway, 2015).

(2) 대인관계 특성

또래, 교사 등과 원만한 **대인관계**를 형성하고 유지하는 능력은 교육환경에서 학생들의 적응에 큰 역할을 담당한다. 많은 정서 · 행동장애 학생들은 친구를 사귀기가 어려우며(Gresham, Lane, MacMillan, & Bocian, 1999), **빈약한 사회 기술**, **일탈 행동**, 또래로부터의 거부 및 괴롭힘, 이에 대한 공격적 대응 등으로 인해 일반교육 장면에서 **통합**되기 어려운 학생들 중 하나이다(Useche, Sullivan, Merk, Orobio de Castro, 2014).

(3) 학교 장면에서의 특성

외현화 행동문제를 가진 학생들의 경우, 자리이탈, 소리 지르기, 또래 방해하기, 때리거나 싸우기, 교사를 무시하기, 불평하기, 지나친 논쟁, 훔치기, 거짓말, 물건 파괴, 지시를 따르지 않음, 울화, 또래활동에 참여하기 어려움, 교사의 훈계를 무시함, 숙제 불이행 등의 행동을 자주 보인다(Ramsey, Calvin, & Walker, 1995).

내재화 문제를 가진 학생들의 경우, 또래와 잘 어울리지 못하고, 미숙하고 위축된 행동을 보이는 등의 행동을 자주 보이는데, 외현화 행동문제를 가진 경우에 비해 교사들을 덜 방해하고 쉽게 확인되지 않는다.

3) 정서 · 행동장애의 원인

(1) 생물학적 요인

최근에는 **생물학적 요인**에 대한 연구가 점점 더 활발히 이루어지고 있다. 그러나 생물학적 요인들과 정서 · 행동장애의 관련성이 있다고 밝혀지고 있다 할지라도 이러한 원인이 결정적인 증거라고 단정하기는 어려우며, 단독적으로 영향을 미치기보다는 서로 영향을 주는 복합적인 요인으로 간주되고 있다.

(2) 환경적 요인

다양한 환경적 요인이 정서 및 행동 문제를 야기하기도 한다. 주로 빈곤, 학대, 방치, 부모의 스트레스, 부모의 불일치하는 기대, 부모의 비일관적인 훈육, 지나친 처벌의 사용, 가족과의 갈등, 부모와의 애착 형성에서의 어려움, 가정 내 학대, 부모의 폭력, 반사회적 생활양식을 허용하는 지역사회 분위기, 미디어에 나타난 폭력물의 수준 등은 정서 · 행동장애와 관련되는 환경적 요인으로 볼 수 있다.

4) 정서·행동장애 아동의 교육 및 치료적 중재

대표적인 치료적 중재로서 행동주의모델과 인지행동모델을 들 수 있다. 많은 연구들에서 인지행동모델에 의한 중재가 정서 · 행동장애 학생의 주요 어려움을 구성하는 분노, 불안, 우울, 공포증, 공격성, 충동성을 다루는 데 효과적이었다(King, Heyne, & Ollendick, 2005; Mayer, Lochman, & Van Acker, 2005; Weisz & Hawley, 2002). 정서 · 행동장애 학생들에게 효과적인 교수전략은 다음의 기법을 포함한다(Cook, Landrum, Tankersley, & Kauffman, 2003).

- 지속적인 평가와 모니터링 과정
- 모델링, 시연, 안내된 연습(guided practice) 등 새로운 기술을 습득할 수 있는 반복된 기회의 제공
- 일상생활 환경에서 새로운 기술을 사용할 수 있도록 함
- 학생 개개인의 요구들에 맞추는 중재(intervention)
- 학습한 것을 새로운 상황으로 전이시킬 수 있는 다양한 기회를 제공

5. 지적장애

1) 지적장애의 개념

지적장애는 발달 시기에 나타나며 **지적 기능**과 **적응 기능** 모두에 결함이 있는 상태를 말한다. 그리고 다음의 세 가지 진단기준을 충족해야 한다.

- 임상적 평가와 개별적으로 실시된 **표준화 지능검사**로 지적 기능(추론, 문제해결, 계획, 추상적 사고, 판단, 학업, 경험학습)의 결함이 있다.
- 적응 기능의 결함으로 인해 **독립성**과 **사회적 책임의식**에 필요한 발달학적 · 사회문화적 표준을 충족하지 못한다. 지속적인 지원 없이는 적응 결함으로 인해 다양한 환경(가정, 학교, 일터, 공동체)에서 한 가지 이상의 일상 활동(의사소통, 사회적 참여, 독립적 생활) 기능에 제한을 받는다.
- 지적 기능과 적응 기능의 결함은 **발달 시기** 동안에 시작된다.

2) 지적장애의 특성

지적장애는 지능검사 점수가 70 이하인 경우에 판단된다. 지능이 50~70 사이에 있을 경우 경도 지적장애, 50 이하인 경우에는 중도 지적장애로 분류한다. 국내에서는 한국판 웩슬러 아동용 지능검사를 통해 지능을 검사한다. 지적장애 아동은 선택적 주의집중에서 어려움을 보이며, 작업기억에서 처리된 정보를 장기기억화하는 데 어려움을 나타낸다. 또한 인지발달적 특성을 살펴보면 지적장애 아동은 **감각운동기**(감각경험을 통해 주위 환경을 인식하는 시기), **전조작기**(상징을 이해하며 새로운 경험을 익혀 나가는 시기), **구체적 조작기**(사물들을 분류할 수 있는 능력을 키워 나가는 시기)에 도달하는 시기가 늦거나 도달하지 못할 수도 있다. 마지막으로 지적장애 학생들은 적응행동에 어려움을 겪는다. **적응행동**이란 일상생활에서 기능하기 위해 사람들에 의해 학습되어 온 개념적, 사회적, 실제적 기술의 총 집합적 행동이라고 할 수 있다.

3) 지적장애의 원인

지적장애는 **생물학적 요인**과 **심리사회적 요인**으로 나눠 볼 수 있다. 그러나 경도 지적장애의 경우 그 원인을 설명할 수 없는 경우가 많기 때문에 직접적인 원인이라고 볼 수만은 없다(김동일 외, 2002).

(1) 생물학적 원인

생물학적 요인에는 **유전적 전달, 염색체 이상, 두개골 기형,** 기타 **선천적인 요인**들이 있다. 유전적 전달의 경우 우성유전인 신경섬유종증, 열성유전인 페닐케톤뇨증, 테이-삭스병, 갈락토스혈증이 있다. 염색체 이상으로는 다운증후군, 윌리엄스증후군 등이 있다. 두개골 기형에는 무뇌증, 소뇌증, 소두증 등이 있다.

(2) 환경적 요인

환경적 요인은 기타 선천적 요인, **조산과 출생 시 문제, 출산 후의 문제**로 구분해 볼 수 있다. 기타 선천적 원인으로는 물질 및 약물 오남용으로 인한 태아 알코올 증후군, 조산과 출생 시 문제로는 조산, 저체중, 저산소증이 있으며, 출산 후에는 각종 사고에 의한 뇌손상, 아동학대, 영양결핍 등의 문제가 있다.

4) 교육 및 중재

지적장애 아동을 중재할 때는 일반 아동보다 시간을 많이 주고, 실생활에서 기능할 수 있는 활동들을 위주로 구성하며, 떨어져서 홀로 지내는 것이 아니라 사회적이 되도록 계속 공간을 만들어 주고 격려해 주는 것이 필요하다.

먼저, 지적장애 아동은 장애로 인해 다른 아동들보다 늦게 인지할지는 몰라도 구체적인 시각자료나 도움자료가 있으면 천천히 인지할 수 있다. 이 과정에서 주의해야 할 점은 너무 쉬운 자료로 인해 무시당하고 있다는 느낌을 받지 않도록 하는 것이 좋다. 지적장애 아동은 분명하고 체계적일 때 가장 잘 배울 수 있기에, 과제를 작게 나누어 직접적이고 반복적으로 가르치는 것이 중요하다(Heward, 2009). 두 번째로, 어떤 내용을 가르쳐야 하나에 대한 의문이 들 수 있다. 가장 기본적인 부분은 친숙한 개념부터 알려 줄 필요가 있다는 것이다. 기본적인 읽기, 실생활에 접목 가능한 단어, 기본적인 구매 과정과 같은 부분을 학습시켜야 할 필요가 있다. 마지막으로, 지적장애 아동은 의도적으로 집단 활동에 포함시키면 학습효과가 더 좋다. 가장 중요한 요소는 통합이다. 가능하다면 학급 내에서 집단을 통해 배울 수 있도록 하는 것이 좋다. 이를 통해 사회적 능력과 학업적 능력을 동시에 배우고 이해할 수 있게 된다.

6. 지체장애와 감각장애

1) 지체장애와 감각장애 학생의 개념

(1) 지체장애

지체장애는 기능 · 형태상 장애를 가지고 있거나 몸을 지탱하거나 팔다리의 움직임 등에 어려움을 겪는 신체적 조건이나 상태로 인해 교육적 성취에 어려움을 겪는 사람이라고 정의된다.

(2) 감각장애

감각장애에는 대표적으로 시각장애와 청각장애가 있다. 시각장애인이란 시각계의 손상이 심하여 시각 기능을 전혀 이용하지 못하거나 보조공학기기의 지원을 받아야 시각적 과제를 수행할 수 있는 사람을 의미한다. 청각장애인은 소리를 전달하는 특정 기관의 손상으로 인해 일상적인 소리를 듣고 이를 바탕으로 생활을 영위하는 데 어려움을 겪는 이들을 말한다. 농(deaf)과 난청(hard of hearing)으로 나뉘며, '농'은 청력 손실이 심하여 보청기를 사용해도 의사소통이 어려운 이들을 의미하며, '난청'은 청력이 비교적 농에 비해 남아 있어 보청기를 착용하면 어느 정도의 의사소통이 가능하다(김동일 외, 2010).

2) 지체장애와 감각장애의 특성

지체장애 학생의 지적능력은 일반 학생과 비슷하며, 보통 혹은 그 이상의 지적 발달을 보이기도 한다. 사회심리적으로는 주변의 과보호, 경험 부족, 학습된 무기력으로 인해 자존감에 부정적인 영향을 미치기도 하지만 모든 지체장애 학생이 그렇게 느끼지는 않는다. 하지만 지체장애 학생의 경우 표현언어 측면에서 어려움을 겪는데, 이는 구강 조음기관 움직임에 장애를 가지고 있거나 얼굴표정이나 몸짓 등을 통한 언어 표현 능력에서 어려움을 보이기 때문이다.

시각장애 학생은 색깔과 같은 추상적인 영역의 개념 발달이 어렵다. 의사소통과정에서 비언어적 기술 습득에 어려움을 겪기도 한다. 특히 운동 기능이 발달하는 데 어려움을 느끼며 이동능력에도 영향을 받게 된다. 또한 시각장애 학생들은 대화과정에서 비언어적 상호작용, 감정의 교환 등을 보고 배울 수 없기 때문에 또래로부터 고립되거나 활동에 어려움을 겪는다.

청각장애 학생은 인지능력에는 차이가 없는 것으로 보고되지만 어휘발달 수준에 있어서 건청 학생에 비해 난청 학생은 2년, 농은 4~5년의 지체를 보인다고 한다. 교육적으로도 역시 지능에서 차이를 보이지는 않으나 청각적 정보처리의 어려움으로 인해 읽기 능력이 초등학교 4~5학년을 넘지 못한다.

3) 지체장애와 감각장애의 원인

시각장애의 원인은 다양하며 대표적으로 근시와 난시가 있다. 그러나 이들은 안경이나 콘택트렌즈로 교정이 가능하다. 이와는 다르게 심각한 시각장애의 원인이 되는 질환에는 백내장, 녹내장, 망막색소변성, 황반변성, 당뇨병성 망막증, 안진 등이 있다. 청각장애는 외이, 중이, 내이로 구성된 세 가지 부분에서 문제가 생길 때 발생하게 된다. 청각장애는 청력 손실의 유형과 손상 시기 등이 매우 중요하다. 손실의 유형과 시기에 따라 교육적 지원이 달라질 수 있기 때문이다. 청력 손실은 언어 습득 전과 습득 후에 따라 차이가 있으며, 유형은 전음성, 감음신경성, 혼합성에 따라 차이가 난다.

4) 교육 및 중재

시각장애 학생의 학습을 촉진하기 위해서 교사는 청각, 촉각, 시각적 조정(잔존 시력)을 활용할 수 있다. 음성적 자료인 청각 자극을 주로 활용할 수 있고, 촉각 교수자료를 활용하는 것도 효과적이다. 이 외에도 시각장애인을 보조할 수 있는 다양한 보조공학 도구를 활용하여 학습에 도움을 줄 수 있다. 청각장애 학생을 위해서 가장 먼저 의사소통 지원이 필요하다. 청각장애 학생들에게 남은 청력을 발달시키는 구화법, 뺨 근처에 수신호 형태의 단서를 추가하는 큐드 스피치(cued speech), 수어 등이 교육에 활용된다(김동일 외, 2010).

7. 영재교육

최근 영재교육에 관심이 많아지면서 공교육뿐만 아니라 사설 영재교육 기관에서 영재교육이 실시되고 있다. 하지만 영재성을 가지고 있음에도 불구하고 그 특성을 인정받지 못해 적절한 교육지원을 받지 못하고, 영재성을 발현시키지 못하는 경우도 있다. 영재를 한 가지 기준으로 정의할 수는 없으며, 이에 따른 특성들도 개인차가 있을 수 있다. 그렇기 때문에 교사들은 영재의 정의를 이해하고 이들의 지적 · 정의적 특성에 따라 교육적 지원을 제공하는 것이 필요하다.

1) 정의

영재의 정의를 통해서 영재들의 특성을 이해하고 이들에 대한 적절한 교육 서비스를 제공할 수 있다. 하지만 영재의 정의는 학자에 따라, 그리고 시대에 따라 매우 다양하다. 따라서 영재를 하나의 정의만으로 이해하는 것은 어려움이 있다. 다음은 영재에 대한 가장 대표적인 정의들을 소개하고자 한다.

우리나라에서는 2000년 1월 「교육기본법」에 의거하여, 「영재교육진흥법」이 제정 · 공포되었으며, 본 법 제2조에서는 영재를 "재능이 뛰어난 사람으로 타고난 잠재력을 계발하기 위하여 특별한 교육을 필요로 하는 자"로 명시하고 있다. 이에 따라 제5조에서는 일반지능, 특수학문적성, 창의적 사고능력, 예술적 능력, 신체적 재능, 그 밖의 특별한 재능 분야 중 어느 하나의 사항에 대하여 뛰어나거나 잠재력이 우수한 사람을 영재교육 대상자로 선정한다고 언급하였다(김동일 외, 2010).

미국은 1988년에 「영재교육법(Gifted and Talented Student Education Act, P.L., 100-297)」이 제정 · 공포되었다. 2005년 미국 의회의 재승인을 받아 영재

교육을 확대하고 있으며 미국의 대부분의 주에서도 이 정의를 수용하거나 일부 개정하여 영재교육을 하고 있다. 이 법에서 명시하는 영재의 정의는 지능, 창의성, 예술성, 리더십이나 특수한 학문영역에서 뛰어난 능력을 입증하였거나, 그러한 능력을 최대한 개발하기 위해서 일반 학교교육 이상의 교육적 서비스나 활동을 필요로 하는 아동이나 청소년을 말한다. 또한 렌줄리(Renzulli, 1978)는 영재성이 **평균 이상의 능력**, **과제집착력**, **창의성** 세 요인이 상호적으로 통합되어 구성된 것이라 언급하였다. 하지만 그는 영재가 이 세 요인을 모두 갖추고 있지만 모든 영역에서 뛰어날 필요는 없으며, 한 요인에서 적어도 상위 2% 이내에 속하고 나머지 특성에서는 상위 15% 이내면 된다고 주장하였다(박성익 외, 2003).

Joseph Renzulli
(1936~)

2) 특성

영재에 대한 일반적인 믿음으로 인지적으로 뛰어난 특성을 가지고 있기 때문에 학업에서는 전혀 문제가 없다고 생각한다. 그러나 이러한 인지능력 때문에 오히려 학업에 집중할 수 없는 결과를 가져올 수도 있으며, 높은 과제집착력으로 인해 고집이 세고 배려심이 부족한 사람으로 비칠 수도 있다. 따라서 영재의 다양한 행동, 학습, 동기 등에서의 특성을 제시하여 이들에 대한 이해를 높이고자 한다.

(1) 인지적 특성

일반적으로 영재들은 보통 이상의 인지능력을 나타내지만 지능지수가 모든 영역에서 높지 않고 자신의 재능 영역에 따라 차이가 있을 수 있다. 이들은 **내재화된 동기**를 가지며 **지적 호기심**이 높아 많은 질문을 하고, 많은 독서를 통해 지식기반을 넓히고 발달된 어휘능력을 가진다. 또한 사고과정이 신속하며 높은 문제해결력, 창의력, 집중력을 나타낸다. 이러한 인지적 특성들은 긍정적으로 나타날 수 있지만, 또래에 비하여 발달된 언어능력으로 학교 내에서 잘난 체하거나 논쟁을 좋아하는 것으로 생각될 수 있어, 대인관계에 어려움을 겪을 수 있다.

(2) 정의적 특성

일반적으로 영재는 높은 동기를 가지며, 긍정적 자아개념의 성향이 강하다(김동일 외, 2019). 또한 과제에 높은 집착력(intensity)을 보이며, 완벽주의(perfectionism)와 다른 사람의 기대에 높은 민감성(heightened sensitivity) 등을 나타낸다(Silverman, 1991). 영재들이 사회에 부적응을 나타낼 것이라는 편견이 있지만 대부분의 연구들은 사회적-정서적 문제와 영재성 사이에 상관이 있다는 사실을 지지하지 않으며(김동일 외, 2002; Lehman & Erdwins, 1981; Milgram & Milgram, 1976), 오히려 또래에 비해 편안한 대인관계를 가지며, 긍정적인 시각을 가지고 있다고 보고한다(Lehman & Erdwins, 1981). 하지만 이러한 특성은 인지적 특성과 같이 부정적인 행동특성으로 발생 가능하다. 정서적인 민감성은 과잉행동, 과민반응 등으로 나타날 수 있으며, 완벽주의는 자기비판과 타인의 평가나 비판에 예민해질 수 있다.

3) 원인

영재성은 타고난 유전적 · 생물학적 요인 및 환경과의 상호작용으로 발달되는 사회적 요인에 영향을 받아 발현된다. 유전적 · 생물학적 요인은 신경학적 기능이나 영양상태, 내적 상태 등을 포함하고, 사회적 요인은 가족이나, 학교, 또래, 지역사회 등을 포함한다(Hallahan & Kauffman, 2003). 유전적 요인이 원인인 경우 훈련 및 교육만을 통해서는 영재성이 발현되지 않고, 유전적인 내적 특성들이 상호역동적으로 작용하여 영재성의 긍정적 혹은 부정적 발현에 영향을 미친다(김동일 외, 2019). 또한 영재성이 발현되기 위해서는 사회적인 다양한 요인들과 함께 상호작용해야 한다. 다양한 분야의 성공한 사람들에 대한 연구에서(Subotnik & Arnold, 1994) 이들은 어린 시절 가정과 가족구성원 간의 관계를 매우 중요하다고 인식하고 있음을 나타내었으며, 학교에서 제공되는 **영재성 판별**, **교육제공**, **교육과정 설계** 등의 과정은 학생들의 성취에 영향을 크게 미친다(김동일 외, 2019).

4) 소외된 영재

학습부진 영재, **장애영재** 등과 같이 영재교육원과 영재학급으로 지정된 기관에서 교육받는 영재들과는 다르게 경제적 문제, 인종, 장애, 성별 등으로 능력을 발휘하지 못하여 영재로 판별되지 않은 경우가 많다. 따라서 학습부진 영재, 장애영재에 대한 논의를 통해서 학교 현장에서 이들에게 능력을 발휘할 수 있도록 교육적 지원이 제공되어야 한다(김동일 외, 2010).

(1) 학습부진 영재(미성취 영재)

학습부진 영재의 원인은 가정의 무관심, 학대, 정서적 문제 등과 같은 다양한 요인이 있지만 가장 큰 원인은 **적절한 자극**을 제공하지 못하는 학교 프로그램이다(Hallahan & Kauffman, 2003). 영재의 학습부진을 예방하거나 이들을 교육적으로 지원하기 위한 방법은 이들이 학교의 프로그램에 흥미를 가질 수 있도록 충분히 **도전적인 과제**를 제공하는 것이다. 이를 위해 가족을 대상으로 한 상담에서 부모가 적극적으로 학습부진 영재의 교육에 참여하여 아이의 **자아존중감**을 높이고 방해요인을 인식하고 처치하는 방법을 익혀야 한다(김동일, 1999).

(2) 장애영재

장애를 가지고 있으면서도 영재성을 가진 학생을 **장애영재**라고 일컫는다(the gifted with disability)(김동일 외, 2010). 장애를 가지고 있으면서 영재성을 가지고 있는 학생들의 능력은 장애에 대한 일반적인 편견 때문에 간과되기 쉽다. 예를 들어 학습장애, ADHD(Attention deficit hyperactivity disorder)의 경우 높은 지능을 가지고 있어도 평가가 어렵기 때문에 능력을 정확히 측정하지 못할 수 있다(김동일 외, 2010). 또한 시각장애, 청각장애, 학습장애와 같은 특수성을 가지고 영재의 특성을 가진 학생들은 **이중 특수성**을 가지므로 보다 특별한 교육서비스가 필요한 특수교육대상자로 간주해야 한다(김동일, 1999). 이와 같은 특성을 가진 아동으로 영재성을 지니면서 동시에 학습장애를 가진 학습장애 영재, 발달장애 또는 자폐증 등의 장애와 영재성을 동시에 지니는 **서번트 신드롬**(Servant syndrome), **장애예술영재** 등이 있다.

토론 과제

1. 우리나라 특수교육대상자 중 학습장애 아동의 비율은 2001년부터 지속적으로 감소하고 있다. 반면 기초학력부진 아동의 수는 지속적인 증가를 나타내고 있다. 기초학력부진 학생들은 학습장애와 같이 특수교육서비스 대상자가 아니기 때문에 특수교육서비스와 같은 집중적인 지원을 받지 못하고 일반교육환경에서도 적절한 교육지원을 받지 못하고 있다. 이러한 교육사각지대에 있는 기초학력부진 학생을 지원할 수 있는 방법에 대하여 논의해 보자.
2. ADHD를 지닌 학생이 속한 반에서 수업을 진행할 때 교사가 어려움을 겪는 경우가 많다. 이때 이 학생을 위해 조금이라도 수업에 집중하고 과잉행동을 보이지 않게 할 수 있는 방법에는 어떤 것들이 있을지 논의해 보자.
3. 지적장애 아동에게 필요한 사회적 기술에는 어떠한 것들이 있으며, 이를 개발하기 위해서 어떤 방식으로 교수하는 것이 좋을지 논의해 보자.
4. 소외된 영재들에게 필요한 교육적 지원에 대하여 논의해 보자.

용어 설명

이중불일치 학생이 또래들과 비교하여 현저히 낮은 성취수준을 보이고, 동시에 낮은 진전도 향상률 수준을 보일 때 학습장애로 진단하는 것이다.

행동주의 사람 및 동물의 객관적 행동에 초점을 두며 자극과 반응에 의미를 부여한다. 행동은 환경 내의 자극에 대한 조건부여의 결과라고 본다.

안진 안구운동계에 이상이 생겨 안구가 원하는 위치에 머물러 있지 못하고 물체의 상이 중심 오목에서 벗어나 이를 교정하기 위해 안구운동이 나타나는 현상이다.

참고문헌

김동일(1999). **학습부진 영재아동**. 서울: 원미사.

김동일(2007). **ADHD 학교상담**. 서울: 학지사.

김동일, 고은영, 고혜정, 김우리, 박춘성, 손지영, 신재현, 연준모, 이기정, 이재호, 정광조, 지은, 최종근, 홍성두(2019). **특수교육의 이해**. 서울: 학지사.

김동일, 김계현, 김병석, 김봉환, 김창대, 김혜숙, 신종호(2002). **특수아동상담**. 서울: 학지사.

김동일, 박춘성, 홍성두(2007). 장애인 예술영재교육 기초연구. 한국문화예술교육진흥원 연구보고서.

김동일, 손승현, 전병운, 한경근(2010). **특수교육학개론: 장애 · 영재아동의 이해**. 서울: 학지사.

김동일, 이대식, 신종호(2016). **학습장애아동의 이해와 교육**(3판). 서울 학지사.

김소희(2005). 수학적 문제해결을 위한 중재전략에 관한 고찰: 학습장애 학생들을 중심으로. **학습장애연구**, 2, 65-91.

김현진(2006). 한국과 외국의 수학영재교육에 대한 비교연구: 기국, 중국, 싱가포르를 중심으로. 단국대학교 교육대학원 석사학위논문.

박성익, 조석희, 김홍원, 이지현, 윤여홍, 진석언, 한기순(2003). **영재교육학원론**. 서울:

교육과학사.

송종용(1999). 한글 읽기장애 아동의 작업기억 특성(Doctoral dissertation). 서울대학교 대학원 박사학위논문.

이대식, 최종근, 전윤희, 김연진(2007). 수학 기초학습부진학생 집단의 특징 연구. **아시아교육연구**, 8(1), 93-130.

이신동(2002). 장애영재의 이해와 교육적 중재. **발달장애학회지**, 6(2), 189-203.

전경원(2000). **영재교육학**. 서울: 학문사.

홍익희(2012). **학습장애아 에디슨**. 서울: 홍익인간.

American Psychiatric Association (2015). 정신질환의 진단 및 통계 편람(제5판). (권준수, 김재진, 남궁기, 박원명, 신민섭, 유범희, 윤진상, 이상익, 이승환, 이영식, 이헌정, 임효덕 역). 서울: 학지사. (원전은 2013년 출판).

Barkley, R. A., & Murphy, K. R. (1998). *Attention deficit hyperactivity disorder: A clinical workbook* (2nd ed.). New York: Guilford Press.

Barton, J. M., & Starnes, W. T. (1989). Identifying distinguishing characteristics of gifted and talented/learning disabled students. *Roeper Review, 12*, 23-29.

Bender, W. N. (1992). *Learning disabilities: Characteristics, identification, and teaching stratigies*. Needham Heights, MA: Allyn & Bacon.

Cawley, J. F., & Miller, J. H. (1989). Cross-sectional comparisons of the mathematical performance of children with learning disabilities: Are we on the right track toward comprehensive programming? *Journal of Learning Disabilities, 22*(4), 250-254.

Clark, G. (2002). Screening and identifying students talented in the visual arts: Clark's drawing ability test. *Gifted Child Quarterly, 33*(3), 98-105.

Cook, B. G., Landrum, T. J., Tankersley, M., & Kauffman, J. M. (2003). Bringing research to bear on practice: Effecting evidence-based instruction for students with emotional or behavioral disorders. *Education and Treatment of Children*, 345-361.

Davis, G. A., & Rimm, S. B. (1989). *Education of the gifted and talented (2nd ed.)*.

Englewood Cliffs, NJ: Prentice-Hall.

DeFries, J. C., Gillis, J. J., & Wadsworth, S. J. (1993). Genes and genders: A twin study of reading disability. *Dyslexia and development: Neurobiological aspects of extra-ordinary brains*, 187-204.

Eklund, K., Tanner, N., Stoll, K., & Anway, L. (2015). Identifying emotional and behavioral risk among gifted and nongifted children: A multi-gate, multi-informant approach. *School Psychology Quarterly, 30*(2), 197.

Fletcher, T. V., & Navarrete, L. A. (2003). Learning disabilities or difference: A critical look at issues associated with the misidentification and placement of Hispanic students in special education programs. *Rural Special Education Quarterly, 22*(4), 37-46.

Forness, S. R., Kavale, K. A., Blum, I. M., & Lloyd, J. W. (1997). Mega-analysis of meta-analyses. *Teaching exceptional children, 29*(6), 4.

Fuchs, L. S., & Fuchs, D. (2001). Principles for the prevention and intervention of mathematics difficulties. *Learning Disabilities Research & Practice, 16*(2), 85-95.

Fuchs, L. S., Fuchs, D., & Speece, D. L. (2002). Treatment validity as a unifying construct for identifying learning disabilities. *Learning Disability Quarterly, 25*(1), 33-45.

Graham, S., Harris, K. R., & Larsen, L. (2001). Prevention and intervention of writing difficulties for students with learning disabilities. *Learning Disabilities Research & Practice, 16*(2), 74-84.

Gresham, F. M., Lane, K. L., MacMillan, D. L., & Bocian, K. M. (1999). Social and academic profiles of externalizing and internalizing groups: Risk factors for emotional and behavioral disorders. *Behavioral Disorders, 24*(3), 231-245.

Haager, D., & Vaughn, S. (1997). Assessment of social competence in students with learning disabilities. *Issues in educating students with disabilities*, 129-152.

Hallahan, D. P., & Kauffman, J. M. (2003). *Exceptional Learner (9th edition)*. Boston: Allyn & Bacon.

Hallahan, D. P., & Kauffman, J. M. (2006). *Exceptional learners*. Boston: Allyn & Bacon.

Hallahan, D. P., Kauffman, J. M., & Lloyd, J. W. (1999). *Introduction to Learning Disabilities, 2nd Edition*. Boston: Allyn & Bacon.

Hallahan, D. P., Lloyd, J. W., Kauffman, J. M., Weiss, M. P., & Martinez, E. A. (2005). Learning disabilities: Foundations, characteristics, and effective teaching. *Boston, Person Education, 686*, 195-221.

Hawley, K. M., & Weisz, J. R. (2002). Increasing the relevance of evidence-based treatment review to practitioners and consumers. *Clinical Psychology: Science and Practice, 9*(2), 225-230.

Heller, K. A., Monks, F. J., Sternberg, R. J., & Subotnik, R. F. (Eds.) (2000). *International handbook of giftedness and talent (2nd)*. New York: Pergamon.

Heward, W. L. (2009). *Exceptional Children: An introduction to special education* (9th ed.). Upper Saddle River, NJ: Pearson.

Kauffman, J. M. (1997). *Characteristics of emotional and behavioral disorders of children and youth* (6th ed). Upper Saddle River, NJ: Prentice-Hall.

Kaufmann, F. A., Castellanos, F. X., & Rotatori, A. F. (1986). Counseling the gifted child. In A. F. Rotatori, P. J. Gerber, & F. W. Litton (Eds.), *Counseling exceptional students*. New York: Human Sciences Press.

Kavale, K. A., & Forness, S. R. (1995). Social skill deficits and training: A meta-analysis of the research in learning disabilities. *Advances in learning and behavioral disabilities, 9*, 119-160.

King, N. J., Heyne, D., & Ollendick, T. H. (2005). Cognitive-behavioral treatments for anxiety and phobic disorders in children and adolescents: A review. *Behavioral Disorders, 30*(3), 241-257.

Lehman, E., & Erdwins, C. (1981). The social and emotional adjustment of young intellectually gifted children. *Gifted Child Quarterly, 25*(3), 134-137.

Lewis, B. A., & Thompson, L. A. (1992). A study of developmental speech and language disorders in twins. *Journal of Speech, Language, and Hearing*

Research, 35(5), 1086-1094.

Marland, S. (1972). Education of the gifted and talented. Report to the Congress of the United States by the U.S. Commissioner of Education. Washington, DC: Government Printing Office.

Mathews, J. (1998, Jun 7). Across area, "gifted" has no clear-cut definition: School guidelines mystify many parents. *Washington Post*, pp. A1, A16.

Mayer, M., Lochman, J., & Van Acker, R. (2005). Introduction to the special issue: Cognitive-behavioral interventions with students with EBD. *Behavioral Disorders, 30*(3), 197-212.

Mercer, C. D., & Miller, S. P. (1992). Teaching students with learning problems in math to acquire, understand, and apply basic math facts. *Remedial and Special Education, 13*(3), 19-35.

Milgram, R. M., & Milgram, N. A. (1976). Creative thinking and creative performance in Israeli students. *Journal of educational psychology, 68*(3), 255.

Passow, A. H. (2004). The nature of giftedness and talent. *Gifted Child Querterly, 25*(1), 5-10. In 이정규 역 (2008). 영재성의 정의와 개념. 서울: 학지사.

Ramsey, E., CALVIN, R., & Walker, H. M. (1995). *Antisocial behaviour in school: Strategies and best practices*. Boston: Brooks.

Renzulli, J. S. (1978). What makes giftedness? Reexamining a definition. *Phi Delta Kappan, 60*(3), 180.

Renzulli, J. S., & Reis, S. (1998). The schoolwide enrichment model: A how-to guide for educational excellence (2nd). *Roeper Review, 20*(4). Creative Learning Press.

Rivera, D. M., & Bryant, B. R. (1992). Mathematics instruction for students with special needs. *Intervention in School and Clinic, 28*(2), 71-86.

Silverman, L. K. (1991). Familiy counseling. In N. Colangelo & G. A. Davis, *Handbook of gifted education*. (pp. 307-320). Boston, MA: Allyn & Bacon.

Subotnik, R. F., & Arnold, K. D. (1994). Longitudinal study of giftedness and talent. *Beyond Terman: Contemporary longitudinal studies of giftedness and talent*,

1-23.

Swanson, H. L. (1994). Short-term memory and working memory: Do both contribute to our understanding of academic achievement in children and adults with learning disabilities. *Journal of Learning disabilities, 27*(1), 34-50.

Torgesen, J. K. (2002). The prevention of reading difficulties. *Journal of school psychology, 40*(1), 7-26.

Useche, A. C., Sullivan, A. L., Merk, W., & Orobio de Castro, B. (2014). Relationships of aggression subtypes and peer status among aggressive boys in general education and emotional/behavioral disorder (EBD) classrooms. *Exceptionality, 22*(2), 111-128.

Vaughn, S., & Fuchs, L. S. (2003). Redefining learning disabilities as inadequate response to instruction: The promise and potential problems. *Learning disabilities research & practice, 18*(3), 137-146.

Walker, H. M., Kavanagh, K., Stiller, B., Golly, A., Severson, H. H., & Feil, E. G. (1998). First Step to Success: An early intervention approach for preventing school antisocial behavior. *Journal of Emotional and Behavioral Disorders, 6*, 66-80.

Weisz, J. R., & Hawley, K. M. (2002). Developmental factors in the treatment on adolescents. *Journal of consulting and clinical psychology, 70*(1), 21.

제 13 장

교사론과 미래 사회의 변화

학습목표

1. 교사론의 의미를 이해한다.
2. 교직관 및 교직윤리를 알 수 있다.
3. 교직 관련 이슈를 이해하고, 교직주기를 탐구하여 대처할 수 있는 방법을 이해한다.
4. 미래사회의 변화와 교직에 대한 변화를 이해한다.

위의 사진은 영화 〈죽은 시인의 사회〉(1989년 개봉)의 한 장면이다. 전통, 명예, 규율, 그리고 최고를 4대 원칙으로 한 전통 있고 보수적인 남학생 학교인 웰튼 고등학교에 새로운 국어선생님 키팅이 부임해 온다. 틀에 박히고 힘든 강의에 지쳐 가고 있던 학생들에게 키팅은 특별한 존재가 된다.

키팅 선생님은 여러모로 학교 기준에 맞지 않는 방식으로 수업을 진행한다. 이 학교를 졸업한 선배이기도 한 키팅은, 자기를 '오! 캡틴! 마이 캡틴!'(월트 휘트먼의 시 제목)이라고 부르게 하며, 교실을 벗어나 오래된, 지금은 사라진 선배들의 사진을 보여 주면서 카르페 디엠(라틴어: Carpe, carpe diem, 현재를 즐겨라. 너의 인생을 특별하게 만들어라.) 정신을 불어넣어 준다. 전통적인 방법으로 '시의 이해'라는 책 내용에 대해 강의하는 듯싶더니 갑자기 쓰레기 같은 이론이라면서 교과서의 그 페이지를 찢어 버리도록 하기도 한다. 또한 교탁에 올라서서 세상을 넓고 다양하게 바라보아야 한다고 말한다. 학생들은 독특한 그 강의 방식에 대해 이상하게 생각하면서도 끌리게 된다.

그러던 중, 한 학생이 오래전에 키팅 선생님이 학창시절 활동했던 '죽은 시인의 사회(Dead Poets Society)'라는 고전문학클럽에 대해 우연히 알게 되고, 자기들도 학교 근처 동굴에서 선생님처럼 같은 클럽 활동을 할 것을 제안하게 된다.

학생들은 그 클럽 활동을 하면서 다들 나름대로의 진정한 삶에 눈뜨게 되는데, 수줍은 전학생인 토드는 자신에게 숨겨진 능력을 발견하고, 찰리는 학교 신문에 여학생을 입학시키자는 불법적인 내용을 싣고는 문제가 되자 숨지 않고 공개적인 자리에서 교장선생님을 놀리다가 징계를 당한다. 녹스는 크리스라는 여학생을 우연히 알게 되어 사랑에 빠지면서 시를 만들고 학급에서 칭찬을 듣고 그 시로 여학생에게 고백한다. 닐은 의사가 되어야 한다는 엄격한 아버지의 꿈에 힘들어 하다가 우연히 셰익스피어의 〈한여름밤의 꿈〉 주연을 맡으면서 자신의 자질과 능력을 발휘하는데, 결국 아버지의 허락 없이 시작한 연극 활동을 알게 된 아버지의 호된 꾸지람과 군사학교, 하버드 대학교를 나와 의사가 되라는 강요에 슬퍼하며 아버지의 총으로 자살하게 된다.

닐이 자살한 원인이 키팅에게 있다고 믿는 닐의 부모와 학생의 자살에 대한 희생양이 필요했던 학교는 키팅을 제물로 삼아 사건을 수습하려 한다. 결국 자기 자식들의 이익만 생각하는 부모님들과 책임회피에 혈안이 된 학교 측의 합의로 그는 학교를 떠나게 된다. 키팅이 떠나는 날, 그 대신 수업을 맡게 된 놀란 교장은 '시의 이해'를 가르친다. 수업 도중 자신의 물품을 찾아 교실에 들어온 키팅 선생님에게 학생들은 자기들을 위해 진정한 교육을 선사했던 선생님의 마지막 모습에 하나둘 책상을 밟고 올라서서 경의를 표하게 된다(위키백과).

이 영화에 대한 평가를 하기 위해서는 교사는 무엇인가를 이해하여야 할 것이다. 이 장은 독자의 교사에 대한 이해를 돕는 것이 목적이다. 이 장에서는 교직의 의미, 교직관, 교직의 전문성과 교직윤리, 교직 관련 이슈, 교직주기, 미래 사회 변화와 교직에 대해 다룬다.

1. 교사론은 무엇인가

교육에서 교사의 역할은 절대적인 영향을 미친다. 교육의 질은 교사의 질을 넘을 수 없다는 격언은 이를 방증하고 있다. 학창시절을 떠올리면, 좋은 기억 또는 그렇지 않은 기억으로 남는 교사가 있을 것이다. 교직을 선택했다면 좋은 기억을 학생에게 줄 수 있는 교사의 모습을 상상하면서 교직과정을 이수하는데, 교사론은 바로 이러한 교사의 모습을 교사를 준비하는 학생들에게 알려 주기 위한 목적으로 저술하였다. 교사론을 통하여 예비교사들이 교사로서의 자세와 바람직한 교사상을 갖기를 바란다. 또한 사회의 변화와 함께 변화하는 교사의 모습을 알고 대처할 수 있는 자세를 갖도록 한다.

교직 현장에서는 신학기에 어떠한 자세로 학생을 대하여야 하며, 어떻게 교직을 수행하여야 할지를 알기 위해서는 교직의 의미, 교직관, 교직의 전문성과 교직윤리, 교직 관련 이슈, 교직주기, 미래 사회 변화와 교직의 변화를 이해하여야 할 것이다.

2. 교직의 의미

전통적으로 교직은 성(誠)이나 경(敬)과 같은 인격적 조건이 크게 강조되어 왔다. 이러한 이유는 교육이 인격적 완성을 강조하던 시대의 유산이었기 때문이다. 오늘날은 학교교육의 수준에 따라 다소 다른 교사 자질이 요구된다. 유아의 경우 부모와 같은 돌봄의 기능이 중시되는 반면, 초등, 중등 수준에서는 인격적 통합과 높은 지식과 기술이 요구될 것이다.

교직은 인간을 대상으로 하는 직업이다. 그런데 교사가 상대하는 인간은 미성숙할 뿐만 아니라, 낮은 수준의 인지능력을 가진 경우가 많다. 교직은 미성숙한 인간인 아동 또는 청소년을 다루어야 하며, 이들의 발전을 이루어야 한다. 따라서 교사에게 필요한 능력은 여러 가지가 있다. 인성, 전문성 헌신 등 여러 자질을 필요로 하며, 교직을 보는 관점에 따라 성직자, 전문가, 노동자 등에 따라 각기 다른 능력을 요구하고 있고, 이와 함께 고도의 윤리의식이 동반되는 특징이 있다.

'교육의 질은 교사의 질을 넘지 못한다' 는 의미는 결국 질 높은 교육의 출발은 질 높은 교사에게서 시작된다는 것이다. 따라서 교사의 역할이 중요한데, 전통적인 교육관에서는 교육의 주도권이 교사에게 있다는 생각을 반영한 것이며, 최근의 경향은 학생의 학습을 중요시하여 교사의 조력자적 역할을 중요하게 여기는 경향이 있지만, 그렇다고 교사의 중요성이 예전에 비해 덜하다는 의미는 아니다. 교사의 중요성은 시대의 변화에도 불구하고 변함이 없다.

교사의 중요성은 무엇보다도 학생에게 직접적인 영향을 미칠 수 있기 때문이다. 따라서 다양한 자질이 필요한데, 교사에게 필요한 자질을 살펴보면 다음과 같다.

- 학생에 대한 배려, 이해, 사랑이 필요하다.
- 교육에 필요한 전문지식과 교수기술이 필요하다.
- 올바른 윤리의식과 철학을 지니고 있어야 한다.
- 시대의 변화를 알고, 지역사회와 협력 할 수 있고, 이를 교육에 실천할 수 있는 능동성이 있어야 한다.

이상의 능력이 필요하지만, 일반인들은 좋은 교사는 어렵고 힘든 상황에서도 학생을 위해 헌신하는 모습을 보인다고 인식하는 경향이 있다. 따라서 일반인들이 기대하는 모습도 보여 줄 필요가 있는데, 이러한 헌신을 위해서는 교사의 열정만으로는 한계가 있으며, 앞서 제시한 자질이 있어야 학생을 올바르게 지도할 수 있을 것이다. 따라서 교직을 준비하는 예비교사는 인성, 전문성, 학생을 위한 헌신 등의 다양한 능력 신장을 위해 노력하여야 한다.

3. 교직관

교직이 어떠한 의미를 가지는지를 파악하는 바에 따라 교직에 대한 주관과 태도가 달라질 것이다. 가령 교직을 다음에 제시한 관점들 중에서 성직관으로 볼 것인가, 노동직관으로 볼 것인가에 따라 교사를 대하는 학부모의 태도가 달라질 수 있을 뿐만 아니라, 교사들이 동료 교사를 대할 때, 또는 교사가 스스로를 되돌아볼 때 각각 다른 의미 부여를 할 것이다. 이렇게 각각 다른 관점을 제시하는 **교직관**은 세 가지로 보는 시각이 대표적인데, 성직자관, 전문직관, 노동직관의 세 가지 관점이 있다.

첫째, **성직자관**이다. 서양의 경우 오랜 기간, 성직자가 교사의 역할을 하였고, 동양의 경우도 군사부일체로 스승을 부모급으로 대한 것으로 볼 때, 교직을 성직으로 보는 관점은 매우 오래된 관점일 뿐만 아니라, 우리 사회에도 아직 견고하게 남아 있는 관점이다. 그러나 최근에는 교직을 성직으로 보는 관점이 약해지는 추세이다.

성직자들이 세속적인 삶과는 다른 삶을 살면서, 금전적, 경제적 보상 등과는 무관한 삶을 사는 것처럼 교직도 세속적이지 않은 정신세계인 사랑, 헌신, 봉사 등을 강조한다. 이러한 점에서 교직을 성직자 관점으로 보는 것은 타당해 보인다.

둘째, **전문직관**이다. 교직을 전문가로 보는 관점이다. 교직을 수행하기 위해서는 다양한 전문성을 요하며, 전문가 집단의 준거가 되는 직능단체가 존재한다는 점에서 전문직관으로 보는 시각이 있다. 전문직관은 교직을 수행하기 위해서 다양한 전문가적 능력이 필요한 점에서 광범위하게 지지받는 관점이다.

교직의 전문직관과 관련된 가장 중요한 전문성은 학생지도에 대한 것이다. 학생을 잘 지도하기 위해서는 전공에 대한 지식뿐만 아니라, 연수, 연구 등 현직활동도 활발히 하여야 한다. 이와 더불어 엄격한 윤리강령이 있으며, 이의 준수가 요구되고 있다.

셋째, **노동직관**이다. 교사가 임금을 받고 노동조합을 결성하는 점에서 노동직관으로 교직을 바라보는 관점도 타당한 관점으로 볼 수 있다.

노동자들이 노동조합을 결성하고, 근무조건, 임금 등의 개선을 위해 단결권, 단체교섭권, 단체행동권을 행사할 수 있다. 교직은 이 중 파업과 관련된 단체행동권은 제한되어 있지만, 대부분의 다른 나라에서도 교직의 파업은 인정치 않고 있다는 점을 고려할 때, 교직을 노동직관으로 보는 시각도 타당하다.

이상의 세 가지 관점은 교직을 바라보는 대표적인 관점이며, 이외에 공직자관(교직은 주로 공적인 업무를 수행함), 서비스관(학생 및 학부모, 지역사회에 대한 서비스) 등의 관점이 있으나, 이 책에서는 가장 대표적인 세 가지 교직관을 중심으로 논의하였다.

4. 교직의 전문성과 교직윤리

1) 교직의 전문성

교직은 장기간의 준비기간, 높은 지적 능력, 봉사성, 윤리강령, 전문직 단체 결성 등의 특징을 지녔다. 이러한 특징은 모든 전문직에서 나타나는 특징이며, 따라서 교직의 중요한 성격은 전문성으로 볼 수 있다.

교직에서는 다음과 같은 전문적인 능력을 길러야 한다.

첫째, 교과내용과 관련된 전문성이 있어야 한다. 이에는 교과목에 대한 지식뿐만 아니라 일반교양, 교직과목에 대한 지식도 포함된다.

둘째, 학생의 발달을 이해하는 전문성이 있어야 한다. 인간발달 이론뿐만 아니라, 신체적 발달, 인지적 발달, 정서적 발달과 그에 따른 각 발달 시기별 특성을 이해하여 학생을 지도할 수 있는 능력이 있어야 한다.

셋째, 수업기술에 대한 전문성이 있어야 한다. 좋은 수업을 위해서는, 학습상황 조성, 교육내용의 조직, 지식전달기술, 평가기술 등이 필요하다.

넷째, 사회의 변화에 능동적으로 대응하는 전문성이 있어야 한다. 과거, 현재, 미래는 각기 다른 양태로 전개될 것이며, 학생과 학교의 특성 또한 사회의 변화와 함께 변화가 있을 것이다. 이러한 변화에 능동적으로 대처하는 자세는 성공적인 교직과 직접적인 관련이 있을 것이다.

2) 교직윤리

교직은 인격적으로 미성숙한 학생을 대상으로 하기 때문에 다른 직업보다 엄격한 윤리의식을 필요로 한다. 교직에 대한 높은 윤리의식은 사회 일각의 교직에 대한 비난의 기준이 되는데, 교직이 지닌 윤리의식을 살펴보아야 교직에 대한 사회적 비난의 실체를 이해할 수 있을 것이다.

캐츠(Katz, 1972)는 직업의 특성상 발생할 수 있는 여러 가지 종류의 유혹을 잘 다루는 기준을 세울 수 있도록 도와주는 것이 '윤리강령'이라고 정의하였다. 전문직으로 분류할 수 있는 직군은 자체적으로 윤리헌장을 가지고 있고, 엄격한 윤리의식을 요구하는데, 교직도 예외는 아니다. 교직윤리의 가장 중요한 점은 교육의 3주체인 학생, 동료교사, 학부모에 대한 윤리이고, 이외에 학교조직, 교직공동체, 국가 및 사회에 대한 윤리로 나누어 볼 수 있다(이윤식, 2007). 교직윤리를 세 가지 부분으로 나누어서 살펴보면 다음과 같다.

첫째, 가장 중요한 윤리로 교육의 3주체인 학생, 동료교사, 학부모에 대한 윤리를 들 수 있다. 교사는 학생의 인권을 존중하고 사랑으로 대하여야 한다. 학교라는 교육공동체를 공유하는 동료교사를 존중하고, 견해차를 해소할 수 있는 자세와 관용의 자세를 보여야 한다. 학부모와 교사는 학생지도를 위해 항상 긴밀히 협조하여야 한다는 점이 윤리의식으로 중요하다. 학부모는 학생 보호의 일차적인 주체일 뿐만 아니라, 교사와 상호 협력적인 관계 속에서 학생을 지도하여야 한다는 점에서 학생교육과 관련된 정보를 공유할 필요성이 있다. 초임교사가 가장 어려워하는 점이 학부모와의 관계 형성인데, 학부모를 학생지도의 동반자로 인식하여야 할 것이다. 때로는 학부모가 가지고 있는 교육관이 바람직하지 못할 경우도 있지만, 인내와 관용의 자세로 학부모를 인도하여 할 것이다.

둘째, 학교조직 및 교육공동체에 대한 윤리이다. 교직사회에서 일어나는 하나의 사건도 전체 교직에 대한 비판의 재료가 되기 때문에 전체 조직에 피해가 가지 않도록 하여야 한다. 또한 교직에 종사한다면 교직공동체의 일원이라는 의식을 가지고 교직사회 발전에 이바지하여야 한다.

셋째, 개인, 사회, 국가에 대한 윤리를 들 수 있다. 교직 구성원은 학교와 지역사회에 우호적이고 협조적으로 연결시키는 원동력이고 국가발전의 선도자라는 점을 알아야 한다. 따라서 교직 구성원은 지역사회의 발전을 위해 상호 협력하여야 하고, 국가 발전을 위하여 노력하여야 한다. 이러한 노력을 위해서는 먼저 교직 전문성을 높여야 하는데, 교직 전문성을 높이기 위한 현직연수나 대학원 진학 등의 노력을 하여야 하며, 변화하는 사회에 대해 열린 마음으로 교양을 쌓아야 할 것이다.

사회에서 바라는 교직의 높은 윤리의식을 반영하여, 사도헌장과 사도강령 및 교직윤리헌장을 제정하고 시행하고 있다. 주요한 내용은 〈표 13-1〉, 〈표 13-2〉, 〈표 13-3〉과 같다.

표 13-1 사도헌장(1982년 5월 15일 제정)

오늘의 교육은 개인의 성장과 사회의 발전과 내일의 국운을 좌우한다. 우리는 국민 교육의 수임자로서 존경받는 선도자임을 자각한다. 이에 긍지와 사명을 새로이 명심하고 스승의 길을 밝힌다.

1. 우리는 제자를 사랑하고 개성을 존중하며 한마음 한뜻으로 명랑한 학풍을 조성한다.
1. 우리는 폭넓은 교양과 부단한 연찬으로 교직의 전문성을 높여 국민의 사표가 된다.
1. 우리는 원대하고 치밀한 교육 계획의 수립과 성실한 실천으로 맡은 바 책임을 완수한다.
1. 우리는 서로 협동하여 교육의 자주 혁신과 교육자의 지위 향상에 적극 노력한다.
1. 우리는 가정교육 · 사회교육과의 유대를 강화하여 복지국가 건설에 공헌한다.

표 13-2 사도강령

민주 국가의 주인은 국민이므로 나라의 주인답게 길러 내는 교육은 가장 중대한 국가적 과업이다.

우리 겨레가 오랜 역사와 찬란한 문화를 계승 · 발전시키며, 선진제국과 어깨를 나란히 하여 인류 복지증진에 주도적으로 기여하려면, 무엇보다도 문화 국민으로서의 의식 개혁과 미래 사회에 대비한 창의적이고 자주적인 인간 육성에 온 힘을 기울여야 한다.

그러기 위하여 우리 교육자는 국가 발전과 민족 중흥의 선도자로서의 사명과 긍지를 지니고, 교육을 통하여 국민 각자의 능력을 최대한으로 계발하여 개인의 자아실현과 국력의 신장, 그리고 민족의 번영에 열과 성을 다하여야 한다.

또한 교육자의 품성과 언행이 학생의 성장 발달을 좌우할 뿐만 아니라 국민 윤리 재건의 관건이 된다는 사실을 명심하고 사랑과 봉사, 정직과 성실, 청렴과 품위, 준법과 질서에 바탕을 둔 사도 확립에 우리 스스로 헌신하여야 한다.

이러한 우리의 뜻은 교직에 종사하는 모든 교육자가 공동체 의식을 가지고 노력하여야만 이루어질 수 있다는 것을 인식하고 사도헌장 제정에 때맞추어 우리의 행동 지표인 현행 교원 윤리강령을 사도강령으로 개정하여 이를 실천함으로써 국민의 사표가 될 것을 다짐한다. (이하 생략)

표 13-3 교직윤리헌장

우리는 교육이 인간의 가치와 존엄성을 높이며, 개인의 성장과 자아실현은 물론 국가와 민족의 미래에 중대한 영향을 준다는 사실을 명심하고, 국민으로부터 부여받은 교육자의 책무를 다하기 위해 최선을 다한다. 우리는 균형 있는 지 · 덕 · 체 교육을 통하여 미래 사회를 열어 갈 창조정신과 세계를 향한 진취적 기상을 길러 줌으로써, 학생을 학부모의 자랑스런 자녀요 더불어 사는 민주 사회의 주인으로 성장하게 한다. 우리는 교육자의 품성과 언행이 학생의 인격 형성을 좌우할 뿐만 아니라 사회 전반의 윤리적 지표가 된다는 사실을 깊이 인식하고, 윤리성과 전문성을 높이기 위해 노력한다. 이에 우리 모두의 의지를 모아 교직의 윤리를 밝히고, 사랑과 정직과 성실에 바탕을 둔 교육자의 길을 걷는다. (이하 생략)

이와 함께 최근에는 학생 인권이 중요한 문제로 부각되는데, 학생인권조례는 교육과정에서 학생의 인권을 보장하기 위한 조례로서 각 시 · 도 교육청별로 제정하여 운영하고 있다.

2010년 10월 5일 경기도교육청에서 처음 공포해 해당 지역 학교에서 시행했다. 2011년 10월 5일 광주광역시, 2012년 1월 26일 서울특별시, 2013년 7월 12일에는 전라북도교육청이 공포해 시행 중이며, 교육청별로 학생인권조례를 제정하지 않은 곳도 존재한다.

학생인권조례는 차별받지 않을 권리, 폭력 및 위험으로부터의 자유, 교육에 관한 권리, 사생활의 비밀과 자유 및 정보의 권리, 양심과 종교의 자유 및 표현의 자유, 자치 및 참여의 권리, 복지에 관한 권리, 징계 등 절차에서의 권리, 권리침해로부터 보호받을 권리, 소수자 학생의 권리 보장 등으로 구성되어 있다.

5. 교직 관련 이슈

1) 교육정책의 변화

인류는 다양한 혁명적인 변화를 겪었고, 향후에도 이러한 변화를 겪을 것이다. 이러한 변화에 적응하기 위해서 교직에서 지금까지도 변경된 다양한 정책들과 모형들이 도입되고 있다.

지금까지 도입되거나 시행된 정책들은 완전학습, 열린 교육, 인성교육, 창의인성교육, 융합교육 등 다양한 형태로 이루어지고 있다. 이처럼 다양한 정책의 변화는 정치적인 이유와 시대적인 이유 때문으로 볼 수 있다. 교직에 종사하면서 다양한 정책의 변화가 있을 것인데, 이는 시대적, 정치적 상황을 반영한 것으로 받아들일 수 있을 것이다.

이러한 정책적인 변화가 바람직한가 그렇지 않은가는 교직에 종사하는 개인의 신념에 따라 다르겠지만, 사회의 변화를 이해하고 이에 걸맞은 교육을 준비하는 자세를 계속적으로 견지할 필요가 있다.

2) 학습자 변화

지금의 학생은 과거 예비교사의 학창시절과 비교하여 매우 이질적이라는 이야기들을 한다. 지금의 학생은 과거의 학생에 비하여 개별화되었으며, 이기적이고, 협동심을 모른다는 의미가 주류를 이루고 있다. 실제 지금의 학생은 과거의 학생들과는 다르며, 앞으로의 학생은 현재의 학생과 또 다른 모습이 될 것이다. 이러한 변화는 학생에게만 일어나는 것이 아니라, 사회 전반의 변화 양상이기도 하다. 따라서 학생은 계속적으로 바뀔 것이며, 변화의 영속선위의 현재 학생이 지금의 학생이 될 것이다.

현재의 학교 모습은 산업혁명 시기의 체제에 의해 탄생되었다는 점을 고려한다면, 과거보다 적응하지 못하는 학생이 증가하였다는 점은 자연스러운 현상일 것이다. 현재의 학습자는 개별적이며, 외동아이의 특징을 갖고 있고, 부모의 지나친 관심을 받는데다가, 입시위주의 교육 풍토에 지쳐 있을 가능성이 높다.

이러한 학습자의 특징을 이해하고, 학습자의 변화에 능동적으로 대처하는 교사는 학생의 관심과 사랑을 받을 수 있을 것이다. 따라서 교직을 원활히 수행하기 위해서는 학생의 변화에 주목할 필요가 있다.

3) 교실붕괴

교실붕괴라는 개념은 교사가 설 자리가 없어진 교실을 의미한다. 90년대 후반부터 사용되기 시작한 용어로 '공교육 붕괴'라고도 불리는데, 교실붕괴라는 용어를 더 많이 사용하고 있다. 교직을 준비하는 학생들은 교실붕괴라는 용어가 갖는 의미를 쉽게 유추해 볼 수 있을 것이다.

교실붕괴의 원인은 여러 가지가 있지만, 대체적으로 입시위주의 교육, 집단위주의 학교문화 등에 기인하고 있다. 이러한 원인으로 학생 중 일부가 교사의 지시 등에 순응하지 못하고, 수업시간에 원하는 교육목표를 도달하지 못하는 현상을 빚기도 한다.

이러한 현실에 직면한 교사는 교수방법, 학습자와의 친밀함, 개인상담의 방법을 활용하여 학생을 이해하는 자세를 가져야 교직 소진을 경험하지 않을 것이다. 교실붕괴의 일차적인 책임은 교사에게 있다는 인식을 가지고 학생의 학습을 도와야 교실붕괴를 막을 수 있을 것이다.

또한 학교교육에 대한 학부모의 지나친 관여도 교실붕괴를 유발하는 요인으로 작용하는데, 교사의 전문성을 높여서 학부모를 이해시키고, 학생지도의 전문성을 높이는 자세로 극복하여야 할 것이다.

4) 학교평가 및 교원평가

학교평가는 1995년 '신교육체제 수립을 위한 교육개혁방안'에서 학교교육의 질적 향상과 책무성 이행을 위한 목적으로 도입되었다. 1997년부터 2011년까지 교육청이 주관하여 학교평가를 시행하는데, 학교평가에 대한 시·도교육청의 자율성이 법적으로 보장된 2012년부터 외부 평가를 폐지하고 교육공동체의 참여·소통·협력을 바탕으로 한 학교자체평가를 1년 주기로 전면시행하고 있다. 유치원평가는 학교평가의 연장선이지만, 3년 단위 주기별로 평가한다는 점에서 차이가 있다.

교원평가는 학교 구성원인 교사를 대상으로 교사의 전문성을 증진시키고 책무성을 강화하기 위하여 업무수행에 대한 체계적인 정보와 피드백을 제공하여 교사의 질을 관리하는 것이다.

학교자체평가는 '학교가 학교교육활동을 스스로 평가한다'는 뜻으로, 그 개념은 교육학자마다 다양하게 정의하고 있으나, 학교교육과정 운영의 기본 매커니즘인 '계획–실천–평가–환류'라는 관점에서 생각하면, 학교자체평가는 '학교 혁신과 발전을 위하여 학교구성원들이 자율성과 책무성을 갖고 평가의 주체로서 학교교육의 전반을 확인하고 반성하는 실천적 교육활동'이다.

이러한 학교평가 또는 교원평가는 주어진 지표에 따라 평가를 실시하고 있는데, 학교평가 또는 교원평가 과정에서 갈등이 유발되는 경우가 있으며, 평가결과에 따라 인센티브 등의 차등이 주어진다. 그러나 평가과정에서의 갈등을 최소화하기 위해서는 지표의 성격에 맞는 평가가 이루어져야 하며, 평가의 본질적인 목적이 차등적인 대우에 있기보다는 발전을 위한 방안 마련, 교원의 자기개발에 있기 때문에, 평가결과를 반영한 발전방안에 초점을 두어 갈등을 최소화하여야 할 것이다.

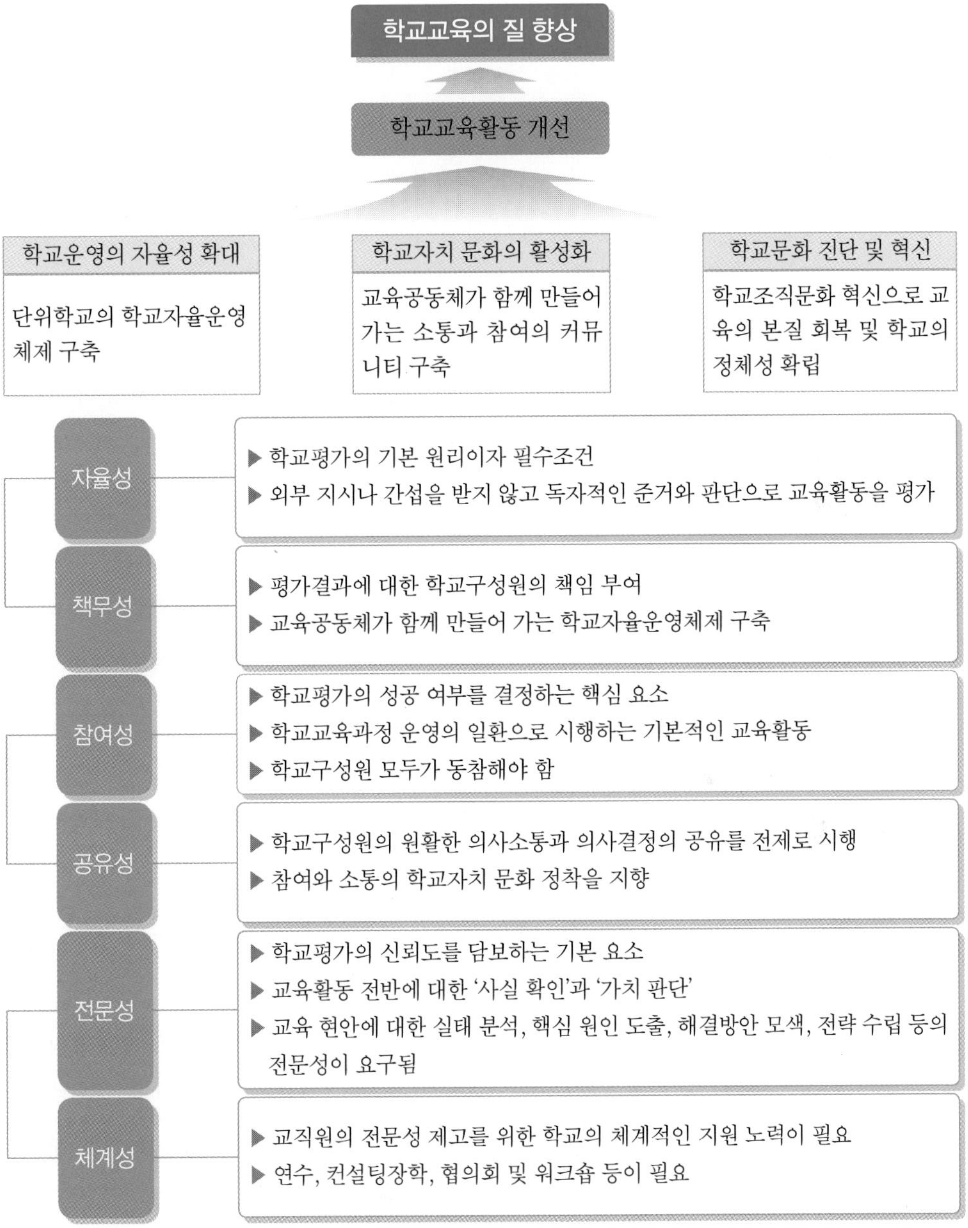

학교교육의 질 향상

학교교육활동 개선

학교운영의 자율성 확대	학교자치 문화의 활성화	학교문화 진단 및 혁신
단위학교의 학교자율운영 체제 구축	교육공동체가 함께 만들어 가는 소통과 참여의 커뮤니티 구축	학교조직문화 혁신으로 교육의 본질 회복 및 학교의 정체성 확립

자율성
- ▶ 학교평가의 기본 원리이자 필수조건
- ▶ 외부 지시나 간섭을 받지 않고 독자적인 준거와 판단으로 교육활동을 평가

책무성
- ▶ 평가결과에 대한 학교구성원의 책임 부여
- ▶ 교육공동체가 함께 만들어 가는 학교자율운영체제 구축

참여성
- ▶ 학교평가의 성공 여부를 결정하는 핵심 요소
- ▶ 학교교육과정 운영의 일환으로 시행하는 기본적인 교육활동
- ▶ 학교구성원 모두가 동참해야 함

공유성
- ▶ 학교구성원의 원활한 의사소통과 의사결정의 공유를 전제로 시행
- ▶ 참여와 소통의 학교자치 문화 정착을 지향

전문성
- ▶ 학교평가의 신뢰도를 담보하는 기본 요소
- ▶ 교육활동 전반에 대한 '사실 확인'과 '가치 판단'
- ▶ 교육 현안에 대한 실태 분석, 핵심 원인 도출, 해결방안 모색, 전략 수립 등의 전문성이 요구됨

체계성
- ▶ 교직원의 전문성 제고를 위한 학교의 체계적인 지원 노력이 필요
- ▶ 연수, 컨설팅장학, 협의회 및 워크숍 등이 필요

그림 13-1 학교평가의 목표와 원리

6. 교직주기

교직에 입문하는 교사는 시간이 지남에 따라 다양한 변화를 경험한다. 교직생활의 전체 기간을 통하여 다양한 영역에서 가치관, 신념, 태도, 지식, 기능 등의 많은 변화가 일어나는데 이를 **교직주기** 또는 교직발달로 부른다.

연구자마다 각기 다른 교직주기를 제시하고 있는데, 페슬러(Fessler, 1985)는 대학에서 교사가 되기 위한 준비를 하는 교직준비-교직입문-능력구축-열중과 성장-좌절-안전과 침체-교직쇠퇴-교직퇴직의 순으로 주기를 제시하고 있고, 권건일(2007)은 교직입문과 동시에 생존단계-강화단계-갱신단계-성숙단계의 4단계로 보고 있다.

다양한 교직주기에 대한 연구가 있으며, 이를 분류하는 방법도 다양하고, 교직에 입문하는 교사들의 변화도 다양하지만, 그동안의 연구를 종합하면 다음과 같은 교직주기를 보임을 알 수 있다.

첫째, **교직준비기**이다. 이 시기는 교사가 되기 위한 준비기로서, 교사교육을 받는 시기이다. 사범대학, 교육대학, 교직과정, 전문대학 유아교육과 등 다양한 교사양성과정이 존재하며. 대부분의 경우 3~4년의 교육을 필요로 하고, 일정 자격을 갖추어야 교사자격이 부여된다. 또한 임용고시 준비 또는 사립학교 취업 등으로 교사가 되기 위해 노력하는 단계이다.

둘째, **교직입문단계**이다. 이 시기는 교사로 임용되어 교직에 적응할 뿐만 아니라, 교직에서 성공적으로 적응하고자 하는 노력을 기울이는 시기이다. 이 시기는 교사로서 자기 자신의 생존에 관심을 갖고 있으며, 동시에 염려, 불안, 지식과 경험의 부족에 의한 융통성 및 대처능력의 결여를 보인다. 하지만 가장 열정적으로 교직에 임하는 시기다.

셋째, **교직강화단계**이다. 교사로서의 능력을 발휘할 뿐만 아니라, 부족한 부분을 찾아서 새로 익히며, 동료교사와의 상호작용 등으로 능력을 키우는 단계이다. 이 시기에 대학원 진학이나 현직연수 등을 통하여 자신의 능력을 키울 수 있을 것이다.

넷째, **교직좌절기**이다. 이 시기는 교사로서 자리를 잡았지만, 자신이 하는 똑같은 일에 대한 회의와 싫증을 느끼는 단계이다. 이 시기는 학교 안보다는 학교 밖 활동을 통하여 반복되는 지루함을 극복할 수 있을 것이다.

다섯째, **교직 쇠퇴 및 퇴직기**이다. 이 시기는 교직을 떠날 준비를 하고, 실제 퇴직을 맞이하는 단계이다. 이 시기에 교사는 자신을 스스로 교사로 인정하는 성숙함을 보이고, 또한 교육에 관한 학문적 이론을 접하는 등 자신의 능력에 대한 적용을 한다. 이후에 교직퇴직을 위한 준비를 한다.

7. 미래 사회 변화와 교직

현재의 교직은 예전과는 다른 다양한 요구를 하고 있다. 그중 대표적인 것이 4차 산업혁명과 교육에 대한 요구일 것이다. 교직에 거는 기대 또는 요구는 시대별로 다른 양상을 보이고 있는 것이 주지의 사실이다. 산업혁명 시대에 교사에게 거는 기대와 4차 산업혁명으로 대표되는 지금 시점에서 교직에 거는 기대는 많은 차이가 있을 뿐만 아니라, 각 시기별로 교사에게 거는 기대도 달랐다.

산업혁명 시대에 교사에게 거는 기대는 산업혁명이 지닌 의미와 같았다. 대량생산 및 지식의 주입이 교사에게 거는 기대였다면, 현재에 교사에게 기대되는 의미는 과거와 다르다. 이러한 변화는 교육과정의 변화와도 맥을 같이하고 있다.

교육과정 개정은 변화하는 시대적 요구를 교육적으로 수용하기 위한 방법으로 시행되었는데, 7차 교육과정 이후에 수시 개정 체계를 갖추고 교육과정의 변화를 겪고 있다.

4차 산업혁명(The fourth industrial revolution)이란 독일에서 행정부를 중심으로, 기업, 노동조합, 대학이 제휴(coalition)하여야 미래 사회를 선도할 수 있다고 하여 처음으로 제안한 용어이다. 다보스 포럼에서 슈왑(Schwab, 2016)은 4차 산업혁명 개념이란 이전의 개념과 다른 변화가 나타나서, 인공지능, 로봇, 모바일, 사물인터넷 등 현재 주목받는 과학기술의 융합으로 나타나는 변화로 설명하였는데, 이미 우리 교육 현장은 4차 산업혁명을 교육에 적용하기 위하여 융합교육(STEAM) 등을 도입하고 창의성 교육을 강조하고 있다.

이러한 패러다임의 변화에서 주목할 부분이 있다. 이는 패러다임의 변화에 적응하는 유기체는 이니셔티브를 장악하지만, 그렇지 못한 존재는 도태되고 만다는 점이다. 이는 자연선택에 기반한 진화의 여정 중 하나일 것이다. 이러한 변화에 교사는 능동적으로 대처하여야 하는데, 사회의 변화는 교직을 수행하는 기간 내내 나타나며, 이러한 변화에 능동적으로 대처하는 교사는 변화의 주도권을 가지게 될 것이다.

성태제(2017)는 “시민적 책무성이 강조되는 제4차 산업혁명시대에는 사랑과 평화, 정의와 평등, 희생과 봉사, 정직과 성실, 용서와 화해, 시민정신, 배려와 관용, 자연과 생태계 보호에 대한 인식이 요구된다. 특히 클라우드 환경에서의 평생교육을 추구하는 탐구적이며 창조적인 자율인을 강조하고 있다. 교육에 대한 기본 인식의 변화와 더불어 4차 산업혁명의 특징이 융합과 초유기 체제이듯이 교육과정, 교수-학습, 평가가 클라우드 환경과 사이버 공간에서 초유기적인 관계를 맺어야 하며 패러다임의 변화가 이루어져야 한다. 교수-학습은 놀이로서 진행되고 있으며 평가는 게임을 통하여 이루어지고 있고 때로는 협력으로 학습과 평가도 이루어지고 있기 때문이다.”라는 진단을 하였는데, 이미 2015 개정교육과정에 미래 사회 핵심역량이 포함되어 운영 중에 있다. 예를 들면, 자기관리, 지식정보처리, 창의적 사고, 심미적 사고, 의사소통, 공동체 의식 등이다.

예전에는 교육의 중심이 교사였다면, 현재 그리고 미래에는 교육의 중심이 학생이 되고 있다는 점도 변화의 양상 중 하나이다. 이러한 환경에서 각광받는 수업방법이 플립 러닝, K-MOOC(Korea-Massive, Open, Online, Course: 한국형 온라인 공개강좌), **융합교육** 등이다. 교직에 입문한 이후 나타나는 이와 같은 변화에 능동적으로 참여하여 시대를 아우를 수 있는 능력을 겸비하여야 변화하는 미래의 주도권을 가질 수 있을 것이다.

토론 과제

1. 교직에 어떠한 의미를 두고 입문하여야 할지 토의해 보자.
2. 자신의 관점과 맞는 교직관은 성직자관, 전문직관, 노동직관 중 어떤 것인지 각자의 생각을 토의해 보자.
3. 교직윤리(교권)와 학생 인권이 충돌이 나는 경우를 예를 들어 보고 해결책을 제시해 보자.
4. 교직주기 중 첫 단계인 교직준비기에 중요하게 다루어야 할 내용이 무엇인지 토의해 보자.
5. 미래 사회의 변화에 적응하는 교직의 모습은 어떤 것이 되어야 할지 토의해 보자.

용어 설명

학교평가 유치원, 초·중등학교, 대학교를 비롯한 모든 교육기관은 평가를 실시하고 있다. 학교평가는 종합평가와 상시평가로 구분하며, 종합평가는 3년마다, 상시평가는 종합평가를 실시하지 않는 해에 실시한다. 상시평가는 정량지표만으로, 종합평가는 정량지표와 정성지표로 평가한다. 정량지표는 정보공시, 나이스 등의 공개정보를 활용한 성과 중심의 정량평가를 실시하고, 정성평가는 평가대상 학교의 자체평가 보고서 중심으로 평가한다.

플립 러닝 역진행 수업(逆進行 授業, flipped learning) 또는 플립드 러닝, 플립 러닝, 역전(逆轉)학습, 거꾸로 교실은 혼합형 학습의 한 형태로 수업에서 학습을 극대화할 수 있도록 강의보다는 학생과의 상호작용에 수업시간을 더 할애할 수 있는 교수학습 방식을 말한다. 흔히 적용되는 방식으로는 교사가 준비한 수업 영상과 자료를 학생이 수업시간 전에 미리 보고 학습하는 형태가 있다. 그 후 교실 수업시간에 교사는 교과내용을 중심으로 가르치기보다 학생들과 상호작용하거나 심화된 학습활동을 하는 데 더 많은 시간을 할애할 수 있다.

K-MOOC MOOC(Massive Open Online Course)는 웹 기반의 온라인 공개강좌이다. 정규 교육의 보조 수단에 머물지 않고 수업과 시험 등의 교육 체계를 갖춘 강좌를 가리킨다. 여러 사람에게 강좌를 널리(massive) 공개(open)하기 때문에 기존 교육 체계를 바꿀 가능성이 높다. 미국 유명 대학이 앞서 시작했으며, 일본의 주요 대학도 2014년부터 인터넷으로 강좌를 제공했다. 한국에서도 케이무크[K(Korea)-MOOC]를 실시하고 있다.

참고문헌

권건일(2007). 교육학개론. 경기: 양서원.

성태제(2017). 제4차 산업혁명시대의 인간상과 교육의 방향 및 제언. 교육학연구, 55(2), 1-21.

이윤식(2007). 교직과 교사. 서울: 학지사.

Fessler, R. (1985) A Model for Teacher Professional Growth and Development. In: P. J. Burke, & R. G. Heideman (Eds.). Career-Long Teacher Education(pp. 181-193). IL Charles C. Thomas.

Katz, L. G. (1972). Developmental stage of preschool teacher. *The Elementary School Journal*, *73*(1), 50-61.

Schwab, K. (2016). The Fourth Industrial Revolution: What it means, how to respond. Paper Presented at World Economic Forum Annual Metting 2016.

찾아보기

인명

내용

저자 소개

이신동(Lee, Shindong) / 3장
고려대학교 교육학 석 · 박사
미국 스탠퍼드대학교 Post-doc
현 순천향대학교 교수

강창동(Kang, Changdong) / 4장
고려대학교 교육학 박사
현 한경대학교 교양교육대학 교수

구자억(Gu, Jaoek) / 1장
중국 베이징대학교 사범대학 교육학 박사
현 서경대학교 대학원장
경영문화대학원장

김동일(Kim, Dongil) / 12장
미국 미네소타대학교 교육심리학 박사
현 서울대학교 교육학과 교수
한국교육심리학회 회장

김복영(Kim, Bokyoung) / 6장
미국 커네티컷주립대학교 철학 박사
미국 위스콘신주립대학교 석사
현 인천대학교 창의인재개발학과 교수

김희규(Kim, Heekyu) / 5장
고려대학교 교육학 박사
현 신라대학교 사범대학 교육학과 교수
교육부 교육과정운영위원회 부위원장

모경환(Mo, Kyunghwan) / 11장
미국 버클리대학교 시민교육전공 박사
현 서울대학교 사범대학 사회교육과 교수
서울대학교 다문화교육연구센터장

박성옥(Park, Seongok) / 10장
경희대학교 아동 및 가족학 이학석 · 박사
현 대전대학교 아동교육상담학과 교수
대전대학교 인문영재교육원장

박춘성(Park, Choonsung) / 13장
서울대학교 교육학 석 · 박사
현 상지대학교 유아교육과 교수

이정기(Lee, Jeonggi) / 7장
미국 캔자스주립대학교 교육학 박사
현 백석대학교 사범학부 교수

정대용(Jeong, Daeyong) / 9장
숭실대학교 평생교육학 박사
현 강남대학교 외래 교수
백석예술대학교 평생교육청소년복지 겸임 교수

정윤경(Chung, Yunkyoung) / 2장
고려대학교 교육학 박사
현 전주교육대학교 초등교육과 교수

최철용(Choi, Chulyong) / 8장
중앙대학교 교육학 석 · 박사
현 교육문화미래연구원 원장
중앙대학교 교육대학원 객원 교수

새로운

교육학개론

Introduction to Education for New Generation

2020년 2월 25일 1판 1쇄 발행
2024년 1월 25일 1판 3쇄 발행

지은이 • 이신동 · 강창동 · 구자억 · 김동일 · 김복영 · 김희규 · 모경환
박성옥 · 박춘성 · 이정기 · 정대용 · 정윤경 · 최철용

펴낸이 • 김 진 환

펴낸곳 • (주) 학지사

04031 서울특별시 마포구 양화로 15길 20 마인드월드빌딩 5층

대표전화 • 02) 330-5114 팩스 • 02) 324-2345

등록번호 • 제313-2006-000265호

홈페이지 • http://www.hakjisa.co.kr
인스타그램 • https://www.instagram.com/hakjisabook

ISBN 978-89-997-2031-4 93370

정가 **20,000원**